I N V E S T I G A Ç Ã O

IMPRENSA DA UNIVERSIDADE DE COIMBRA
COIMBRA UNIVERSITY PRESS

EDIÇÃO
Imprensa da Universidade de Coimbra
Email: imprensa@uc.pt
URL: http//www.uc.pt/imprensa_uc
Vendas online: http://livrariadaimprensa.uc.pt

COORDENAÇÃO EDITORIAL
Imprensa da Universidade de Coimbra

CONCEÇÃO GRÁFICA
António Barros

IMAGEM DA CAPA
Anjo de Portugal. Vista a partir do Memorial
Fonte: Pedro Araújo (arquivo pessoal)

REVISÃO TEXTUAL
Victor Ferreira

INFOGRAFIA
Mickael Silva

PRINT BY
CreateSpace

ISBN
978-989-26-1217-1

ISBN DIGITAL
978-989-26-1218-8

DOI
http://dx.doi.org/10.14195/978-989-26-1218-8

DEPÓSITO LEGAL
415353/16

© SETEMBRO 2016, IMPRENSA DA UNIVERSIDADE DE COIMBRA

COMPAIXÃO, EXPIAÇÃO E INDIFERENÇA DO ESTADO

Notas sobre a tragédia de Entre-os-Rios

Pedro Araújo

Imprensa da
Universidade
de Coimbra
**COIMBRA
UNIVERSITY
PRESS**

À Isabel e ao Duarte
Ao meu Pai e à minha Mãe
Ao Paulo, à Christel, à Anna e ao Adrien
Ao André

Aos familiares das vítimas da Tragédia de Entre-os-Rios

Em memória de
Maria Teresa Costa Pinho e de
André da Silva Campos Neves

SUMÁRIO

Lista de siglas e acrónimos 11

Prólogo 13

Parte I 27
1. De uma Sociologia dos Desastres a uma Sociologia com Desastres 31
    1.1. Os desastres como crises políticas 34
    1.2. Gestão política das crises 35
        1.2.1. Processo de responsabilização 39
        1.2.2. Processo de aprendizagem 44
            1.2.2.1. Fatores situacionais e fatores circunstanciais 48
    1.3. Exploração política da crise 51
2. O Poder Interpelativo do Sofrimento e
da Morte e a Temporalidade da Análise 55
    2.1. As crises políticas como provas de humanidade 55
    2.2. Politização do sofrimento:
    o impacto do sofrimento e da morte no político e
    a apropriação do político pelo sofrimento e pela morte 60
    2.3. Uma temporalidade longa de análise
    para uma temporalidade longa do desastre 65
3. Roteiro da Investigação 71

Parte II 75
1. Relatórios Oficiais de um Colapso 79

1.1. Relatório da Comissão de Inquérito Ministerial 82

 1.1.1. A Ponte Hintze Ribeiro: inspeção e conservação das obras de arte e a hipótese de construção de uma nova ponte 84

 1.1.2. O rio Douro: extração de inertes, barragens e cheias 103

 1.1.3. Mecanismo e causas diretas do colapso da Ponte Hintze Ribeiro 109

 1.1.4. Conclusões e recomendações da Comissão de Inquérito Ministerial 114

1.2. Relatório da Comissão de Inquérito Parlamentar 131

 1.2.1. Inspeção e conservação da Ponte Hintze Ribeiro 133

 1.2.2. Causas diretas e colapso da ponte 136

 1.2.3. Recomendações da Comissão de Inquérito Parlamentar 139

1.3. Processo de responsabilização política e exploração política da crise 141

1.4. O processo criminal: relatórios periciais 150

 1.4.1. Faculdade de Engenharia da Universidade do Porto (2001) 151

 1.4.2. Laboratório Nacional de Engenharia Civil e Faculdade de Ciências e Tecnologia da Universidade de Coimbra (2004) 155

 1.5. Regresso ao processo criminal 164

2. Relatos Políticos de um Colapso:
Entre-os-Rios no Parlamento 177

 2.1. Reunião plenária de 7 de março de 2001 — Voto de pesar 177

 2.2. Reunião plenária de 9 de março de 2001 — Tomada de posse de Jorge Sampaio 183

 2.3. Reunião plenária de 28 de março de 2001 — António Guterres no Parlamento 186

3. Relatos Mediáticos de um Colapso 201

 3.1. *Porque caiu a Ponte?* O *Especial Informação* da *SIC* 204

 3.2. O *show* da morte 221

 3.3. As lágrimas politicamente incorretas 223

Parte III 227
1. Prática de Governação de um Território e de
uma População Afetados por um Acontecimento Extraordinário 231
2. Território: Compromissos Materiais de Exceção 241
    2.1. *As tragédias têm um prazo, um prazo muito limitado...*:
        a fadiga do passado e o fim dos compromissos
        materiais de exceção 261
3. Familiares das Vítimas: Direitos de Exceção 271
    3.1. *E deixaram de olhar...*:
        a fadiga da compaixão e o fim dos direitos de exceção 283
4. Estado: Aprendizagem, Normalização e Indiferença 299
    4.1. O sistema de gestão de obras de arte:
        uma nova normalidade? 301
    4.2. Extração de inertes no rio Douro:
        regresso à normalidade? 309

Epílogo 325

Referências Bibliográficas 339

Anexos 355
    Anexo 1. A Ponte Hintze Ribeiro e as Novas Pontes 357
    Anexo 2. Da Junta Autónoma de Estradas e
        dos Sucedâneos Institutos Rodoviários: Organização
        da Gestão de Obras de Arte Pré-desastre e Pós-desastre 363
    Anexo 3. Cronologia das intervenções na Ponte Hintze Ribeiro 369
    Anexo 4. Cronologia do processo-crime 373
    Anexo 5. Cronologia da operação de busca e
        resgate e de deteção dos veículos desaparecidos 381
    Anexo 6. Quadro com mapa resumo com
        os critérios apresentados pelo Provedor de Justiça
        para indemnização dos danos causados pela
        derrocada da ponte de Entre-os-Rios 385

ÍNDICE DE IMAGENS

Imagem 1. Capa do jornal *Público*, 06.03.2001 17

Imagem 2. Esboço do pilar P4 89

Imagem 3. Capa do *Público* do dia 4 de março de 2011 263

Imagem 4. Anjo de Portugal, Entre-os-Rios 332

Imagem 5. Anjo de Portugal. Nomes e fotos das vítimas 333

Imagem 6. Anjo de Portugal. Vista a partir do Memorial 333

Imagem 7. A Nova Ponte Hintze Ribeiro 360

Imagem 8. A Nova Ponte sobre o Rio Douro 361

ÍNDICE DE FIGURAS

Figura 1. Modelo teórico de análise
da dimensão política das crises 39

Figura 2. Prática de governação de um
território e de uma população afetados
por um acontecimento extraordinário 235

LISTA DE SIGLAS E ACRÓNIMOS

ADRAG	Associação das Empresas de Dragagens do Norte
AFVTER	Associação dos Familiares das Vítimas da Tragédia de Entre-os-Rios
AR	Assembleia da República
BE	Bloco de Esquerda
CDS-PP	Centro Democrático Social – Partido Popular
CÊGÊ	Consultores para Estudos de Geologia e Engenharia, Lda.
CIM	Comissão de Inquérito Ministerial
CIP	Comissão de Inquérito Parlamentar
CPP	Código do Processo Penal
DED-Porto	Direção de Estradas do Distrito do Porto
DGRAH	Direção-Geral dos Recursos e Aproveitamentos Hidráulicos
DRARN	Direção Regional do Ambiente e Recursos Naturais
DSP	Direção dos Serviços de Pontes
DSP-DC	Direção dos Serviços de Pontes-Divisão de Construção
DSP-DCs	Direção dos Serviços de Pontes-Divisão de Conservação
DSRE-Norte	Direção dos Serviços Regionais de Estradas do Norte
EDP	Eletricidade de Portugal
EENN	Estradas Nacionais
EN	Estrada Nacional
ETAR	Estação de Tratamento de Águas Residuais
ETEC, Lda.	Escritório Técnico de Engenharia Civil, Lda.
EUA	Estados Unidos da América
FCTUC	Faculdade de Ciências e Tecnologia da Universidade de Coimbra
FEUP	Faculdade de Engenharia da Universidade do Porto
GC	Governo Constitucional
GNR	Guarda Nacional Republicana
IC	Itinerário Complementar

ICERR	Instituto para a Conservação e Exploração da Rede Rodoviária
ICOR	Instituto para a Construção Rodoviária
IEP	Instituto das Estradas de Portugal
INAG	Instituto da Água
IPSS	Instituição Particular de Solidariedade Social
ITS, Lda.	Investigação e Técnica Submarina
JAE	Junta Autónoma de Estradas
LNEC	Laboratório Nacional de Engenharia Civil
MP	Ministério Público
NASA	National Aeronautics and Space Administration
ONU	Organização das Nações Unidas
PCP	Partido Comunista Português
PGD-Porto	Procuradoria-Geral Distrital do Porto
PGR	Procuradoria-Geral da República
PS	Partido Socialista
PSD	Partido Social Democrata
SGOA	Sistema de Gestão das Obras de Arte
SIC	Sociedade Independente de Comunicação
TVI	Televisão Independente

PRÓLOGO

Durante séculos existiram à margem do mundo. Por isso suspeitam do súbito interesse pelo seu sofrimento. Essa suspeita explica a reação de um camponês quando Gustavo anuncia a intenção da entrevista:
— Querem saber como morremos? Mas nunca ninguém veio saber como vivemos.

Mia Couto, *A Confissão da Leoa* (2012).

«Cada ponte é um caso singular» (Vasconcelos, 2008). É com estas breves palavras que o Engenheiro António Carlos de Vasconcelos abre um livro sobre Pontes dos Rios Douro e Tejo. Cada ponte é única. Única na história da sua imaginação. Única no que revela do estado da arte tecnológico da sua época. Única na história da sua construção (Duarte, 2006).[1]

Cada ponte é única e às pontes associam-se, ainda, diversos simbolismos. Elementos de ligação entre o céu e a terra, entre o espiritual e o material, transpõem, nalgumas religiões, o inferno, o que torna arriscado atravessá-las. Finas como cabelos e afiadas como lâminas. Todavia, no mundano quotidiano, as pontes possuem

---

[1] Este trabalho foi cofinanciado pelo Fundo Social Europeu, através do Programa Operacional Potencial Humano, e por Fundos Nacionais através da FCT – Fundação para a Ciência e a Tecnologia no âmbito da Bolsa de Doutoramento com a referência SFRH/BD/61004/2009. À FCT, aqui deixo o meu agradecimento.

uma função primária estritamente utilitária. Atravessamos pontes, vezes sem conta esquecidos das margens que unem e daquilo que transpõem. Por um instante planamos entre o céu e a terra, nas palavras de Georg Simmel (1988), e ligam-se as margens num movimento que originalmente se iniciou na necessidade e na imaginação humanas. Apenas quando as pontes colapsam é que as margens que uniam e o que transpunham se tornam relevantes. Cada ponte que cai torna-se escrutinada na sua singularidade.

E era única a Ponte Hintze Ribeiro.

Vista de longe, a Ponte Hintze Ribeiro quase se diluía na paisagem, absorta pela sua permanência no espaço e pela sua continuidade no tempo.

A sua magnificência e a sua solidez, velhas de cem anos, continuariam, talvez, a provocar espanto. Um espanto que ocultava as fragilidades que, silenciosas, operavam abaixo da superfície do rio. Um espanto que deriva, agora, do recurso ao tempo passado para a ela se referir. Como refere Ivo Andrić, a propósito da conturbada ponte sobre o Drina:

> A origem e existência de qualquer construção grandiosa, bela e útil, bem como a sua relação com o lugar que adorna, carregam muitas vezes em si histórias e dramas complexos e misteriosos (Andrić, 2007: 15).

Era única, a grandiosa e bela e útil Ponte Hintze Ribeiro. O seu colapso e a influência do lugar que adornava para esse colapso carregam, igualmente, histórias e dramas complexos e misteriosos.

Todas as pontes são únicas nas histórias dos seus colapsos.

No dia 4 de março de 2001, por volta das 21 horas e 10 minutos, o desabamento do pilar P4 da Ponte Hintze Ribeiro provoca a queda parcial da estrutura do tabuleiro. Um autocarro, com 53 pessoas a bordo, e três viaturas ligeiras, com seis ocupantes, são atirados para as águas turbulentas e gélidas do rio Douro. Cinquenta e nove pessoas perdem a vida.

Partindo de um dos elementos a ter sempre em consideração para a classificação dos desastres, a queda parcial da Hintze Ribeiro constitui, indubitavelmente, um acontecimento súbito. Todavia, é este um acontecimento súbito com vários antecedentes que, prosaicamente, se poderiam classificar de *mau augúrio*. Cronologicamente, em abril de 1983, o *Jornal de Notícias* alertava para o facto de a extração *desenfreada* de areias em Entre-os-Rios estar a deixar os pilares da Hintze Ribeiro *desprotegidos* e sujeitos a uma erosão *deveras preocupante*.[2] Em 1999, o Presidente da Câmara Municipal, Paulo Teixeira, declarava à comunicação social: «Esperamos que não seja necessária uma tragédia para que se construa uma nova ponte» (*apud* Santiago, 2006: 31). A 9 de janeiro de 2001, a população de Castelo de Paiva manifesta-se contra o mau estado da Ponte de Entre-os-Rios e para reclamar melhores acessos para o concelho. O caráter súbito do acontecimento, na verdade, não é mais do que o termo de uma sua progressão oculta.

Tal como na parábola de Noé contada por Günther Anders (2008), sem o saberem, os habitantes de Castelo de Paiva choravam nesse dia os mortos de amanhã. Choravam, parafraseando Juan Rulfo (2010), como se o rio se tivesse metido dentro deles. *Profetas do mal* inaudíveis não conseguiram, porém, que o desastre que anunciavam se tornasse falso. Falharam na sua tarefa de prevenção que, tal como é definida por Jean-Pierre Dupuy (2005), supõe que o acontecimento indesejável seja projetado para o domínio ontológico dos possíveis não atualizados.

> A catástrofe, mesmo não se realizando, conservará o seu estatuto de possível, não no sentido de poder ainda vir a realizar-se,

---

[2] *Jornal de Notícias*, 6 de março de 2001, 6.

mas no sentido de ser verdade que se poderia ter realizado (Dupuy, 2005: 18).[3]

Neste *catastrofismo esclarecido* (Dupuy, 2004), a prevenção pressupõe que o acontecimento indesejável, apresentado como uma certeza, se torne num possível que não se realiza. É necessário que o acontecimento seja possível para que se tenha uma razão para agir e, deste modo, se a ação for eficaz, se previna a sua ocorrência. Por outras palavras, é através de uma ação preventiva que se afasta o destino para o qual a própria prevenção aponta. Em Entre-os-Rios, a prevenção, por mais ou menos sustentada num *catastrofismo esclarecido* que fosse, foi incapaz de provocar o medo ao qual os catastrofismos aspiram (Furedi, 2012). Não houve medo. Não houve alerta. Ou melhor, medo e alerta não conseguiram, então, ultrapassar as longínquas e rígidas fronteiras da encruzilhada administrativa na qual se encontrava a Ponte Hintze Ribeiro. O medo, um *medo em bruto* porque imprevisível (Parkin, 1986), virá mais tarde. E virá tarde de mais e virá para outras pontes noutros lugares. E virá cravar-se nos domínios da manutenção e conservação de obras de arte de engenharia civil[4] e da extração fluvial de inertes. Ambas sujeitas a uma regulação estatal ambígua. Ambas apanhadas na explosão mediática. Ambas, agora, propulsadas para o topo da escala de riscos e da agenda política. Uma ponte, velha de cem anos, a produzir o *novo*. Novos riscos. Novas políticas. Novas práticas. Novos cidadãos?

O que se chama a um desastre que, apesar de objeto de um catastrofismo esclarecido, se concretiza? Uma tragédia? De facto, cedo o colapso da Hintze Ribeiro adquirirá essa denominação — a *Tragédia de Entre-os-Rios*.

---

[3] Tradução livre do autor.

[4] Doravante referidas apenas por obras de arte.

No dia 5 de março é ainda uma orgulhosamente erguida Hintze Ribeiro que se encontra na página 19 do jornal *Público*. Os contornos do desastre são, ainda, obscuros, bem como o número de vítimas mortais. Já no dia seguinte, são os destroços da ponte que fazem a primeira página do diário. *A Morte desceu ao Rio* é a parangona que acompanha a fotografia da ponte colapsada (Imagem 1).

Imagem 1. Capa do jornal *Público*, 06.03.2001

Castelo de Paiva passa a existir e o colapso parcial da Hintze Ribeiro torna-se a *Tragédia de Entre-os-Rios*. Uma tragédia que, para a sua concretização, não necessitou de qualquer intervenção divina. De facto, o colapso da ponte resultou de um ato humano — do acumular de atos humanos ou do acumular de uma ausência de atos humanos — e não de um ato de Deus, o primeiro implicando, ao contrário do segundo, que alguma coisa poderia ter sido feita para o evitar.⁵ E, de facto, como se viu, algo foi feito para evitar que se não concretizasse a *profecia* do colapso da Hintze Ribeiro.

Na sequência da fração de segundos necessária à perpetuação do desastre, Castelo de Paiva passa de uma pequena vila desconhecida ao palco de uma intensa e prolongada operação mediática que deixará Portugal cativo perante as operações de busca e resgate e os sobressaltos políticos. Uma tragédia televisiva, nas palavras de Eduardo Cintra Torres (2006). A camada de verniz de um *país moderno e coeso* que se vinha tentando aplicar — de resto, sem grandes preocupações pela uniformidade — estalara para revelar um país, afinal, *a duas velocidades*, um país de desenvolvimento assimétrico, um país desigual. Nesse momento de contrição, Portugal vê-se catapultado para fora da Europa e associado a países como o México, o Peru, o Quénia, a Coreia do Sul ou a China.⁶ Países distantes onde as tragédias são *normais*. Onde o sofrimento e a morte, a despeito do seu mediatismo, são sempre longínquos, estranhos, outros. Não era, todavia, necessário recorrer ao México, ao Peru, ao Quénia, à Coreia do Sul ou à China para encontrar problemas, mais ou menos graves, com obras de arte. Bastaria *olhar para dentro*.

---

⁵ O momento de rutura no pensamento sobre desastres é comummente associado à polémica que envolveu Voltaire e Rousseau na sequência do terramoto de Lisboa de 1755, por muitos considerado como a primeira catástrofe moderna (Dynes, 2005). De calamidades enviadas pela Providência, as catástrofes e desastres tornam-se fenómenos naturais que é possível explicar e cujas origens devem ser imputadas, antes de mais, ao ser humano (R. Tavares, 2005; Revet, 2006).

⁶ Países referenciados no *Jornal de Notícias* (6 de março de 2001, p. 20) como exemplos de locais onde *as pontes ruem*. Para uma reflexão sobre o estado das infraestruturas nos Estados Unidos da América (EUA), um país, nessa matéria, mais *insuspeito*, cf. LePatner (2010). Barry LePatner salienta três aspetos que se encontram na base do colapso de obras de arte nos EUA cujas similitudes com o caso de Entre-os-Rios são por demais flagrantes: 1) negligência na inspeção e manutenção; 2) deficitário sentido de urgência; e 3) diferentes estruturas de gestão e prioridades enquadradas por diferentes responsabilidades económicas, políticas, profissionais e morais (LePatner, 2010: 40).

Em Portugal, não são inéditos os casos de *acidentes* devido a problemas de erosão das fundações de pontes.[7] O inédito em Entre-os-Rios decorre da imagem altamente difundida de uma ponte colapsada. A essa imagem associa-se a ausência de desastres similares em Portugal, o que, por um lado, não permite que a queda parcial da Hintze Ribeiro possa ser objeto de comparação e, deste modo, relativizada[8] (Revet, 2006: 26), e, por outro, reforça o seu caráter extraordinário e excecional. A essa imagem e à impossibilidade de relativização do desastre associam-se os avisos anteriores, as profecias estéreis, o que despoja o acontecimento de fatalismo e abre espaço a uma muito particular reação por parte do Governo de António Guterres. Um Governo que se vê na contingência de responder adequadamente ao desafio levantado pela progressiva e mediática aquisição de grandeza do acontecimento. Uma aquisição de grandeza momentânea, apenas momentânea, mas, no momento da urgência, extremamente significativa no que revela acerca do

---

[7] Num dos relatórios periciais às causas do acidente de Entre-os-Rios, elaborado sob a responsabilidade do engenheiro João Soromenho Rocha, é possível ler que: «em Portugal, como noutros países muito avançados do ponto de vista técnico, económico e social, ocorreram casos de acidentes em pontes com pilares fundados em leitos de rios. Os casos mais mediáticos, por ocorrerem em pontes mais importantes pelo tráfego ou pela sua dimensão, ocorreram no rio Mondego (Penacova) em 1979, na ponte da Foz do Alva na década de 1980, na Ria de Aveiro e, mais recentemente, no rio Foupana (na EN 122 no Algarve). Todos os acidentes estão associados a cheias intensas, como é o caso das cheias de 1979, 1989, 2001. As cheias de 1967 e 1983, que afetaram em especial a região de Lisboa, também fizeram derrubar pontes mais pequenas, ficando esses acidentes diluídos no problema mais geral dos danos das cheias que inundaram muitas zonas urbanas. Em todos estes casos, a causa técnica é idêntica à que ocorreu com a Ponte Hintze Ribeiro, ou seja, o descalçamento da fundação que faz inclinar o pilar para montante, causando a ruína total da ponte no caso da ponte da Foz do Alva e pondo temporariamente fora de serviço as restantes pontes» (LNEC/FCTUC, 2004: 34).

[8] Nas palavras de um membro da comunicação social local, a propósito da exploração do sofrimento: «Foi péssimo. Mas temos de ter em atenção uma coisa: nunca tinha acontecido uma coisa destas em Portugal. Se tivesse havido uma cobertura noticiosa do terramoto de 1755, teríamos um paralelo de uma catástrofe avassaladora para Portugal. Nós não tínhamos um paralelo, não tínhamos um termo comparativo. [...] nós nunca tivemos um termo de comparação. Infelizmente, agora temos um termo comparativo» (Ricardo Campos, comunicação social local, entrevista, 08.05.2013).

objeto central deste livro: a *prática de governação de um território e de uma população afetados por um acontecimento extraordinário*.

A relação entre a queda da ponte e "o lugar que adornava" torna-se capital. Steve Kroll-Smith refere muito corretamente que o risco acontece sempre num tempo, num espaço e a alguém. Daí «a necessidade de examinar as vulnerabilidades *in situ*, no tempo e no lugar concretos em que ocorrem, prestando uma atenção minuciosa aos tipos de pessoas afetados» (Kroll-Smith, 2012: 283) e, poderia acrescentar-se, às estruturas afetadas. Os desastres não acontecem no vazio. Ocorrem num contexto. Um contexto que é, acima de tudo, local (Revet, 2006: 8).

O protagonismo da Ponte Hintze Ribeiro (Anexo 1), a sua elevação ao estatuto de ator de pleno direito neste drama complexo, deve ser considerado à luz da sua localização física e da sua localização política, duas geografias que traduzem uma idêntica lonjura: a distância ao poder. Uma distância que, embora pertinente, não pode ser avaliada somente por via de um *índice de distância ao poder*.[9] Talvez, então, o termo não seja o mais correto. Talvez se deva falar num *desapossamento de poder* produto de uma indiferença de Estado e produtor de um distanciamento em relação ao Estado, ou seja, uma indiferença do Estado em relação ao território e à sua população, mas igualmente, como se verá, um distanciamento quotidiano do território e da sua população em relação ao Estado.

Uma indiferença e um distanciamento perturbados pelo acontecimento.

De facto, ante a queda parcial da Hintze Ribeiro foram mobilizados discursivamente um conjunto de argumentos que reforçam o desapossamento de poder e de indiferença de Estado: as referências exógenas (por parte da comunicação social) a Castelo de

---

[9] Índice que, inspirando-se no psicólogo social Geert Hofstede, Manuel Villaverde Cabral (2000) utiliza no *Inquérito Permanente às Atitudes Sociais dos Portugueses* (1997).

Paiva como o concelho-mártir (Garcias, 2001a; S. Pacheco, 2003) e a reatualização endógena (por parte do poder local) das assimetrias regionais e, consequentemente, da regionalização (Teixeira, 2011). Uma nova gramática na qual, por essa razão, o território esquecido do poder central se torna vulnerável e as vidas dos seus habitantes se tornam precárias. Uma vulnerabilidade e uma precariedade que, quando mediaticamente hiperbolizadas por via de um desastre, demandam uma atenção governamental excecional. Existe, todavia, algo de perturbador no facto de corpos mortos e de corpos ausentes se tornarem na base para a atenção, na base para a exceção, na base para a aquisição de direitos ou, recorrendo à definição mínima de cidadania que Margaret Somers (2008) pede emprestada a Hannah Arendt, para a aquisição do direito a ter direitos.

Os desastres são, por definição, acontecimentos extraordinários (Erikson, 2006), e a queda da Ponte Hintze Ribeiro fez efetivamente jus a essa definição, nas circunstâncias que a antecederam, na resposta imediata que suscitou e nos seus diversos desenvolvimentos pós-desastre. Em Entre-os-Rios, da panóplia de termos possíveis, e efetivamente usados para fazer referência ao colapso da Hintze Ribeiro, foi a palavra *tragédia* que se impôs. Uma palavra que germinou na comunicação social e que acabou por contagiar os representantes políticos.[10] Porquê?

O trágico mediático do desastre deriva do número anormalmente elevado de vítimas mortais que resultou do colapso parcial da Hintze Ribeiro: cinquenta e nove pessoas. Um número que contrasta brutalmente com o número de corpos que virão a ser resgatados: vinte e três. No final das longas e duras operações de busca e resgate — transmitidas à exaustão e em direto pelas televisões nacionais — trinta e seis corpos ficarão por encontrar. Trinta e seis

---

[10] Refiro-me aos discursos dos representantes políticos e não aos relatórios oficiais, que se referem à queda da ponte como um acidente ou um sinistro.

pessoas. Trinta e seis rituais fúnebres irrealizáveis. Trinta e seis destinos incertos. Trinta e seis corpos ausentes de paz.

São as vítimas e os corpos ausentes que dão um especial significado à Ponte Hintze Ribeiro e à sua esgotada fadiga. São as vítimas e os corpos ausentes que tornam as causas do colapso parcial da ponte, na sua ductilidade, num tema disputado. São as vítimas e os corpos ausentes que amplificam a crise política. São as vítimas e os corpos ausentes que obrigam o Governo a mobilizar-se de *corpo e alma*. São as vítimas e os corpos ausentes que fazem do colapso parcial da ponte uma tragédia. Uma tragédia cujo herói não é uma figura importante, aristocrata, semideus ou deus, mas um coletivo de simples mortais que não aspiravam de modo algum a este amargo heroísmo catártico. A queda parcial da Hintze Ribeiro enceta um momento político particular e abre um parêntese consensual no fluxo da história (Fassin, 2010a: 234). Um consenso em torno das *muito justas* medidas de reparação e de compensação a outorgar ao território, à população e aos familiares das vítimas. Um consenso que se impõe devido à força avassaladora das circunstâncias, mas que não deixa de ser objeto de disputa, de conflito, e de negociação. Um consenso, pois, volátil. E será na base desse consenso volátil que o Governo de António Guterres produzirá a exceção.

***

No dia 4 de março de 2001, por volta das 21 horas e 10 minutos, o desabamento do quarto pilar da Ponte Hintze Ribeiro provoca a queda parcial da estrutura do tabuleiro. Um autocarro, com cinquenta e três pessoas a bordo e três viaturas ligeiras, com seis ocupantes, são atirados para as águas enlameadas e frias do rio Douro. Cinquenta e nove pessoas perdem a vida.

Ao iniciar a análise da *Tragédia de Entre-os-Rios*, duas imagens imediatamente se me impuseram: a imagem da explosão e a imagem da implosão.

Num primeiro momento, a queda parcial da Ponte Hintze Ribeiro apareceu-me como uma explosão, imagem que melhor parece descrever o modo como um acontecimento localizado se expande, afetando e ao mesmo tempo alterando, em graus variáveis, aquilo que atinge. A explosão é imprevisível nas direções que toma, bem como nos seus impactos. Para a ampliação dos efeitos da explosão contribuiu, indubitavelmente, a comunicação social — a cobertura noticiosa televisiva, impressa, radiofónica, nacional e estrangeira. Um acontecimento sem precedentes objeto de uma operação mediática nacional, também ela, sem precedentes. De um dia para o outro, Castelo de Paiva passa a ocupar, em exclusivo, a agenda da atualidade e a agenda política. De um dia para o outro, os paivenses tornam-se *gente real*, diria Arundhati Roy (2010). De um dia para o outro, Castelo de Paiva e os seus habitantes passam a existir fisicamente e politicamente, ampliando-se a sua singularidade humana e, nesse processo, anulando-se o *desvalor* da sua singularidade cidadã. A Hintze Ribeiro, na sua queda, a provocar o inverso do desapossamento de poder?

Num segundo momento, foi a imagem da implosão que se me impôs para dar conta do modo como o acontecimento torna a ser local, para dar conta do modo como regressa ao seu ponto de origem, ao ponto de onde, apenas por um efeito momentâneo de aquisição de grandeza, se ausentou. Ou seja, o modo como regressa ao silêncio. Mas será mesmo este regresso marcado pelo silêncio? Talvez se deva falar antes em quase-silêncio, na medida em que, prestando-se atenção, consegue escutar-se o eco do acontecimento nos familiares das vítimas, na população local, no território e na ordem jurídico-institucional. Um eco cuja intensidade é profundamente desigual, é certo, mas que, apesar disso, não deixa de ser eco. Este é, pois, um silêncio no qual se entra como se se mergulhasse a mão em gelatina. Um silêncio espesso. Um quase-silêncio.

Às imagens da explosão e da implosão juntam-se, assim, duas metáforas: a metáfora do tempo do ruído ou do desassossego do desastre e a metáfora do tempo do silêncio ou da quietude do desastre. Começarei este livro pelo tempo do ruído, a explosão, atendendo ao desenrolar dos acontecimentos a partir do momento em que cinquenta e nove pessoas, repartidas por um autocarro e três ligeiros, «cruzavam a ponte errada, no preciso segundo em que o pilar centenário perdeu definitivamente as forças» (Ezequiel e Vieira, 2001: 81). Finalizarei com o quase-silêncio, a implosão, o momento em que o acontecimento se faz não silêncio mas, sim, quase-silêncio.

Partirei da hipótese de que episódios críticos como a queda parcial da Ponte Hintze Ribeiro possuem um efeito de perturbação de um contínuo de indiferença recíproca na relação Estado-cidadãos e de contração do espaço-tempo, que anula as distâncias e concentra as atenções. A esse efeito opõe-se um outro, de expansão do espaço-tempo, que dispersa, quando não anula, as atenções, que repõe as distâncias e, mais do que isso, que repõe a indiferença. O que acontece nesse intervalo? O que se altera? O que subsiste dessas hipotéticas alterações? Onde subsistem? Volvida pouco mais de uma década é, de facto, lícito perguntar qual a sombra (Bos *et al.*, 2005) que o colapso da Ponte Hintze Ribeiro continua a projetar? Para responder a essas questões argumentarei, ainda, que é necessário um duplo distanciamento: um distanciamento temporal e um distanciamento relativamente às evidências do acontecimento (Bensa e Fassin, 2002).

Acontecimento extraordinário e perturbação da indiferença. Explosão e implosão. Ruído e quase-silêncio. Desassossego do desastre e quietude do desastre.

A queda parcial da Ponte Hintze Ribeiro ficou para a história como a *Tragédia de Entre-os-Rios*, ou seja, como resultando de uma conjugação de circunstâncias mais ou menos fortuitas, de um *acaso* ou de uma *fatalidade* que se abateu sobre um local específico e que atingiu uma população em particular. O nome do lugar associado para sempre ao acontecimento único e expressivo de que foi palco. A queda parcial da Hintze Ribeiro encontra, porém, na sua ontologia, raízes históricas e políticas profundas e, nas suas consequências, ramificações díspares que não se podem atribuir ao *acaso*.

A queda parcial da Ponte Hintze Ribeiro tem vindo progressivamente a converter-se num *mero* acontecimento local e a perder muito do desassossego de que inicialmente se revestiu e a ser agrilhoada, definitivamente, pelo que de *inevitável* e *fatal* reside no recurso mediático e popular à palavra "tragédia". E é isto que provoca desassossego. Um desassossego que deriva, talvez, de um enraizado misto de fatalismo, paternalismo e indiferença de Estado, um misto que se constrói e se reforça, algo paradoxalmente, na base das exceções pontuais prodigalizadas pelo Estado, ou seja, por via da produção discricionária estatal de exceção.

Em *Não é um Acaso*, a poeta Ryoko Sekiguchi, formula uma pertinente questão acerca de Fukushima: «Quando começa a operar o esquecimento?»[11] (Sekiguchi, 2011: 33). Este livro sobre a *Tragédia de Entre-os-Rios* é uma possível resposta a esta interrogação e vai no sentido de afirmar que, na sequência de um qualquer acontecimento extraordinário, não existe esquecimento. O quase-silêncio do pós-desastre não pode ser tomado como sinónimo de esquecimento, ainda que, talvez, também não possa ser considerado *memória* sempre que esta se revelar incapaz de produzir desassossego e sempre que remeter o desastre a uma falsa quietude.

Mais de uma década volvida sobre o desastre, porquê regressar à *Tragédia de Entre-os-Rios*? Uma pergunta que, de algum modo, retoma a interrogação contida na citação de Mia Couto que se

---

[11] Tradução livre do autor.

encontra em epígrafe neste prólogo. *Querem saber como morremos? Mas nunca ninguém veio saber como vivemos.* Estas palavras de desconfiança de um camponês perante o pedido de entrevista do protagonista da narrativa de Mia Couto poderiam facilmente ser atribuídas aos familiares das vítimas de Entre-os-Rios e, de forma talvez não tão dura e tão crua, no decorrer do trabalho de campo, nalguns momentos, confrontei-me com a mensagem que explicitamente transportam. Ao abordar uma temática tão complexa como é a queda de uma ponte que resultou em 59 vítimas mortais, era previsível que o terreno se viesse a revelar complexo, difícil e pleno de consequências (J. M. Mendes, 2003). E foi precisamente o que aconteceu em Entre-os-Rios. E foi precisamente o que obrigou a que multiplicasse os pontos de abordagem.

Na tentativa de reconstituir um acontecimento extraordinário como o é o colapso de uma ponte, achamo-nos na senda das impressões que, posteriormente, este deixou em pessoas e coisas. Os contornos fugazes de um monstro que, na sua passagem, pode deixar de si apenas uma impressão ou, pelo contrário, um rasto sólido. Como registar essas impressões? Como apreender as suas marcas? Talvez recorrendo a um conjunto de *notas* sobre o desastre. *Notas* no sentido que, segundo Michaël Ferrier, Kenzaburô Ôé deu a esta palavra na sua escolha para o famoso *Notas de Hiroshima*:

> A palavra *nôto*, pela qual Kenzaburô Ôé optou para dar título ao seu livro tem, em japonês, dois significados quase contraditórios: designa, por um lado, os apontamentos tomados no momento, fragmentários e rápidos, e, por outro lado, o caderno que contém e agrupa esses apontamentos, conferindo-lhes uma enigmática coerência. Como um caderno, pois, algo que se abre, se desdobra e se fecha (Ferrier, 2012: 306).[12]

---

[12] Tradução livre do autor.

PARTE I

L'important [...] n'est pas que cette façon de raisonner soit bonne, mais qu'elle fasse réfléchir.

Albert Camus, *La Peste* (1947).

1. De uma Sociologia dos Desastres a uma Sociologia com Desastres

O que é um desastre? Esta é indubitavelmente *a* interrogação que acompanha a longa tradição dos *disaster studies*. Tendo-se iniciado nos Estados Unidos da América, na década de 1940, a partir de um conjunto de interrogações sobre a reação das populações civis à eventualidade de um ataque nuclear, os estudos sobre os desastres partilhavam uma preocupação comum: saber de que modo reage, responde, se organiza coletivamente e se reergue uma comunidade atingida por um desastre, sendo este considerado como um elemento desestabilizador da vida social da comunidade atingida. Os desastres naturais e tecnológicos forneceram, então, pragmaticamente, os laboratórios ideais para analisar os comportamentos das populações perante acontecimentos extremos ou situações de perigo permanentes (Quarantelli, 1987; Erikson, 2006).

Na sequência dos acontecimentos de 11 de setembro de 2001, em Nova Iorque, o interesse pelos desastres ganha um novo ímpeto, desta feita para avaliar as respostas individuais e comunitárias na eventualidade de um ataque terrorista de larga escala (Furedi, 2007: 482). É, pois, sem surpresa que o 11 de setembro se encontra, de modo latente ou manifesto, na disparidade de respostas coligidas num livro organizado por Ronald Perry e Enrico Quarantelli (2005), onde se coloca de novo a questão de saber o que é um desastre. Um livro com um sugestivo subtítulo: *novas respostas para velhas questões.*[13]

Onde se situa a sociologia no vasto campo dos *disaster studies*? Antes de avançar, talvez fosse conveniente responder a uma pergunta prévia: a sociologia dos desastres esgotar-se-á numa postura analítica funcionalista, pioneira no campo, resolvida em ver nas ações recíprocas dos intervenientes nos desastres uma simples — embora sempre complexa — tentativa de compreender o que esteve na origem da falência dos sistemas e/ou de restabelecer o equilíbrio dos sistemas afetados pelo acontecimento, ou seja, de repor a normalidade?[14] Não será necessário, como insiste Robert Stallings (2006), introduzir mais sociologia na análise dos desastres? A resposta à primeira pergunta é, evidentemente, negativa. A resposta à segunda é, evidentemente, positiva. A sociologia dos desastres, cujos estudos precursores remontam ao início do século XX, inclui hoje domínios como a génese ou etiologia dos desastres; os desastres e a mudança social,[15] a preparação e a vulnerabilidade social; a resiliência e a recuperação pós-desastres; a perceção do

---

[13] Revisões da literatura sobre desastres em diversas áreas do saber podem ser encontradas em, entre outros, Oliver-Smith (1996), Hoffmann e Oliver-Smith (2002) e Quenet (2005).

[14] Entre outros, Prince (1920), Carr (1932), Turner (1978), Reason (1990, 1997), Ribeiro (1995), Turner e Pidgeon (1997), Perrow (1999),Vaughan (1999, 2004).

[15] Refira-se, a título ilustrativo, o trabalho de Samuel Prince sobre a explosão de Halifax (Nova Escócia, Canadá), ocorrida a 6 de dezembro de 1917, que fez 1963 vítimas mortais e feriu 9000 pessoas, afetando cerca de 22% da população de Halifax (Scanlon, 1988). Dezasseis meses após o acontecimento, Samuel Prince, então pároco em Halifax, iniciou o seu doutoramento em sociologia na universidade de Columbia (Nova Iorque) e, por sugestão do sociólogo Franklin Giddings, seu orientador, escolheu a explosão de Halifax para a sua tese. Esta virá a ser considerada, por muitos, o primeiro estudo sistemático de um desastre e um estudo pioneiro na observação da existência de uma relação íntima entre desastre e mudança social (Carr, 1932; Dynes *et al.*, 1987). De facto, tendo Prince participado ativamente na recuperação pós-desastre, de entre os diversos aspetos da explosão de Halifax por ele abordados (a força dos rumores, a culpabilização, a passagem de uma comunidade altruísta para uma comunidade agonística ou a própria organização da recuperação pós-desastre), aquele que é mais recorrentemente referido na literatura dos desastres deriva do seu pioneirismo relativamente à perceção da relação entre desastre e mudança social.

risco; o risco; as controvérsias; a precaução; as incertezas; a resposta operacional aos desastres; a resposta psicológica; a mobilização, organização e ação de grupos afetados, etc.

Não procurarei aqui refazer a história exaustiva da sociologia dos desastres mas, antes, explicitar uma particular forma de *fazer sociologia com um desastre* (Langumier e Revet, 2011). Por outras palavras, não procurarei dar resposta à questão de saber se o estudo de caso sobre o qual baseio a *sociologia com desastres* aqui proposta — a queda parcial da Ponte Hintze Ribeiro — pode, canonicamente, ser considerado um desastre. Partirei antes da sua real ocorrência para atender aos diversos processos que desencadeou. O colapso parcial da Hintze Ribeiro será considerado como um *acontecimento extraordinário* que deve esse adjetivo ao facto de ser portador de uma energia e de uma densidade muito específicas nos efeitos que produz e nas consequências que adquire, quer a curto, quer a longo prazo (Lemaitre, 2012).

Para Kathleen Tierney (2007: 520), enquanto sociólogos devemos evitar limitar o estudo dos desastres aos problemas que são significativos primordialmente para as organizações e instituições responsáveis pela sua gestão, para o estender às questões que são centrais no campo da sociologia. É precisamente este conselho que tentarei seguir na análise da queda parcial da Hintze Ribeiro, partindo, desde já, da ideia de que o regresso à normalidade na sequência de um desastre é uma ficção (Bensa e Fassin, 2002; Roitman, 2013).

Na *sociologia com desastres*, o acontecimento de rutura — no caso, a queda da Ponte Hintze Ribeiro — é considerado como um acontecimento singular e extraordinário em torno do qual se pode construir um *poliedro de inteligibilidade* (Foucault, 1979: 842), cujo número de faces corresponde aos processos considerados para a sua análise. Faces como a resposta operacional e a resposta médica (apoio psicológico), por exemplo, e, principalmente, como a gestão política da crise induzida pelo desastre, a argumentação técnica e política acerca das causas do desastre, a mediatização do desastre, os processos judiciais originados pelo desastre, o impacto do desastre nas políticas e instituições, e o impacto do desastre no território e nas pessoas diretamente afetados. Diversos quadros de interpretação são possíveis para procurar apreender o acontecimento em toda a sua *densidade* (Geertz, 1998).

Na sequência de um determinado acontecimento extraordinário, já nada será igual. O que se procura deslindar nessas palavras graves é, precisamente, em que sentido *já nada será igual*. O acontecimento como um fim mas igualmente como um princípio, como uma revelação e como um catalisador para a mudança (Pelling e Dill, 2006).

1.1. Os desastres como crises políticas

No dia 4 de março, às vinte e uma horas e dez minutos, o colapso da Ponte Hintze Ribeiro arrasta para o rio Douro um número incerto de veículos e provoca um número incerto de vítimas. A única certeza que imediatamente se estabelece é a de que o Governo se encontra perante uma crise, mais, perante uma crise política.

Perspetivado o colapso parcial da Hintze Ribeiro como uma crise política, diversas possibilidades analíticas se tornam possíveis. De uma vasta literatura sobre a temática das crises e da gestão de crises tomarei como referenciais os quadros teóricos propostos, por um lado, por alguns dos representantes da escola de Leiden – Boin, McConnell e 't Hart (2008a) em *Governing after Crisis* – e, por outro, na incisiva análise de Thomas Birkland (2006) em *Lessons of Disaster*.

Enquanto em Boin *et al.* (2008a) o enfoque recai sobre as dimensões políticas e estratégicas da gestão de crises, a análise de Birkland (2006) não atenta somente às questões que *saltam* para a agenda pública na sequência de uma crise ou de um problema (Kingdon, 1984) mas, principalmente, para o alcance efetivo das reformas e mudanças políticas na sequência de um desastre ou de uma crise induzida por um desastre. Na terminologia de Birkland (2006), os desastres aparecem, deste modo, como pontos de entrada para atender às mudanças políticas relacionadas com um acontecimento nos domínios cujas fragilidades são reveladas pelo acontecimento. Conjuntamente, os contributos de Boin *et al.* (2008a) e de Birkland (2006), aos quais se associam outras leituras, permitem olhar, por um lado, para a resposta governamental à crise e para o processo de politização da crise e, por outro, para as distintas alterações desencadeadas pelo desastre.

1.2. Gestão política das crises

Partamos, pois, de uma definição de crise. Segundo Boin *et al.* (2008b: 3), as crises podem ser definidas como ruturas episódicas de enquadramentos simbólicos familiares que legitimam a ordem sociopolítica preexistente. Num sentido antropológico, as crises podem ser concebidas como um conjunto de perigos reais e presentes que desafiam crenças largamente partilhadas de que "estas coisas" não podem acontecer "aqui". As crises são, por definição, extraordinárias em natureza e magnitude, testam a resiliência de uma sociedade e expõem as falências dos seus líderes e instituições públicas.

Ao desestabilizar a rotina governativa e ao provocar medo e incerteza relativamente à capacidade do Estado para garantir o direito à segurança dos cidadãos, tal como previsto no artigo 27.º da Constituição da República Portuguesa, o colapso parcial da Hintze Ribeiro representou, efetivamente, um acontecimento disruptivo para a confiança nos representantes políticos e nas instituições públicas, abrindo espaço a uma crise política ou mesmo, como se verá, para uma prova de Estado (*épreuve d'État*) (Linhardt, 2008).

Boin *et al.* (2008b, 2008c) partem da constatação de que, no conjunto da literatura dedicada à gestão de crises, as dimensões simbólica e política têm recebido pouca atenção, pelo que, tendo por base um conjunto de crises, propõem-se elaborar um quadro analítico que possa ser utilizado para compreender a natureza e o impacto diferenciado, principalmente eleitoral, da gestão de crises políticas. Diferentemente de Boin *et al.* (2008b, 2008c), o meu objetivo não é analisar as consequências de determinado tipo de crises e de determinados modos de gestão de crises nas atitudes eleitorais pós-crise mas, antes, explorar os elementos que podem interferir na gestão política da crise induzida por um desastre, influenciando-a, ao mesmo tempo que procuram definir os seus contornos e as direções que esta é passível de assumir no imediato e a longo prazo. No quadro da sociologia com desastres aqui avançado, a gestão política da crise constitui um dos elementos a ter em consideração na definição da prática de governação de territórios e populações afetados por acontecimentos extraordinários cujos efeitos se fazem sentir privilegiadamente durante a fase aguda da urgência.

Boin *et al.* (2008b, 2008c) estabelecem, desde logo, uma distinção relativamente ao objeto de análise, recaindo o seu enfoque não no nível operacional (por exemplo, a resposta operacional ou o apoio psicológico) mas, sim, no nível estratégico de resposta à crise, ou seja, nos representantes políticos e administrativos cuja tarefa consiste em lidar com as ramificações institucionais, políticas e sociais mais vastas da crise, bem como nos fóruns envolvidos no escrutínio crítico da elite política e administrativa, ou seja, na terminologia de Max Weber (2000), no escrutínio dos políticos profissionais e dos funcionários técnicos.

Associando à gestão política da crise dois outros elementos, que são a mediatização do acontecimento e o poder interpelativo do sofrimento e da morte, nesta sociologia com desastres optei igualmente, num primeiro tempo, por uma abordagem centrada nos representantes políticos e administrativos e nos fóruns no âmbito dos quais é objeto de escrutínio a severidade da crise, as suas causas, a responsabilidade/responsabilização pela sua ocorrência, e as lições para o futuro. Embora no meu estudo de caso as operações de busca e resgate e o apoio psicológico e social não sejam objeto de uma análise aprofundada, queria deixar uma nota relativamente a cada um deles, e cuja importância se fará notar na análise posterior.

A primeira nota prende-se com a duração das operações de busca e resgate, que, mercê das circunstâncias, abriu espaço a uma cobertura mediática prolongada e sem precedentes, a uma mediatização do acontecimento cujos efeitos se tornarão particularmente notórios quando for abordada a questão do poder interpelativo do sofrimento e da morte.[16]

A segunda nota é relativa ao apoio psicológico e social. Enquanto Paul 't Hart (2008), por exemplo, destaca a importância do apoio psicológico e social como *ritual de reconforto*, Langumier e Revet (2011: 83) destacam o seu efeito de *pacificação*, ou seja, a presença do apoio psicológico e social, e respetiva difusão mediática, como uma mensagem política de afirmação da consideração do sofrimento e da morte das vítimas pelo poder público, uma mensagem portadora de um *efeito mágico* de desvio das atenções relativamente às causas dos desastres, essas, sim, suscetíveis de cristalizar contestações e reivindicações. Voltarei adiante a estas duas questões.

Tal como concebida por Boin *et al.* (2008b, 2008c), a análise da gestão política das crises remete para a ação dos governos em funções na altura da sua ocorrência para administrar/gerir os seus

---

[16] No Anexo 5, encontra-se uma cronologia das operações de busca e resgate coordenadas pela Marinha Portuguesa.

impactos políticos e sociais, uma ação que passa, obrigatoriamente, por fornecer explicações para a origem da crise e por apontar lições para o futuro, dois processos que constituem a base daquilo a que Boin et al. (2008b, 2008c) se referem como a politização da crise.

A politização da crise é entendida como a luta pela interpretação dominante das causas e consequências da crise e desenvolve-se através de dois processos cuja interação será decisiva, por um lado, para os destinos políticos e administrativos individuais e, por outro, para o grau de mudança a verificar-se nas instituições e políticas: o processo de responsabilização (*accountability*) e o processo de aprendizagem (*learning*).

O processo de responsabilização está relacionado com as explicações apresentadas pelos representantes políticos e administrativos em fóruns públicos (Parlamento, Comissões de Inquérito, tribunais, etc.) relativamente às suas ações anteriores, durante e posteriores à crise. O processo de aprendizagem, por sua vez, prende-se com as lições práticas das crises, ou seja, com a avaliação e reforma das instituições e políticas. Enquanto o processo de responsabilização olha para trás, incide no desempenho dos indivíduos e afeta os destinos individuais (carreiras políticas e administrativas), o processo de aprendizagem olha para a frente, incide no desempenho das estruturas e afeta as políticas públicas e as instituições. Fundamental em ambos os processos será o modo como os atores que partilham as arenas nas quais se jogam a responsabilização e a aprendizagem procuram um enquadramento da crise que lhes seja favorável.

Na Figura 1, sistematizo o modelo teórico de análise das crises proposto por Boin et al. (2008b, 2008c), reforçando, desde já, o facto de, na análise aqui a desenvolver, se favorecer o processo de aprendizagem, os fatores circunstanciais (principalmente a comunicação social) e os resultados da interação entre processo de responsabilização e processo de aprendizagem ao nível das alterações nas políticas e instituições (lado direito do modelo).

Figura 1. Modelo teórico de análise da dimensão política das crises

Análise da dimensão política da crise		
Efeitos da crise são influenciados por dois processos de politização da crise		
Processo de responsabilização		Processo de aprendizagem
Incide preferencialmente no desempenho de indivíduos (líderes políticos e administrativos)		Incide preferencialmente no desempenho de estruturas e arranjos (políticas e instituições)
	Fatores situacionais	Fatores circunstanciais
	Natureza e alcance das crises	*Timing* da crise
	Percurso dos políticos e das instituições (respeitabilidade)	Comunicação social
Interação entre este dois processos afeta 1) os destinos individuais (carreiras políticas e administrativas) e 2) as políticas públicas e as instituições		
Resultados		
Líderes políticos e administrativos		Políticas e instituições
	Reforço da elite (*elite reinvigoration*)	Afinamento das políticas e instituições (*fine tuning*)
	Impacto negativo na elite (*elite damage*)	Reforma das políticas e instituições (*policy reform*)
	Elite ilesa (*elite escape*)	Alteração paradigmática nas políticas e instituições (*paradigm shift*)

Fonte: Adaptado a partir de Boin *et al.* (2008b, 2008c)

1.2.1. Processo de responsabilização

O processo de responsabilização induzido pela crise joga-se nas arenas no âmbito das quais políticos e *stakeholders* se digladiam em torno das causas da crise e da culpa pela crise (Boin *et al.*, 2008b: 11). O modo como cada um dos atores envolvidos irá defender a sua própria perspetiva é denominado por Boin *et al.* (2008b), na esteira de Brändström e Kuipers (2003), por estratégia de culpabilização (*blame game*). Os autores identificam três fatores suscetíveis de abrir a arena da responsabilização a outros atores:

1. as alterações atitudinais por parte dos cidadãos no sentido de um reforço da sua vigilância e ação;

2. a comunicação social; e
3. o reforço da posição dos cidadãos e famílias atingidos por uma crise, bem como das associações de vítimas.

Mais adiante retomarei estes três fatores, dando particular destaque aos dois últimos, na medida em que se afiguram fundamentais no processo de politização do sofrimento e da morte, e para a emergência de determinadas características dominantes na prática de governação de territórios e populações afetados por acontecimentos extraordinários no momento da urgência. A consideração desses dois fatores permitirá, ademais, avaliar do efetivo efeito de *empoderamento político das vítimas* (Pantti e Wahl-Jorgensen, 2007).

Em consequência do processo de responsabilização, Boin *et al.* (2008b: 13) identificam três resultados possíveis para os líderes políticos e administrativos: 1) o reforço da elite (*elite reinvigoration*); 2) o impacto negativo na elite (*elite damage*); e 3) os casos em que a elite sai ilesa ou é inatingida (*elite escape*).

Embora as consequências da responsabilização para as elites política e administrativa não constituam o objeto central da minha análise, será importante tê-las em consideração no que revelam enquanto estratégias com consequências durante a crise, mais do que a partir dos seus resultados após a crise.

O reforço da elite indica que os líderes veem as suas posições eleitorais ou estatutárias reforçadas após a crise. Duas razões principais podem estar na origem deste resultado: ações avaliadas como positivas anteriormente e durante a crise ou uma assunção precoce da responsabilidade pelo acontecimento. Este é, sem dúvida, o efeito mais procurado pelos líderes políticos e administrativos que se veem na contingência de lidar com uma crise e aquele que, de modo mais marcado, é sustentado pelas estratégias simbólicas. São estas estratégias às quais Paul t' Hart (2008) se refere como a "dimensão perdida" da análise da gestão de crises, sobreposta que é pelas práticas tecnocratas de orientação funcionalista, sustentadas no paradigma do controlo. A análise das estratégias simbólicas tem no seu cerne três instrumentos-chave e procura salientar o modo como estes desempenham funções políticas cruciais na gestão de crises e na dinâmica das crises: o enquadramento, os rituais e o encobrimento. Darei especial atenção aos dois primeiros.

Se num momento de crise as palavras e os gestos dos representantes políticos assumem especial relevância, tanto positiva como negativamente, o conteúdo dessas palavras e gestos pode ser ele próprio uma mais ou menos-valia. A título ilustrativo, recorde-se o incómodo criado pelo ex-primeiro-ministro italiano, Sílvio Berlusconi, aquando de uma visita ao local onde se reuniam cerca de 1200 desalojados do sismo de Áquila (2009), ao declarar que as pessoas deveriam encarar aquele local como um *acampamento de fim-de--semana* (Calaça, 2009). Recorde-se, ainda, as polémicas geradas pelos conselhos da secretária de Estado francesa da Saúde, Nora Berra, que, durante a vaga de frio do inverno de 2012, sugeriu no seu blogue que, em caso de frio extremo, as populações mais vulneráveis, entre as quais os sem-abrigo, deveriam evitar sair de casa (Berteloot, 2012). Noutro registo, atente-se à forma como Barack Obama lidou com a devastação causada pelo furacão *Sandy* (2012) e às diferenças relativamente ao seu predecessor, George W. Bush, perante as consequências do furacão *Katrina* (2005) (Lagadec, 2007a, 2007b, 2007c; Kroll-Smith e Madsen, 2014).

Interessa-me, pois, um dos domínios relativamente ao qual as palavras e os gestos assumem especial significado e que diz respeito às visitas aos locais dos desastres e ao anúncio de ajudas a outorgar às vítimas ou aos familiares das vítimas (Brändström, Kuipers e Daléus, 2008; Bytzek, 2008). Rituais «de tranquilização», nas palavras de Evelyn Bytzek (2008: 90), ou «de solidariedade e de reconforto» para Paul t' Hart (2008: 94). São estes «momentos dramáticos» que devem ser cuidadosamente sopesados pelos representantes políticos (*idem*: 87). Um exemplo inequívoco pode ser encontrado no anúncio pelo ex-primeiro-ministro italiano, Enrico Letta, de funerais com honras de Estado para as vítimas do naufrágio de Lampedusa, ocorrido a 3 de outubro de 2013 e que fez cerca de 275 vítimas mortais. Honras de Estado que falsificam a crescente dureza, por um lado, da condição de imigrante clandestino e, por outro, das políticas europeias de gestão da imigração clandestina.[17] Honras de Estado que alinham pelo diapasão do regime afetivo contemporâneo, caracterizado pela abolição das distâncias (Fassin, 2002: 680): o facto de a compaixão poder, agora, operar à distância pela incarnação e personificação do sofrimento nos seres que a comunicação social mostra e singulariza.[18]

Como refere Clifford Orwin: «O sentimento de compaixão sempre existiu na vida política [...] e a compaixão, talvez até, tenha tido um papel de maior preponderância nos assuntos da democracia do que em quaisquer outros regimes»[19] (1997: 5). Facto que se torna particularmente notório nos momentos em que o Governo é chamado a intervir numa situação que exige muito mais do que a exibição de competências tecnocratas, ou seja, quando o Governo é interpelado por acontecimentos extraordinários altamente mediatizados que apelam à demonstração de humanidade. Voltarei adiante à questão da mediatização do sofrimento e da morte e à questão do seu impacto no político, mas no contexto específico da queda parcial da Ponte Hintze Ribeiro.

---

[17] Para uma análise pungente dos campos de refugiados, cf. Agier e Prestianni (2011).

[18] Didier Fassin (2002) retoma o debate acerca da distinção entre piedade e compaixão, presente em autores como Hannah Arendt (2012), por exemplo, que derivaria da relação entre distância e proximidade ao objeto de piedade, no primeiro caso, ou de compaixão, no segundo. Genealogicamente, a radicalidade marxista derivaria da primeira, enquanto a caridade católica da segunda. O argumento de Didier Fassin é o de que a comunicação social perturba essa relação e seria precisamente esse o elemento que melhor caracterizaria o regime afetivo contemporâneo.

[19] Tradução livre do autor.

O segundo resultado possível decorrente do processo de responsabilização é definido como provocando um impacto negativo na elite, que, tal como o nome indica, significa que na sequência da crise algumas carreiras políticas e administrativas poderão sofrer reveses significativos ou mesmo terminar. Este efeito pode, porém, ser meramente temporário, persistindo apenas enquanto persiste a crise (Boin *et al.*, 2008c: 294), para se esvanecer à medida que a atenção da comunicação social se orienta para outras crises, problemas ou escândalos. O meu argumento é o de que, se se considerar as demissões como um impacto negativo nas elites políticas e administrativas, haverá, no caso de Entre-os-Rios, que estabelecer uma distinção entre 1) as demissões estratégicas de políticos profissionais, que têm por objetivo aliviar a pressão sobre o conjunto do Governo, e 2) as demissões de funcionários técnicos decorrentes da assunção/imputação de responsabilidades e, igualmente, da luta pelos lugares desencadeada pela crise, ou seja, da luta por um lugar na «manjedoura do Estado» (Weber, 2000: 32).

O último resultado identificado por Boin *et al.* (2008b; 2008c) é aquele em que a elite sai ilesa ou é inatingida, e que caracteriza as situações em que a crise não tem qualquer efeito nas carreiras políticas e administrativas. Os autores salientam, todavia, que as crises podem comportar um efeito somatório, levando o acumular de situações de crise a deteriorar gradualmente a credibilidade dos líderes políticos ou administrativos.

Sobejam em Portugal os exemplos de representantes políticos envolvidos em crises, casos e escândalos que abandonaram o campo político para transitarem para outros campos, que vão, por exemplo, do empresarial, no caso de Jorge Coelho,[20] ao

---

[20] Segundo Fernando Esteves, a entrada de Jorge Coelho na Mota-Engil, empresa «com quem acertara contratos milionários enquanto ministro, valeu-lhe críticas de todos os quadrantes — até dentro do PS» (Esteves, 2014: 12).

humanitário, no caso de António Guterres. O meu interesse não recai, todavia, diretamente sobre as consequências da crise para a elite política ou administrativa — seja por via das assunções individuais de responsabilidade, das imputações de responsabilidade aquando da exploração política da crise ou das *punições* populares nos momentos de escrutínio eleitoral. Interessam-me, outrossim, os efeitos dos desastres e das crises induzidas por desastres para as reformas políticas e institucionais e para a persistência ou longevidade dessas reformas a longo prazo. Todavia, apesar dos destinos individuais não constituírem o meu objeto de análise, as palavras e os gestos continuam a ser importantes no que revelam enquanto estratégias simbólicas de gestão da crise e no seu impacto efetivo na dinâmica da crise. As palavras e os gestos envolvem pessoas. Excluídas de uma análise mais profunda ficam, pois, as carreiras políticas e administrativas, às quais não deixarei, porém, de aludir na referência aos sobressaltos políticos e administrativos pós-desastre no que têm de sociologicamente significativo como gestos simbólicos com consequências. Facto, este sim, que será explorado.

1.2.2. Processo de aprendizagem

Como tive ocasião de referir, no âmbito da análise da *Tragédia de Entre-os-Rios*, irei outorgar particular atenção ao processo de aprendizagem e, principalmente, às alterações pós-desastre nas políticas e instituições cujos contornos se começam a desenhar no período agudo da crise política, tornando-se, neste particular, fundamental adicionar ao quadro analítico de Boin *et al.* (2008b, 2008c) o contributo de Thomas Birkland (2004, 2006).

O processo de aprendizagem, para Boin *et al.* (2008b: 9), pode ser coincidente com o processo de responsabilização, havendo arenas associadas a este último — como o Parlamento ou as Comissões de Inquérito, por exemplo — que, na sua ação, procuram delinear, por vezes de modo estratégico, as lições para o futuro. É, de facto, com o futuro que o processo de aprendizagem está relacionado, podendo ser definido como a avaliação e reformatação de instituições, políticas e práticas no sentido de melhorar o seu desempenho e garantir que crises similares não voltarão a acontecer ou que a preparação para crises similares será melhorada (Boin *et al.*, 2008b, 2008c).

O contributo de Thomas Birkland (2004, 2006) afigura-se fundamental para determinar quais os domínios políticos e administrativos sobre os quais incide o processo de aprendizagem e de que modo se pode avaliar empiricamente a sua concretização.

Os desastres representam momentos em que as instituições — nomeadamente as instituições governamentais responsáveis por garantir a segurança de pessoas e bens — são postas à prova, podendo determinados acontecimentos conduzir à quebra de expectativas ou mesmo à rutura de confiança nessas instituições e, consequentemente, ser portadores de um impulso reformista.[21] Na sequência de um desastre, os líderes políticos e administrativos ficam, porém, divididos pela tensão entre o anúncio de reformas políticas e alterações institucionais e a necessidade de garantir que a crise teve origem, de facto, num acontecimento que escapa à rotina, à normalidade. Uma descontinuidade radical que se produz sobre o fundo de uma dinâmica contínua (Dupuy, 2005: 63). Um monstro. Embora sempre acompanhados de uma retórica de mudança, os impactos efetivos do processo de aprendizagem serão variáveis na sua intensidade e, mais do que isso, na sua longevidade. Poderão pautar-se exclusivamente por gestos simbólicos

---

[21] A crise da BSE ou das *vacas loucas* é um exemplo paradigmático desse ímpeto reformista, a nível europeu e nacional. Cf. Gonçalves, Delicado, Bastos, Raposo e Domingues (2007) e Gonçalves (2012).

inconsequentes, muitas vezes estimulados pelo frenesim mediático e pela necessidade de "fazer alguma coisa", conduzir a mudanças pontuais, ou levar a alterações radicais. Um contínuo de alterações cuja intensidade e longevidade é, pois, variável.

Para Birkland (2006: 7), uma das razões subjacentes à análise dos processos de aprendizagem decorrentes de desastres reside, precisamente, na probabilidade da mudança sofrer uma aceleração significativa, tornando-a não só imediatamente inteligível, mas também como decorrendo de modo público ou, retomando Boin *et al.* (2008c: 312), abandonando o espaço restrito dos bastidores da política para se desenrolar, em parte, no espaço público.

Inspirados por um conjunto de tipologias que desagregam as alterações subsequentes às crises em diversos graus, Boin *et al.* (2008b: 16) identificam três categorias de efeitos das crises nas políticas e instituições:

1. o afinamento ou ajustamento (*fine-tuning*);
2. a reforma (*policy reform*); e
3. a alteração paradigmática (*paradigm shift*).

A primeira categoria corresponde ao nível mais elementar de alterações, com adaptações pontuais nas políticas, instituições e práticas. Plasmando em menor ou maior grau a retórica de mudança induzida pela crise, o importante é que a legitimidade de uma qualquer organização ou governo se torna mais vulnerável se não mostrar abertura para mudar na sequência de uma crise (Boin *et al.*, 2008c: 295). A segunda categoria implica alterações de natureza mais substancial nos princípios orientadores das políticas e novos valores institucionais e tende a verificar-se apenas quando a estratégia de ajustamento ou afinamento se revela politicamente insuficiente (Boin *et al.*, 2008c: 296). Finalmente, a terceira categoria, mais rara, corresponde a alterações radicais das políticas e instituições ou mesmo a alterações radicais de aspetos fundamentais do sistema político e dos partidos políticos.

Relativamente às mudanças decorrentes do processo de aprendizagem, Birkland (2006: 21) deixa, porém, um alerta: a avaliação da ocorrência do processo de aprendizagem é um julgamento qualitativo que deve ser tomado no âmbito de cada estudo de caso. Assim, embora as categorias identificadas por Boin *et al.* (2008b, 2008c) para avaliar os efeitos do processo de aprendizagem nas políticas e nas instituições sejam úteis enquanto tipo-ideais, Thomas Birkland introduz, a meu ver, um aspeto fundamental para aferir da materialização das alterações nas políticas e nas instituições: a legislação. O raciocínio é o seguinte: um determinado desastre pode funcionar como um catalisador para a crise política e, consequentemente, para a aprendizagem. A aprendizagem pode plasmar-se em alterações concretas que podem, por sua vez, ser observadas na legislação (Birkland, 2006: 24).

Birkland entrevê três possibilidades empíricas para a análise da legislação pós-desastre, sendo certo que os domínios legislativamente alterados dependerão sempre da natureza e magnitude do desastre, ou seja, dos domínios cujas fragilidades ou falências são reveladas pelo desastre e da intensidade, real ou mediática, com a qual esses domínios são atingidos:

1. a legislação debatida e não aprovada;
2. a legislação debatida, aprovada e aplicada; e
3. a legislação debatida, aprovada e não aplicada.

As alterações nas políticas desencadeadas por um determinado acontecimento são classificadas por Birkland (2006: 2) como alterações nas políticas relacionadas com o evento (*event-related policy change*). Partindo desta ideia, falarei em *alterações legislativas relacionadas com o evento* e considerarei, ainda, um outro aspeto: o recurso discricionário por parte dos governos ao poder legislativo na gestão política das crises induzidas por desastres. Tal tornará necessário estabelecer uma distinção entre dois tipos-ideais de alterações legislativas relacionadas com o evento que reforçam a importância de inscrever o acontecimento extraordinário num contínuo temporal: a legislação do tempo da urgência ou a *legislação de exceção* e a legislação do longo prazo ou a *legislação de reforma*.

Em suma, qual a relevância do processo de aprendizagem? Na sociologia com desastres proposta neste livro, o acontecimento extraordinário é inserido num contínuo temporal no qual se assinalam três tempos abertos — o tempo anterior ao desastre, o momento de urgência e o longo prazo —, o que permite apreender os resultados do processo de aprendizagem como representando os *ganhos* do Estado decorrentes do desastre e avaliar da existência de *ganhos* similares, quer para o território, quer para a população, esta última circunscrita aos familiares das vítimas.

Procurarei mostrar de que modo o processo de aprendizagem se revela crucial, primeiro, para a reposição da legitimidade política e institucional colocada em causa pela crise induzida pelo desastre (Freudenberg, 1993), segundo, para aferir da consistência e longevidade das reformas anunciadas no momento de urgência, terceiro, na identificação dos sinais precursores dos domínios a serem abrangidos pelas reformas a longo prazo.

1.2.2.1. Fatores situacionais e fatores circunstanciais

As crises políticas não acontecem no vazio, o mesmo sendo válido para a politização das crises e, logo, para os processos de responsabilização e de aprendizagem que a suportam. Na sequência de uma crise, políticos e instituições humanizam-se, ganham corpo e rosto, ficam mais expostos à opinião pública e tornam-se objeto de um maior escrutínio público, podendo assumir-se que a personalidade dos representantes políticos e administrativos, por um lado, e a imagem pública dos governos e das instituições que integram, por outro, terá consequências para o próprio processo de gestão da crise e para atenuar ou amplificar o impacto da crise.

Boin *et al.* (2008b: 18) apontam dois fatores situacionais fundamentais para o enquadramento das crises. O primeiro fator reporta-se à natureza e magnitude da crise, duas variáveis que permitem estabelecer uma distinção entre três tipos de crises:

1. as crises incompreensíveis;
2. as crises por má gestão (*mismanaged*); e
3. as crises definidoras de agenda (*agenda-settings*).

As crises incompreensíveis formam um grupo particular e concedem aos atores envolvidos um espaço de manobra político considerável para o enquadramento das crises. São exemplos deste tipo de crises o 11 de Setembro de 2001 (Nova Iorque), o *tsunami* de 2004 (Indonésia) ou o furacão *Katrina* de 2005 (Nova Orleãs). As crises por má gestão, por sua vez, são caracterizadas por alegadas ou reais falências das máquinas institucionais ou governamentais. Este tipo de crise é aquele que possui maior probabilidade de ser objeto daquilo a que os autores denominam por *exploração da crise* (Boin *et al.*, 2008b, 2008c). Finalmente, as crises definidoras de agenda são aquelas que ultrapassam o acontecimento que esteve na sua origem ao colocarem na agenda política e pública questões que conduzem à emergência de debates sobre domínios políticos alargados. Exemplos: o acidente de *Three Mile Islands* (EUA) e o debate sobre a energia nuclear e a sua recente atualização (Borraz, 2012) com o desastre de Fukushima (Japão); o naufrágio de Lampedusa (Itália) e a questão da política de imigração europeia; e o atendado terrorista de 11 de Setembro (EUA) e os direitos humanos.

O segundo fator situacional referido por Boin *et al.* (2008b: 19) reporta-se aos percursos históricos de políticos, instituições e políticas e à sua respeitabilidade, podendo assumir-se que, quanto maior a sua respeitabilidade, menor será o impacto das crises e vice-versa.

Relativamente aos fatores circunstanciais, o *timing* da crise e a comunicação social são os fatores destacados pelos autores. Quanto ao primeiro, uma crise que ocorra no final do ciclo eleitoral de um dado governo, com uma imagem já desgastada por razões diversas, terá efeitos diferentes e poderá conduzir a modos de exploração da crise distintos dos resultantes de uma crise que ocorra no início de um ciclo eleitoral durante o qual é comummente dado o benefício da dúvida aos governantes. De igual modo, a crise pode ocorrer num período crucial da vida dos partidos políticos e conduzir a cisões internas, com fações a retirar o seu suporte ou mesmo a criticar abertamente os líderes dos partidos, tornando-os assim mais vulneráveis.

O segundo fator circunstancial, a comunicação social, desempenha indubitavelmente um papel fundamental na construção (Altheide, 2002; Bytzek, 2008) e na dinâmica de uma crise (Melo e Mendes, 2006), desde logo porque é o meio por excelência através do qual a politização da crise se torna pública, podendo fazer eco ou, pelo contrário, lançar dúvidas sobre os distintos enquadramentos da crise em competição e sobre os culpados ou responsáveis pelo acontecimento (Delicado, Raposo e Gonçalves, 2007; t' Hart, 2008; Scheufele, 1999; Schonewille, 2010). Este enfoque silencia, todavia, um outro aspeto, a meu ver, igualmente importante: o poder interpelativo do sofrimento e da morte.

De facto, uma das características associadas à comunicação social remete para a exposição do sofrimento e da morte através da apropriação mediática das suas imagens e das suas palavras e, principalmente, das emoções que imagens e palavras são suscetíveis de desencadear, ou seja, o *efeito emocional da comunicação social* (Charaudeau, 2002; 't Hart, 2008).

Relativamente à comunicação social, subsiste ainda uma questão à qual darei especial atenção. A ser verdade que o *efeito emocional da comunicação social* desempenha um papel fundamental na definição de uma maior ou menor capacidade de interpelação por parte do sofrimento e da morte, fá-lo através da construção de uma determinada imagem da população e do território afetados pelo desastre. Esta construção pode, porém, não encontrar uma correspondência consensual com a imagem que a população e o território afetados possuíam e possuem de si mesmos antes, durante e após o desastre. No quadro de um desastre, este desfasamento pode, por sua vez, ter por efeito marcar a reparação e a compensação do *estigma da caridade* (Fothergill, 2003),[22] ou fomentar a emergência de *comunidades corrosivas*, nas aceções de Freudenburg (1997) e Picou, Marshall e Gill (2004), ou seja, ter como efeito perturbar os laços individuais e comunitários por um período de tempo mais ou menos prolongado (Adeola e Picou, 2012: 13). Adiante se avaliará do efeito da comunicação social no caso da *Tragédia de Entre-os-Rios*.

1.3. Exploração política da crise

Boin *et al.* (2008c: 286) entendem as crises como encetando uma competição entre enquadramentos e contraenquadramentos quanto à natureza e magnitude da crise (severidade), às suas causas (agência), à responsabilização pela sua ocorrência e eventual escalada (responsabilidade), e às suas lições para o futuro (aprendizagem e reforma). Os processos de responsabilização e de aprendizagem

---

[22] Partindo das inundações de *grand forks* (Dakota do Norte, EUA), em 1997, Alice Fothergill recorre a esta ideia para caracterizar a descrição das mulheres relativamente ao estigma que representa receber assistência pública, contrariando uma imagem de si mesmas de mulheres americanas brancas, de classe média e autossuficientes.

constituem os suportes ou arenas para esses enquadramentos e outorgam aos políticos profissionais oportunidades para explorar a descontinuidade na governação induzida pelas crises (Lagadec, 1991: 277). Na terminologia de John Kingdon (1984), as crises, enquanto momentos de disrupção da governação, podem ser consideradas como *janelas de oportunidade* suscetíveis de ser exploradas por novos agentes ou, na terminologia de Enrico Quarantelli (1987), como uma oportunidade para que algo aconteça. Esta ideia interessa-me sobretudo na medida em que contempla a possibilidade da exploração política da crise ser aberta a outros agentes que não, exclusivamente, os políticos profissionais. Mais à frente se verá de que forma se joga a politização da crise no estudo de caso de Entre-os-Rios, quais os atores que nesta se envolveram, com base em que argumentos e com que consequências.

A teoria da exploração da crise é definida por Boin *et al.* como: «o recurso propositado pelos atores das "disrupções" institucionais geradas pelas crises para afetar de modo significativo os processos políticos de significação, julgamento e escolha»[23] (2008c: 287). As estratégias de culpabilização (*blame game*) são, neste domínio, as mais recorrentemente utilizadas pelos atores envolvidos na exploração política da crise. No entanto, os estudos de caso que suportam a teoria da exploração da crise proposta por Boin *et al.* (2008c) revelam resultados díspares, tornando difícil estabelecer um padrão claro relativamente à eficácia prática da estratégia de culpabilização no comportamento eleitoral pós-crise.

Os resultados díspares da exploração política da crise devem-se, segundo Boin *et al.* (2008c), aos fatores situacionais e circunstanciais que desempenham um papel fundamental, por um lado, no trabalho de enquadramento da crise e no enquadramento dominante

---

[23] Tradução livre do autor.

da crise que deste virá a resultar e, por outro, nas possibilidades objetivas de exploração política da crise.

Considero, igualmente, esses dois fatores como fundamentais. No entanto, diferentemente de Boin *et al.* (2008c), que procuram compreender a sua influência nos ciclos políticos e, principalmente, no comportamento eleitoral pós-crise (2008c: 300), o meu enfoque recairá privilegiadamente sobre a comunicação social — e, consequentemente, sobre o poder interpelativo do sofrimento e da morte — e isso com o objetivo de compreender a sua influência na gestão política da crise no período da urgência.

Em suma, o acontecimento, a gestão política da crise, a comunicação social e o poder interpelativo do sofrimento e da morte constituem os principais elementos considerados nesta sociologia com desastres para, em função da sua interação: i) identificar a prática de governação de pessoas e territórios afetados por um acontecimento extraordinário dominante no momento da urgência, ii) as suas materialidades e iii) o seu prolongamento a longo prazo. De facto, a gestão política das crises não se pode realizar através de gestos simbólicos e saldar-se meramente por eles, por maior ou menor impacto mediático a que estes aspirem. Como se viu, o processo de responsabilização e, principalmente, o processo de aprendizagem devem encontrar concretização material, ultrapassar a *palavra falada* para se assumirem como *palavra atuante* (Birkland, 2006: 29; Boltanski, 2007: 46).

2. O Poder Interpelativo do Sofrimento e da Morte e a Temporalidade da Análise

2.1. As crises políticas como provas de humanidade

Numa definição mínima, para Dominique Linhardt (2008), o Estado é posto à prova sempre que um determinado acontecimento levanta a questão do Estado como um todo político e não de uma instituição, de uma função ou de uma ação particular do Estado. Ao provocar incertezas relativamente à capacidade do Estado em garantir o direito à segurança dos cidadãos, desastres da ordem do colapso de uma infraestrutura estatal representam, neste sentido, talvez mais do que uma crise política, uma prova de Estado. O importante a reter é que acontecimentos desta natureza aparecem como momentos durante os quais o Estado *se dá a ver* numa situação concreta e é essa concretude que permite abordá-lo não como uma *ideia* mas, sim, como um objeto empírico que se pode observar, descrever e teorizar (Linhardt, 2008: 8). Mas será realmente o Estado que *se dá a ver* nesta situação concreta? Será o Estado que cessa de ser uma *ideia*?

Parto da possibilidade de que o Estado posto à prova pelo colapso parcial da Hintze Ribeiro é a *ideia* do *Estado de indiferença*, do Estado ausente, anónimo e impessoal, uma *ideia* de Estado que contrasta substancialmente com a *realidade* do *Governo de exceção* que irá efetivamente responder à crise induzida pelo desastre, que terá de *governar*, no sentido etimológico da palavra, ou seja, que se encontrará ao leme e que, perante a tempestade, se terá de revelar um bom timoneiro (Agamben, 2014).

Ao título desta secção subjaz, pois, a hipótese de que as crises políticas induzidas por um desastre constituem momentos durante os quais os representantes políticos e administrativos passam a existir para além das funções simbólicas, burocráticas e administrativas que desempenham, ou seja, que é porque confrontados com um acontecimento que provoca uma disrupção governativa, um monstro, que os governos se veem impedidos de governar como *os mais frios de todos os monstros frios* (Nietzsche, 1985: 55). As crises políticas induzidas por um desastre representariam, desta forma, provas de humanidade.

Até ao momento tenho vindo a insistir na resposta governamental e institucional às crises políticas e a traçar algumas das grandes linhas para a sua apreensão. A insistência na ação governamental e institucional não significa, porém, que, por um lado, essa ação se paute exclusivamente por uma weberiana racionalidade burocrática e, por outro, que governos e instituições sejam totalmente impermeáveis ao contexto moral gerado pelo acontecimento (Fassin, 2010a, 2010b; Fassin e Eideliman, 2012) e aos sentimentos morais que deste se desprendem. Como salienta Myriam Revault d'Allonnes, a sensibilidade não é o oposto da racionalidade. Para reagir de modo *razoável*, é necessário ter sido primeiramente *tocado* pela emoção. O que se opõe à racionalidade é a insensibilidade ou, inversamente, o sentimentalismo, que é uma perversão do sentimento (Revault d'Allonnes, 2008: 14).[24]

Parece-me que é porque conscientes desses factos que Boin *et al.* (2008b, 2008c) insistem na influência dos fatores situacionais e circunstanciais, fatores que incluem o enquadramento da crise,

---

[24] Esta é, sem dúvida, uma lição, tanto pela positiva quanto pela negativa, que os políticos profissionais da *mediapolítica*, admiravelmente descrita no Estado espetáculo de Roger-Gérard Schwartzenberg (1977), conhecem bem. Para uma análise da oposição entre razão e emoção no domínio do direito, cf. Nussbaum (1996).

a respeitabilidade dos representantes políticos e das instituições, o momento político da emergência da crise e a comunicação social. A comunicação social assume, no entanto, uma centralidade cuja inclusão num enunciado de fatores pode facilmente ocultar.

É, de facto, inegável que a comunicação social, primeiro, desempenha um papel fundamental na produção, construção e enquadramento de um acontecimento e, posteriormente, na sua afirmação como crise; segundo, interfere na confirmação ou na negação da respeitabilidade de políticos e instituições; e, terceiro, dá origem a leituras diversas, e muitas vezes estrategicamente concorrenciais, da influência possível da crise no processo eleitoral futuro.

O meu argumento na análise do estudo de caso de Entre-os-Rios é, porém, o de que a comunicação social fez mais do que isso. Por altura da referência à influência dos fatores circunstanciais e situacionais, afirmava que as crises humanizam políticos e instituições, no sentido em que estes e estas adquirem rosto, corpo e voz, ficam mais expostos à opinião pública, tornam-se objetos de um maior escrutínio público e, acima de tudo, mais permeáveis à emoção e à avaliação, aos afetos e aos valores (Fassin *et al.*, 2013). Essa emoção é em grande parte devedora da apropriação mediática das imagens e das palavras do sofrimento e da morte provocados pelo desastre e, é este o meu argumento, afigura-se fundamental para a imposição de uma determinada "gramática de reação" política à crise (Fragnon, 2006).

A difusão mediática das imagens e das palavras do sofrimento e da morte compelem os representantes políticos e institucionais a ostentar qualidades que contrariam a ideia da pertença a instituições imparciais e desapaixonadas. No caso dos representantes políticos, os acontecimentos extraordinários, variáveis na sua intensidade, variam igualmente na sua capacidade de interpelação, sendo certo, porém, que, a meu ver, interpelam sempre um Governo e, dentro do Governo, as pessoas concretas que neste desempenham funções.

Os acontecimentos extraordinários representam, assim, momentos históricos durante os quais os membros de um Governo, ou seja, aqueles que detêm um acesso privilegiado aos recursos estatais e públicos (B. S. Santos, 2003; Bourdieu, 2012), mercê do acontecimento, adquirem, literalmente, rosto, nome e protagonismo. Tornam-se humanos que se compadecem do sofrimento de outros humanos.

Os acontecimentos extraordinários desalojam o Governo da esfera etérea a partir da qual — *supostamente*, dizem bem Didier Fassin *et al.* (2013: 18) — este opera de maneira imparcial e obrigam-no a humanizar-se. No caso de Entre-os-Rios, o elemento disruptivo da indiferença é a copresença. Uma copresença forçada. O encontro do Estado com corpos mortos e corpos ausentes.

Perturbada a ordem e os automatismos governativos, o pensamento mecânico e linear aos quais se refere Jake Chapman (2004), impõe-se o *extraordinário*, a não-rotina, ou seja, os acontecimentos extraordinários encetam momentos políticos — portadores de quadros de ação e de interpretação também eles extraordinários — durante os quais emoções e valores são suscetíveis de entrar na equação para a definição de uma ação política extraordinária (Fassin, 2010b). Por outras palavras, para a definição de uma ação política de exceção, o elemento central da referida gramática de reação política à crise.

Os acontecimentos extraordinários são momentos em que, mediaticamente, «o que acontece não deixa que mais nada aconteça» (B. S. Santos, 2007: 162) senão o acontecimento em si. Os acontecimentos extraordinários perturbam a rotina da gestão corrente da coisa pública, obrigam a um alinhamento do campo político em função de objetivos definidos pela força da interpelação do acontecimento, a uma sua concentração numa ação pública destinada a cercear o acontecimento e a repor a legitimidade colocada em causa pelo acontecimento. É, efetivamente, a credibilidade e a legitimidade dos profissionais políticos que é posta em causa no exato momento em que são chamados a fazer prova da sua capacidade de exercer o poder e, mais do que isso, de governar (Barthe, 2006; Agamben, 2014). É nos momentos de exposição das suas fraquezas e falências que o Governo se deve mostrar mais forte e fortemente reativo, que deve revelar a sua força através de uma ação que, na sua concretização, recorre aos recursos concentrados nessa figura fugidia que é o Estado (Mendes e Araújo, 2012).

Talvez, então, seja chegado o momento de clarificar a distinção entre Governo e Estado que tem estado aqui presente de modo latente. Em Pierre Bourdieu encontra-se a preocupação de abordar a questão do Estado a partir do real (Bourdieu, 2012: 57). Das inúmeras lições proferidas no *Collège de France* e reunidas na obra *Sobre o Estado*, fundamental para a análise até aqui desenvolvida e a desenvolver é a conceção do sociólogo relativamente à oposição dicotómica entre Estado e sociedade civil, à qual contrapõe a ideia de um contínuo na distribuição do acesso aos recursos públicos, materiais e simbólicos aos quais se associa o nome Estado (*idem*: 66). Na esteira de Pierre Bourdieu, o Estado será aqui concebido como uma *reserva de recursos*, como a concentração dos recursos simbólicos, do oficial e do poder específico que confere o acesso ao oficial (*idem*: 111), sendo o oficial, simultaneamente, um instrumento para determinados agentes e o *enjeu* das lutas entre esses agentes (*idem*: 110). Estabelecido teoricamente o Estado como uma reserva de recursos materiais e simbólicos, é possível conceber três situações passíveis de serem empiricamente testadas através de uma sociologia com desastres.

1. Uma primeira, em que um Governo que lida com uma crise política induzida por um desastre recorre a essa reserva para gerir a crise e, consequentemente, os resultados da gestão da crise, decorrentes do processo de aprendizagem, sobrevivem aos ciclos eleitorais precisamente porque passam a estar inscritos na matriz jurídico-institucional.
2. Uma segunda, que concebe os acontecimentos extraordinários como representando momentos históricos particulares durante

os quais a estabilidade das posições no contínuo definido por Bourdieu pode ser perturbada: i) pela agudização das lutas políticas; ii) pelas alterações nas carreiras políticas e nas atitudes eleitorais que são suscetíveis de desencadear; ou iii) pela perda de legitimidade do Estado e das suas instituições.
3. E uma terceira situação que concebe os acontecimentos extraordinários como suscetíveis de abrir espaço à emergência de novos atores na disputa, não por uma posição no campo, mas pelo acesso aos recursos públicos, materiais e simbólicos do Estado.

Continuando a assumir a distinção entre Governo e Estado, parto da hipótese de que, no momento da urgência, o Governo *corporaliza* a gestão da crise induzida pelo desastre, valendo-se dos recursos públicos, materiais e simbólicos aos quais se associa o nome Estado. Por sua vez, a longo prazo, o Estado *incorpora* alguns dos adquiridos do processo de aprendizagem decorrente da politização da crise, que passam a integrar o *património* de recursos públicos, materiais e simbólicos do próprio Estado. Em última análise, a leitura que aqui se faz é a de que, enquanto nos momentos de crise política o Governo adquire rosto, o Estado, enquanto figura institucional, não passa de uma *coisa*, diria Bruno Karsenti (2013: 144), um *reservatório* na gestão da crise, ao mesmo tempo que um *repositório* do processo de aprendizagem.

2.2. Politização do sofrimento: o impacto do sofrimento e da morte no político e a apropriação do político pelo sofrimento e pela morte

A 11 de março de 2011, na sequência de um sismo de elevada magnitude, um *tsunami* atinge a central nuclear japonesa de Fukushima provocando um dos mais devastadores desastres nucleares desde Chernobyl. De tudo quanto se disse e escreveu em diversos domínios, destaco um livro que teve na sua origem uma videoconferência realizada em dezembro de 2011 no *International Research Center for Philosophy*, da Universidade de Tóquio: *A Equivalência das Catástrofes*, do filósofo francês Jean-Luc Nancy (2012).[25]

Em grandes linhas, para o filósofo, a complexidade das catástrofes deriva, hoje, do facto de estas já não poderem ser separadas das suas implicações ou consequências técnicas, económicas e políticas. Fukushima é disto um *terrível exemplo* no que revela da conexão íntima e brutal entre um tremor de terra, uma elevada densidade populacional, uma instalação nuclear, um nó de relações complexas entre poderes públicos e privados na vigilância da instalação, etc. (Nancy, 2012: 50). Saliente-se, ainda, o ambiente de improvisação que passou a reinar na instalação nuclear na sequência do *tsunami*. Improvisação que contrasta com a tecnologia *high-tech* celebrada pela indústria nuclear (Ferrier, 2012). Recorde-se, principalmente, as lágrimas de Toshiso Kosako, professor universitário e perito nuclear do Primeiro-Ministro nipónico, aquando da sua demissão, na base da qual invoca, entre outras razões, as decisões *ad hoc* tomadas pelo governo japonês na gestão da crise, que colocaram os interesses políticos e administrativos à frente das questões de saúde pública. Não são as lágrimas de Toshiso Kosako que espantam mas, sim, que tenham sido públicas.

Partindo das lágrimas de Toshiso Kosako, atenho-me ao argumento de Jean-Luc Nancy sobre a complexidade das interconexões económicas, sociais e políticas que faz a equivalência das catástrofes para levantar uma questão: a equivalência das catástrofes encontra eco numa equivalência de vítimas das catástrofes? Penso que

---

[25] A videoconferência teve como mote: «Filosofar após Fukushima». Um mote que remete para a célebre questão do filósofo alemão Adorno sobre a possibilidade de escrever poesia depois de Auschwitz.

a resposta a esta interrogação pode ser encontrada na diferente mediatização que acompanha as catástrofes.[26]

Na sequência de acontecimentos extraordinários, a comunicação social torna-se, numa primeira instância, o lugar privilegiado de enunciação do sofrimento e da morte (não natural), o lugar no qual sofrimento e morte se tornam primeiramente visíveis e audíveis e no qual se vai, ou não, construindo a sua inaceitabilidade. A comunicação social afigura-se-me fundamental não apenas enquanto lugar de enunciação do sofrimento e da morte, mas principalmente para a criação de um consenso em torno da tradução crítica do sofrimento e da morte como uma injustiça e como algo inaceitável que exige uma ação (Boltanski, 2007), para a emergência de determinados sentimentos morais no espaço público que legitimam determinadas práticas políticas (Fassin, 2010b: 7).

Partindo da definição de *politização do sofrimento e da morte* como um processo crítico que transporta determinados fragmentos de vidas feridas do espaço privado para o espaço público (Périlleux e Cultiaux, 2009: 11), parece inequívoca a centralidade da comunicação social nesse processo. No contexto das crises induzidas por desastres, a politização do sofrimento e da morte pode, deste modo, ser analisada através:

1. Do *impacto do sofrimento e da morte no político*, que é relativo ao modo como, da mediatização do sofrimento e da morte consequentes a um desastre, emergem determinados enquadramentos e sentimentos de injustiça que não apenas impelem à ação política como influenciam a própria ação política oficial; e
2. Da *apropriação do político pelo sofrimento e pela morte*, que é relativa ao modo como sofrimento e morte se desprendem da

---

[26] Para uma excelente análise da relação entre média e desastres, cf. Pantti, Wahl-Jorgensen e Cottle (2012).

sua singularidade vivenciada (Kleinman, 1992) e se assumem no espaço público como experiências coletivamente partilhadas que impelem à mobilização, à organização e à ação e que procuram influenciar a ação política oficial. Nas palavras de Kenzaburô Ôé, a forma como o sofrimento e a morte podem assumir «o valor de uma arma» (Ôé, 1996: 156).

A problemática central da análise da *Tragédia de Entre-os-Rios* não é o sofrimento ou a morte em si, mas o modo como, por um lado, estes influenciam a ação política e, por outro, são objeto de apropriação por parte do território e dos familiares das vítimas. Não se trata, pois, de atender às consequências individuais do sofrimento e da morte — ou mesmo a algumas das suas noções conexas como a dor, o luto ou o trauma — mas, sim, ao sofrimento e à morte que, virtualmente inacessíveis na sua espessura individual, transcendem o individual e legitimam a exceção moral, política e jurídica.

Refletindo sobre a relação entre poesia e luto, Qian Zhongshu (1984) afirma que a voz dos imperturbados é *leve* e *fina*. E, porém, nem todas as vozes dos *perturbados* se tornam *espessas* e *pesadas*. É que, de facto, o sofrimento e a morte não são necessariamente inaceitáveis, não apelam necessariamente a uma obrigação de agir e, quando mobilizam a ação, essa não é necessariamente inequívoca (Boltanski, 2007). Os desastres são, para além dos discursos humanitários de pendor universalista (Kroll-Smith, 2012), momentos e espaços de tensão, senão mesmo de construção, da cidadania. Momentos e espaços que tornam inteligíveis a produção de sujeitos relativamente aos quais se estabelece uma relação de obrigação que, nalguns casos, excede os direitos de cidadão (Fassin, 2002; Fassin *et al.*, 2013). Qual o sofrimento e que mortes se tornam, pois, *relevantes* e *importantes*?

O meu argumento é o de que, no ato de gerir uma crise política originada por um desastre, os atores governamentais e institucionais não são imunes às palavras e às imagens do desastre veiculadas pela comunicação social, às emoções e aos valores que se desprendem do desastre. Não são, de igual modo, impermeáveis aos debates e aos discursos públicos sobre a génese do desastre e da subsequente crise política, bem como aos debates e aos discursos públicos sobre o sentido da reparação pelo qual devem e podem optar.

A minha perspetiva é, deste modo, próxima da proposta de Didier Fassin acerca da crescente presença e impacto dos sentimentos morais nas políticas contemporâneas (Fassin, 2010b: 8), ou seja, da disseminação contemporânea de um tipo de governação que Fassin classifica de humanitária.[27] Atendo-me, porém, ao caso da *Tragédia de Entre-os-Rios*, defendo que os limites da *governação humanitária* tendem a tornar-se salientes quando se inscreve o desastre — o motivo para a emergência dos sentimentos morais no espaço público e na ação política — numa temporalidade longa balizada pelo tempo anterior ao desastre, o momento da emergência e o longo prazo. Significa isto que a inscrição do desastre num contínuo temporal longo permite efetivamente discernir a emergência de uma prática de governação humanitária portadora de exceção, mas igualmente o gradual esvaziamento dessa prática e a transição (ou reentrada) na indiferença.

O argumento central deste livro é o de que a inscrição do acontecimento extraordinário num contínuo temporal longo e a consideração dos quatro elementos da sociologia dos desastres (o acontecimento, a gestão política da crise, a mediatização do acontecimento, e o poder interpelativo do sofrimento e da morte) tornam inteligíveis as relações entre os principais intervenientes

---

[27] O meu objetivo não é, todavia, o de confirmar a tendência contemporânea, iniciada no final do século XX, de inscrição dos sentimentos morais no espaço público e na ação política, de atender às transformações do mundo contemporâneo ou à emergência de novas economias morais, definidas como a produção, repartição, circulação e utilização das emoções e dos valores, das normas e das obrigações no espaço social (Fassin, 2009; Fassin e Eideliman, 2012).

da *Tragédia de Entre-os-Rios* — o Estado, o Governo, o território e os familiares das vítimas — que se tecem igualmente num contínuo longo, que vai da indiferença na ausência à exceção na copresença, para regressar à indiferença na ausência.

2.3. Uma temporalidade longa de análise para uma temporalidade longa do desastre

Não haverá, talvez, desastre ou acontecimento extraordinário que não dê origem a uma miríade de filtros para a sua interpretação — derivem estes do político, do técnico-científico, do jurídico ou do mediático — tal como não haverá, talvez, qualquer acontecimento que não dê origem à sua quota-parte de inverdades intencionalmente veiculadas, de verdades ocultadas ou mesmo de mentiras descaradas ('t Hart, 2008). Porém, por mais objeto de construção que possa ser um acontecimento, o seu caráter constructo em nada anula a sua existência como «facto em bruto», nas palavras de Valerie Gunter e Steve Kroll-Smith (2006: 198). Um facto sólido, incontestável e irreversível: o colapso parcial da Ponte Hintze Ribeiro e a morte de 59 pessoas.

Parafraseando Gunter e Kroll-Smith (2006), os desastres constituem dramas humanos voláteis que combinam simultaneamente forças criativas e destrutivas em momentos históricos de transformação social. Analisar essas *forças*, os processos sociais desencadeados pelo acontecimento, implica olhar para o acontecimento adotando uma postura analítica que permita a circulação em diferentes tempos e a consequente solicitação de diferentes experiências vividas e memórias. O tempo, ou melhor, os tempos revelam-se, de facto, variáveis fundamentais na apreensão dos desastres.

Ryoko Sekiguchi afirma a propósito de Fukushima que qualquer «discurso sobre a catástrofe está fatalmente ligado, ou mesmo assombrado, pela questão do tempo»[28] (Sekiguchi, 2011: 54). O tempo anterior ao desastre, o tempo durante o desastre, o tempo do esquecimento do desastre (*idem*). Diferentemente de Sekiguchi, considero que, relativamente aos desastres, dificilmente se poderá falar em esquecimento. É nessa medida que proponho substituir o tempo do esquecimento de Sekiguchi pelo tempo do quase-silêncio do pós-desastre. O tempo do quase-silêncio do pós-desastre aponta tanto para aquilo que, derivando diretamente do desastre, se prolongou e se tornou contemporâneo quanto para aquilo que se interrompeu, tornando-se, por isso, numa exceção originada pelo desastre. O tempo do quase-silêncio do pós-desastre é, deste modo, marcado não pelo esquecimento mas, sim, pelo silenciamento, pela quietude do desastre em vez do desassossego do desastre que incita a ação.

O tempo anterior ao desastre, o tempo durante o desastre e o tempo do quase-silêncio do pós-desastre balizam, deste modo, um contínuo temporal que multiplica os pontos de ancoragem e, consequentemente, as possibilidades de abordagem do acontecimento extraordinário.

O tempo anterior ao desastre

A Ponte Hintze Ribeiro integrava o domínio público rodoviário do Estado e a inclusão da queda da ponte, à maneira de Lowell Juilliard Carr (1932), numa cadeia de acontecimentos levaria a que se questionasse a atuação, *ante* desastre, dos órgãos da Administração Pública envolvidos no desastre, adotando uma postura teórica — inspirada no *modelo de desastre de origem humana* de Bryan Turner (1978) e, mais tarde, de Turner e Pidgeon (1997) —, atenta

---

[28] Tradução livre do autor.

à *etiologia dos desastres* e, concretamente, à *etiologia organizacional dos desastres*. [29]

Os casos empíricos considerados por Turner para desenvolver a sua teoria — análise qualitativa sistemática de 84 relatórios periciais a acidentes diversos ocorridos no Reino Unido — revelam que, na base de qualquer desastre, existe sempre um conjunto de circunstâncias ou precondições que permanecem ocultas. A esta cadeia ou cadeias de acontecimentos discrepantes que se desenvolvem e acumulam sem serem notados, Turner apelidou de *período de incubação do desastre* (Turner, 1978) ou, retomando a terminologia de Carr, de *período preliminar do desastre* (Carr, 1932: 211).

Na mesma linha, Diane Vaughan (1996) — na profunda e bem documentada análise às circunstâncias que envolveram a decisão da NASA de lançamento da *Challenger*, que explode 73 segundos após o lançamento — centra-se nas condições organizacionais que conduziram à *gradual transição para o desastre*. A análise de Vaughan sobre as causas do acidente da *Challenger* insere-se num quadro mais vasto que versa sobre o *lado negro das organizações* (Vaughan, 1999) e reflete uma sempre presente preocupação da socióloga com a adequação de cada caso estudado a uma teoria geral da conduta desadequada/desajustada das organizações (*theory of organizational misconduct*) (Vaughan, 2004).

---

[29] Lowell Carr (1932) identifica as três fases que formam o padrão sequencial dos desastres. Na sequência do período preliminar que antecede o desastre, 1) o desastre ocorre, que corresponde à primeira fase, segue-se 2) a fase de desorganização; e, finalmente, 3) a fase de reajustamento ou reorganização, que pode ocorrer a três níveis — individual (mudanças individuais), relacional (padrões de relações sociais) e cultural (alterações no ambiente cultural que envolve aspetos como a tradição, as normas sociais, a legislação, a arquitetura local, etc.) — e culminar num novo equilíbrio. À desordem, súbita e inesperada, provocada pelo acontecimento, segue-se uma tentativa de repor a ordem, podendo esta *ocasião* originar, ou não, mudanças sociais. O conceito de padrão sequencial de Carr (1932) aponta, por um lado, para a existência de um encadeamento de acontecimentos associados à mudança e, por outro, para a possibilidade de se identificar objetivamente o acontecimento fundador da mudança.

Nestas abordagens, o acontecimento fundador resultante da cadeia oculta de acontecimentos inscreve-se numa temporalidade linear que, exposta *a posteriori*, aponta para a inevitabilidade do acontecimento e mesmo, estabelecidas algumas circunstâncias pós--facto, para a sua *normalidade* (Perrow, 1999). Mais à frente, quando se abordar o processo-crime, veremos de que forma o coletivo de juízes interpretou a prova pericial à luz de uma cadeia de acontecimentos que, reconstruída *a posteriori*, pode provocar uma ilusão de transparência dos dados e dos factos.

A análise aqui a desenvolver não recai, porém, exclusivamente sobre as causas ou o encadeamento de causas — por ação ou omissão — que conduziram ao desastre. Do modelo de desastre de origem humana, irei reter o *período de incubação do desastre* para: 1) refazer a sequência do processo de abandono progressivo de atenção técnica e política sobre a Hintze Ribeiro; 2) atender ao processo de não decisão política pela construção de uma nova ponte sobre o Douro em Entre-os-Rios; 3) destacar a exploração política da crise tanto por parte do Governo (PS) então em funções, como por parte das oposições (PSD, CDS-PP, PCP e BE); e 4) atender a um enquadramento concorrencial da origem do desastre como decorrendo de um estado de isolamento, de esquecimento, de abandono do território e da população de Castelo de Paiva que permitiu amplificar a construção mediática da vulnerabilidade e precariedade do território e da população.

O tempo durante o desastre e o tempo do quase-silêncio do pós-desastre

No prólogo, afirmei que, à análise aqui a desenvolver, subjaz a premissa de que os acontecimentos extraordinários possuem um efeito de contração do espaço-tempo, que anula as distâncias e concentra as atenções, e que a esse efeito se opõe um outro de expansão progressiva do espaço-tempo, que repõe as distâncias e dispersa, quando não anula, as atenções.

Ao primeiro efeito associei a ideia da explosão para descrever o modo como um acontecimento localizado se expande, afetando ou alterando em graus variáveis aquilo que atinge, sendo certo que, para a ampliação dos efeitos da explosão, contribuem a comunicação social e a politização do sofrimento e da morte e, na direção que tomam esses efeitos, contribuem a revelação das fragilidades dos domínios técnicos e políticos responsáveis pelo acontecimento. O desassossego do desastre. Ao segundo efeito associei a ideia de implosão para dar conta do modo como o acontecimento regressa ao seu ponto de origem, ao ponto de onde, apenas por um efeito momentâneo de aquisição de grandeza, se ausentou. Ou seja, o modo como regressa ao quase-silêncio e à indiferença. A quietude do desastre.

O tempo durante o desastre, a urgência, porque fortemente mediatizado é aquele durante o qual funciona em pleno o processo de politização do sofrimento e da morte. O tempo do quase-silêncio do pós-desastre, o longo prazo, porque mediaticamente silenciado, é, pelo contrário, aquele durante o qual se assiste à gradual despolitização do sofrimento e da morte. Para efeitos analíticos, defino o tempo durante o desastre como tendo início na sequência do desastre (04.03.2001) e, embora o quase-silêncio possa ser considerado como tendo início em 2003, aquando da inauguração do Memorial às Vítimas da Tragédia de Entre-os-Rios, situo o longo prazo uma década após o acontecimento (04.03.2011), ou seja, o momento em que o desastre é revisitado pela comunicação social.

O recurso a um contínuo temporal pode, de algum modo, suprir algumas das limitações associadas aos recortes excessivamente rígidos dos tempos da análise dos desastres e, consequentemente, das alterações provocadas pelos desastres (Hoffman, 1999). A consideração do acontecimento extraordinário a partir da sua inscrição num contínuo temporal restitui plasticidade ao acontecimento, restitui-lhe um *desassossego*, diria Robin Wagner-Pacifici (2010), que deve reaver expressão na análise sociológica dos acontecimentos históricos, dessas horas, diria Stefan Zweig (2013), de uma elevada concentração dramática e portadoras de destino. Robin Wagner--Pacifici (2010) refere-se ao desassossego dos acontecimentos para dar conta do seu caráter fluido, dinâmico e complexo, e para alertar para a consideração dos acontecimentos históricos como instáveis em vez de petrificados no calendário da sua ocorrência. Resta saber se, no caso de Entre-os-Rios, não estaremos perante um acontecimento histórico e extraordinário que para além de petrificado no calendário se veio a petrificar no território atingido e nos corpos afetados. O que é que, derivando diretamente do desastre, se prolongou e se tornou contemporâneo, e o que é que, derivando diretamente do desastre, se interrompeu e se tornou, por isso, exceção?

3. ROTEIRO DA INVESTIGAÇÃO

Na bela expressão de Bruno Karsenti (2013: 31), ler é pensar com outros nos seus textos, desde que esses textos não se fechem sobre si mesmos mas conduzam o leitor a entrar num outro campo de reflexão, ou seja, a perseguir os seus próprios raciocínios num outro texto. Dos exercícios de *leitura dos outros* e de *pensamento com os outros* empreendidos até ao momento, é possível, desde já, salientar algumas das linhas que irão ser aprofundadas ao longo deste livro.

A primeira linha é a de que o acontecimento extraordinário pode ser analisado através da sua inscrição num contínuo temporal balizado por três tempos abertos: o tempo anterior ao desastre, o tempo durante o desastre (a urgência), e o tempo do quase-silêncio do pós-desastre (o longo prazo).

A segunda é a de que o processo de aprendizagem, embora germinando no tempo durante o desastre, efetiva-se, ou não, no tempo do quase-silêncio do pós-desastre. Para aferir da sua efetividade e longevidade, torna-se necessário tomar por referências, primeiro, os sinais precursores da aprendizagem que emergem no período agudo da urgência e, segundo, como ponto de ancoragem empírica, as medidas corretivas e reguladoras que a longo prazo passam a estar inscritas na matriz jurídico-institucional.

Terceira linha: durante a crise induzida pelo desastre, as respostas políticas não se esgotam no processo de aprendizagem e, consequentemente, em reformas políticas, institucionais e administrativas mais ou menos acompanhadas de um processo de responsabilização.

As respostas políticas abrangem igualmente uma outra forma de responsabilização — talvez mais ética e moral do que propriamente política e técnica — que envolve a população e o território diretamente afetados pelo acontecimento extraordinário — que restrinjo na análise ao concelho de Castelo de Paiva e aos familiares das vítimas —, o que complexifica e diversifica as orientações e as consequências das respostas políticas.

A quarta linha é a de que representantes políticos, território e familiares das vítimas não assumem necessariamente uma posição racional, no caso dos primeiros, e passiva, no caso dos segundos, na definição e receção das respostas políticas ao desastre. De facto, a mediatização do desastre tende a tornar políticos profissionais, território e familiares das vítimas permeáveis ao poder interpelativo do sofrimento e da morte decorrentes do desastre. Isto significa que Governo, território e familiares das vítimas irão ser influenciados e, simultaneamente, procurar influenciar o processo de politização do sofrimento e da morte.

Quinta e última linha: da relação complexa entre acontecimento extraordinário, gestão política da crise induzida pelo desastre, mediatização do acontecimento e poder interpelativo do sofrimento e da morte, emerge, no tempo durante o desastre, uma determinada *prática de governação da população e do território afetados pelo acontecimento extraordinário*, podendo essa prática ser entendida como o conjunto de ações governamentais levadas a cabo no sentido de administrar/gerir os impactos políticos e sociais decorrentes do acontecimento extraordinário.

Esboçadas estas cinco linhas, que formam, elas próprias, em certa medida, um contínuo analítico, torna-se possível sumariar os três grandes objetivos subjacentes à análise sociológica da *Tragédia de Entre-os-Rios* pela perspetiva de uma sociologia com desastres.

O primeiro objetivo é o de atender à gestão da crise política aberta pelo acontecimento. O Governo torna-se, por via da crise, num campo concreto, situado e inscrito numa temporalidade definida. Uma temporalidade marcada por um acontecimento *concreto* com o qual representantes políticos e administrativos *concretos* têm de lidar. Talvez, então, como refere Patrick Lagadec, citando Coral Bell, o próprio termo "gestão" não seja o mais adequado. A palavra gestão implica, de facto, uma atividade racional, desapaixonada, marcada pelo cálculo, quando na realidade a gestão de crises assenta em características como a improvisação, a pressão dos tempos e dos acontecimentos, a ambiguidade (Bell *apud* Lagadec, 1991: 18). O que dizer, então, das crises que têm origem em desastres? É neste sentido que se falará das crises políticas como *provas de humanidade* e que se discutirá a tensão sempre presente na relação entre emoção, reconhecimento e exceção na consideração das vítimas de desastres (Revault d'Allones, 2008; Fassin, 2010b; Audi, 2011; Fassin *et al.*, 2013). Tal abrirá para o segundo objetivo.

O segundo objetivo é, de facto, o de atender ao poder interpelativo do sofrimento e da morte e, mais precisamente, ao processo de politização do sofrimento e da morte. Com a comunicação social em pano de fundo, serão consideradas as duas componentes essenciais do processo de politização do sofrimento já referidas: 1) *o impacto do sofrimento e da morte no político* e 2) *a apropriação do político pelo sofrimento e pela morte.*

O terceiro objetivo é o de atender às materialidades às quais dá origem a prática de governação de um território e de uma população afetados por um acontecimento extraordinário no momento de urgência e a longo prazo. Estas materialidades afiguram-se, de facto, fundamentais para o quarto objetivo deste livro, e objetivo central, que consiste em caracterizar a prática de governação dominante no momento da urgência e o seu prolongamento a longo prazo para o Estado, em Castelo de Paiva e para os familiares das vítimas da *Tragédia de Entre-os-Rios*.

PARTE II

Perhaps an accident.

Thornton Wilder, *The Bridge of San Luis Rey* (2000).

1. Relatórios Oficiais de um Colapso

No clássico de Thornton Wilder, *The Bridge of San Luís Rey*, o Irmão Juniper testemunha o colapso de uma ponte e entrevê naquele *ato de Deus*, naquele momento em que as intenções de Deus são surpreendidas em estado puro, o laboratório ideal para provar cientificamente a existência de um plano divino para cada um de nós, ou seja, de uma *Intenção*. Que misterioso e oculto plano levou aquelas exatas cinco pessoas a cruzar aquela ponte naquele exato momento? No afã de interpretar o plano de Deus para aquelas cinco pessoas, o Irmão Juniper perde de vista o acontecimento que constitui o denominador comum para o encontro na morte daquelas cinco vidas: a queda da ponte. O *mistério* de Entre-os-Rios difere, pois, daquele que perturba até à perdição o Irmão Juniper. Perante a morte de 59 pessoas havia, de facto, em primeira instância, que *explicar* a que se deveu o colapso do pilar P4.

Para desfazer o *mistério* de Entre-os-Rios e apurar as circunstâncias que conduziram à queda parcial da Hintze Ribeiro sobejam elementos. Por ordem cronológica, o primeiro desses elementos é a Comissão de Inquérito Ministerial (CIM) «às causas do sinistro ocorrido na Ponte de Entre-os-Rios em 4 de março de 2001», criada por despacho do Ministro do Equipamento Social, Jorge Coelho, escassas horas após o *sinistro*. Para Jorge Coelho, este seria o primeiro passo para que *a culpa não morresse solteira*. Um primeiro passo ao qual três outros se seguirão: uma Comissão de Inquérito Parlamentar (CIP) «sobre as causas, consequências e responsabilidades com o acidente resultante do desabamento da ponte sobre o rio Douro em Entre-os-Rios», e dois relatórios periciais[30] realizados no âmbito do processo-crime.

Ao contrário do que acontece no romance de Thornton Wilder, no caso de Entre-os-Rios, a *grande* interrogação não incide sobre o plano de Deus para aquelas 59 pessoas mas, sim, no *misterioso e oculto plano* que levou ao colapso do pilar P4 e ao desabamento parcial do tabuleiro da Ponte Hintze Ribeiro. Não procurarei dar resposta a esta tão contestada questão. Procurarei, antes, dar conta, o mais justamente possível, dos factos relatados nos quatro documentos enunciados. Friamente. Objetivamente. E, porém, como se verá, também nos documentos oficiais, o sofrimento e a morte que se procuram evacuar por uma qualquer porta regressam sempre por uma outra qualquer janela.

Para Boin *et al.* (2008c: 312), a principal missão dos inquéritos públicos é a de restaurar a ordem e colmatar a perda de legitimidade institucional ou, na aceção de Freudenburg (1993), de restaurar a confiança nas instituições do Estado e no próprio Estado. Andrew Brown (2000: 3) vai mais longe ao afirmar que, para além do referido acima, os inquéritos têm como função colmatar as ansiedades provocadas pelo acontecimento ao elaborar fantasias de omnipotência e controlo. Trata-se, segundo Paul t' Hart (2008), do paradigma do controlo que sustenta as práticas tecnocratas de orientação funcionalista. Os inquéritos necessitam, neste sentido, por um lado, de estabelecer assertivamente as causas diretas para a origem da crise, desfazendo as incertezas relativamente ao que aconteceu antes, durante e imediatamente após a crise, e, por outro, de dar lugar a um debate político e social sobre as reformas

---

[30] Um deles realizado pela Faculdade de Engenharia da Universidade do Porto e um outro elaborado conjuntamente pelo Laboratório Nacional de Engenharia Civil e pela Faculdade de Ciências e Tecnologia da Universidade de Coimbra.

a implementar em consequência da crise, ou seja, de apontar os caminhos para a aprendizagem.

É nesses documentos que se joga o enquadramento político e técnico da queda da ponte e, principalmente, que começam a adquirir rosto e nome os eventuais responsáveis pelo desastre, ou seja, que se começa a deslocar o enfoque da responsabilidade de instituições para pessoas (Brown, 2004), num movimento que culminará no processo-crime. É nesses documentos que se afrontam responsabilidade técnica e responsabilidade política. É nesses documentos, em suma, que se joga a politização da crise.

Não deverá provocar espanto a existência de repetições nesta parte relativamente aos dois temas centrais levantados pelo colapso parcial da Hintze Ribeiro: a manutenção e inspeção de obras de arte em Portugal e a regulação da atividade de extração fluvial de inertes. Apesar de repetitiva, a análise documental afigura-se fundamental para fornecer do acontecimento e dos seus enquadramentos (técnico e político) um retrato o mais fiel possível, que visa, por um lado, romper com alguma da opacidade que sempre acompanha uma crise (Lagadec, 1991) e, por outro, matizar as evidências do acontecimento que sempre acompanham a sua cobertura mediática (Bensa e Fassin, 2002). Mais do que uma análise exaustiva dos documentos em si, o que proponho, recuperando Lagadec e Laroche (2005), é uma *viagem*, descritiva e por vezes fastidiosa, pelos documentos. Esta pareceu-me, todavia, uma forma adequada de dar conta, em primeiro lugar, do modo como responsabilidade e responsabilização vão adquirindo matizes distintas em cada *passo para a verdade*. Em segundo lugar, de dar conta do modo como procedimentos destinados à avaliação de responsabilidades e à produção de responsabilização redundam na afirmação da responsabilidade e na responsabilização de funcionários técnicos. Funcionários que, como se verá, se limitaram a cumprir escrupulosamente ordens burocráticas ambíguas, sem ultrapassar o quadro estrito dessas ordens e sem colocar em causa as suas ambiguidades.

Quatro relatórios, então, para um único *facto em bruto* (Gunter e Kroll-Smith, 2006: 198): no dia 4 de março de 2001, por volta das 21 horas e 10 minutos, o colapso do quarto pilar da Ponte Hintze Ribeiro provoca a queda parcial da estrutura do tabuleiro. Um autocarro, com 53 pessoas a bordo, e três viaturas ligeiras, com seis ocupantes, são atirados para as águas turbulentas do rio Douro. Cinquenta e nove pessoas perdem a vida.

1.1. Relatório da Comissão de Inquérito Ministerial

Dividido em 14 partes e com cerca de 50 páginas (sem os anexos), o «Relatório final sobre as causas do sinistro ocorrido na ponte de Entre-os-Rios em 4 de Março de 2001», é o resultado dos trabalhos da CIM, criada na madrugada de 5 de março, por despacho de Jorge Coelho, pouco antes da sua demissão, com *aplaudida dignidade*,[31] do cargo de Ministro do Equipamento Social.[32] A Comissão foi incumbida de «apurar as causas que estiveram na origem do sinistro e de identificar as medidas preventivas necessárias e convenientes»

---

[31] A propósito da demissão de Jorge Coelho, escreveu Ana Sá Lopes (2001: 10) num tom mordaz: «o sacramento da demissão lava a honra, expia os pecados e conduz ao céu — foi quase patético ver as hordas que se levantaram a louvar o "gesto de dignidade" do ex-Ministro».

[32] Inicialmente composta pelo diretor do LNEC (Rui Correia, presidente), pelo inspetor-geral das obras públicas, transportes e comunicações (António Flores de Andrade) e por um representante do IEP a designar pelo respetivo conselho de administração, por despacho do Ministro do Equipamento Social de 8 de março, a comissão passou a integrar o bastonário da ordem dos engenheiros (Francisco Sousa Soares). A 15 de março de 2001, um novo despacho do Ministro do Equipamento Social fixa definitivamente a composição da comissão ao retirar o recentemente nomeado representante do IEP (Jorge Zúniga de Almeida Santos, vogal do conselho de administração do IEP e antigo chefe de gabinete de Maranha das Neves), cuja presença era fortemente contestada pelo presidente da câmara municipal de Castelo de Paiva, Paulo Teixeira.

(CIM, 2001: 2). A *culpa não podia morrer solteira*, tinha afirmado o Ministro Jorge Coelho e este era o primeiro passo para a *verdade*. A 19 de março, a Comissão entrega um relatório preliminar ao novo Ministro do Equipamento Social, Eduardo Ferro Rodrigues, e a 10 de abril o relatório final.

A par da impossibilidade de observação direta dos destroços submersos das partes da ponte que ruíram, o prazo apertado para a entrega do relatório final será referido pelos membros da Comissão como um dos constrangimentos à elaboração do relatório final.[33]

> No entanto, é convicção da Comissão que as conclusões apuradas, apresentadas neste relatório, não seriam no essencial modificadas caso não se verificassem os condicionamentos (CIM, 2001: 3).

O relatório final da CIM apresenta um impressionante manancial de dados recolhidos e analisados em pouco mais de um mês. Não sendo minha intenção reproduzir integralmente o relatório, é importante salientar que, ao procurar apurar as circunstâncias e causas diretas e indiretas envolvidas no sinistro e ao identificar as medidas necessárias e convenientes para que um acontecimento desta natureza não se volte a repetir, a CIM aponta indiretamente os responsáveis pelo colapso da ponte.

Neste sentido, o relatório acentua a atenção que três atores já vinham recebendo por parte da comunicação social e que continuarão a receber nos inquéritos subsequentes: as entidades públicas responsáveis pela inspeção e conservação das obras de arte (a Junta

---

[33] No âmbito das suas atividades, a comissão efetuou diversas deslocações ao local e ouviu o testemunho de 25 pessoas, com redução a escrito dos autos de inquirição, e de outras três sem o formalismo de redução a escrito. Beneficiou, ainda, do auxílio do Instituto Hidrográfico para a realização de perfis transversais do leito do rio e do LNEC para as inspeções às partes da ponte que não ruíram.

Autónoma de Estradas – JAE – e os institutos rodoviários que lhe sucederam), as empresas que operavam no rio Douro na extração de inertes e as entidades responsáveis pela regulação da atividade de extração de inertes no rio Douro.

Se, na origem dos desastres, se encontra sempre, por definição, um conjunto de circunstâncias diversas,[34] o guião de interpretação das causas para o colapso parcial da Hintze Ribeiro escreve-se com base em três elementos recorrentes: 1) a inspeção e conservação de obras de arte, 2) a extração de inertes no rio Douro e 3) a regulação da extração de inertes. A somar a estas três circunstâncias, encontra-se a hipótese, que nunca se desprenderá do plano das intenções, de construir uma nova travessia sobre o Douro. A importância desta *circunstância* apenas se tornará plenamente saliente quando o pendor da responsabilização começar a deslizar do plano técnico para o político.

1.1.1. A Ponte Hintze Ribeiro: inspeção e conservação das obras de arte e a hipótese de construção de uma nova ponte

Todas as pontes têm uma história: nascimento, vida e morte.

A história da Ponte Hintze Ribeiro contada no relatório final da CIM é a história das atividades de inspeção e manutenção de que esta foi objeto por parte de diversos organismos públicos e entidades privadas contratadas para o efeito. A mais antiga dessas atenções

---

[34] Num plano secundário, encontra-se, por exemplo, a Natureza, que assumiu a forma de um ano hidrológico particularmente severo, que deu origem a cheias e, consequentemente, a um rio Douro cujo rosto transtornado se torna visível nas dificuldades que irão enfrentar os operacionais envolvidos nas operações de busca e resgate (Ezequiel e Vieira, 2001; Galhardo, 2002) ou as interferências do ser humano na Natureza, ou seja, as barragens do Torrão (rio Tâmega) e do Carrapatelo (rio Douro), ambas a montante da Hintze Ribeiro, e a barragem de Crestuma-Lever, a jusante da ponte.

remonta a 1928 e a última a 2001.[35] Como se verá, encontram-se nesse intervalo dois momentos que assumem particular relevo: 1) a inspeção subaquática aos pilares da Hintze Ribeiro, realizada em 1986 pela empresa privada Investigação e Técnica Submarina, Lda. (ITS); e 2) o projeto de «Reforço e Alargamento da Ponte de Entre-os-Rios», realizado em 1987 pela empresa Escritório Técnico de Engenharia Civil, Lda. (ETEC).

Pelo destaque que irão assumir no processo de apuramento da verdade e, posteriormente, no processo-crime, tratarei das intervenções à Ponte Hintze Ribeiro mais recentes referidas pela CIM.[36] Estas intervenções decorreram entre dezembro de 1986 e janeiro de 2001 e envolveram diretamente, a nível público, a JAE e os três institutos que lhe sucederam[37] e, a nível privado, o ETEC.[38] Indiretamente, envolveram a empresa ITS, responsável pelas filmagens da inspeção subaquática das fundações submersas dos pilares da ponte em 1986, e a Consultores para Estudos de Geologia e Engenharia, Lda. (CÊGÊ) que, em 1988, procedeu às sondagens aos pilares e fundações dos pilares.

---

[35] No Anexo 3, encontra-se uma cronologia das intervenções na ponte Hintze Ribeiro. Na reconstrução dessa cronologia, para além das informações constantes do relatório final da CIM, recorri igualmente ao i) *Resumo Cronológico relativo à Ponte de Entre-os-Rios sobre o Rio Douro e Nova Ponte* (ICOR, 2001 apud TJCCP, 2001a), elaborado pela engenheira Fernanda Ferreira dos Santos (ICOR) a pedido da CIM, e ii) ao Acórdão do Tribunal de Castelo de Paiva de 20 de outubro de 2006 (TJCCP, 2006).

[36] À guisa de contextualização política, recorde-se que, entre 1985 e 2001, foram eleitos em Portugal cinco Governos Constitucionais (GC) que constituíram dois períodos extremamente marcantes da vida política portuguesa: o cavaquismo (X GC, 1985-1987, Cavaco Silva, PSD; XI GC, 1987-1991, Cavaco Silva, PSD; e XII GC, 1991-1995, Cavaco Silva, PSD) e o guterrismo (XIII GC, 1995-1999, António Guterres, PS; e XIV GC, 1999-2002, António Guterres, PS).

[37] IEP, ICOR e ICERR.

[38] A ETEC, Lda. celebrou com a JAE dois contratos administrativos, por ajuste direto e com dispensa de contrato escrito, o primeiro para elaboração do «projecto de reforço e alargamento da Ponte de Entre-os-Rios» e o segundo para elaboração do «projecto de arranjos e beneficiação da Ponte de Entre-os--Rios» (TJCCP, 2006).

Assim, de acordo com a CIM, as intervenções mais recentes na Hintze Ribeiro iniciaram-se em junho de 1986, quando a Direção do Equipamento Hidráulico da Eletricidade de Portugal (EDP) enviou um ofício à Direção dos Serviços Regionais de Estradas do Norte (DSRE-Norte) solicitando autorização para depositar material aluvionar, proveniente de escavações no âmbito das obras da barragem do Torrão, em fundões existentes junto aos pilares da ponte. Em julho de 1986, a DSRE-Norte remete para a Direção do Serviço de Pontes (DSP) da JAE o ofício da EDP e solicita a sua apreciação (ICOR, 2001 *apud* TJCCP, 2001a: 13673). O técnico destacado pela DSP para avaliar o pedido da EDP, informa que, «no seu entender, não havia inconveniente na deposição dos materiais desde que a mesma fosse feita com critério» (ICOR, 2001 *apud* TJCCP, 2001a: 13674).

Na sequência do pedido da EDP,[39] a JAE adjudica à ITS a realização de uma inspeção subaquática das fundações submersas dos pilares da ponte. A inspeção foi realizada em dezembro de 1986 e o relatório final e as filmagens devidamente remetidos à JAE (CIM, 2001: 11). Registe-se que, na sequência da queda da ponte, uma cópia das filmagens foi solicitada pela CIM junto do Instituto das Estradas de Portugal (IEP). No entanto, o IEP afirmou não encontrar esses registos nos seus arquivos. Melhor sorte parece ter tido o canal de televisão *SIC*, que, a 13 de março de 2001, exibiria es-

---

[39] Note-se que, por essa altura, em setembro de 1986, a Direção de Estradas do Distrito do Porto (DED-Porto) enviou um ofício à Direção do Serviço de Pontes que «dava conta que o chefe de conservação da área do Porto comunicava que se notavam sinais de cedência de partes metálicas do tabuleiro, pelo que se tornava urgente proceder à necessária reparação, a fim de evitar a ocorrência de acidentes que poderiam ser graves. Solicitava-se nesse ofício que a DSPontes tomasse as providências adequadas dada a insuficiência de meios da DED-Porto» (ICOR, 2001 *apud* TJCCP, 2001a: 13673). É também por essa altura que começa a ser equacionada a beneficiação, reforço e alargamento da Hintze Ribeiro, facto que irá ter uma influência decisiva no desenrolar dos acontecimentos.

sas filmagens subaquáticas num *Especial Informação*, fornecendo, então, uma cópia à CIM.

Essas filmagens são, todavia, capitais, já que é com base nelas que, quer a CIM, quer posteriormente a CIP e os dois relatórios periciais, irão estabelecer a ausência de perceção do risco por parte da DSP da JAE e dos institutos que lhe sucederam. Todavia, ao contrário da CIM, a CIP — espaço onde é mais notória a exploração política da crise à qual aludem Boin *et al.* (2008b, 2008c) — outorga maior relevância à inspeção subaquática de 1986, afirmando que logo nessa altura a «JAE poderia ter tido, mas não teve, a percepção do risco» (CIP, 2001: 38).

Importa, pois, abrir um parêntese para olhar mais atentamente para o relatório da ITS.

A inspeção subaquática

A inspeção subaquática centrou-se nas zonas mais profundas — sapatas[40] e enrocamento[41] — dos pilares P2, P3 e P4. Não existindo desenhos de projeto ou de construção da ponte, o relatório é acompanhado de esboços não dimensionados de cada um dos pilares que serviram para apontar para a configuração das zonas inspecionadas e assinalar as observações consideradas anómalas. Relativamente à descrição do pilar P4, aquele que haveria de ruir, refere-se no relatório que:

> Contrariamente ao observado nos pilares precedentes [P2 e P3], este não apresenta qualquer banqueta de enrocamento

---

[40] A sapata define o tipo de fundação direta de uma construção, constituída por um maciço de alvenaria ou betão armado.

[41] Revestimento que serve de fundação, utilizando pedras de grande dimensão, servindo de base ao massame.

protector em toda a sua volta, enterrando a sapata directamente no leito do rio, constituído por areia grossa ou gravilha. Igualmente não existe distinção em diâmetro da sapata base ao fuste.[42]

Como nos casos anteriores, o mergulhador desceu junto do topo de jusante, constatando-se:

- Que o fundo se encontra à profundidade de 13 metros.
- Afastou-se até cerca de 12 metros do pilar para jusante não encontrando vestígios de pedra de enrocamento ou de rocha natural de fundo (apenas areia ou gravilha). A essa distância a profundidade aumentou para 16 metros.
- As profundidades junto da base, ao nível da areia, são a Norte de 14 metros e a montante de 15 metros o que revela uma situação, de certo modo, inversa à dos pilares n.ºs 2 e 3.
- Finalmente, subindo, encontrou-se à profundidade de 7 metros e bem definida em toda a sua volta, a linha de separação do ferro da cofragem da base e a alvenaria do fuste. O ferro encontra-se em bom estado, apenas com pequenos nódulos de ferrugem em vários pontos e não é desagregado pela faca. Apenas do lado jusante se conseguiu arrancar um pedaço na borda superior, com cerca de 1 dm^2, mas o betão por baixo encontra-se em bom estado (ITS, 1986, *apud* TJCCP, 2001b: 16898-9).

Na imagem seguinte, encontra-se o esboço que integra o relatório da ITS.

---

[42] O fuste define o corpo de uma coluna, situado entre o capitel — coroamento do fuste de uma coluna no qual se apoiam os arcos ou vigas da construção — e a base — elemento estrutural de uma construção que transmite diretamente as cargas ao solo.

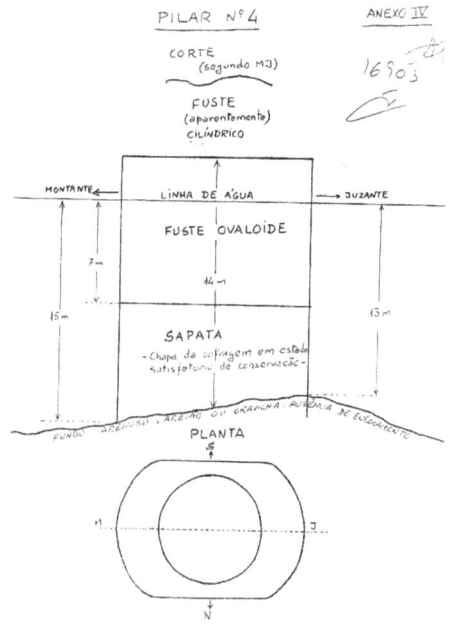

Imagem 2. Esboço do pilar P4
Fonte: (ITS, 1986, *apud* TJCCP, 2001b: 16903)

Perante as observações realizadas aos pilares P2, P3 e P4, os signatários do relatório concluem que, primeiro, «a obra demorou tempo a edificar e o intervalo de tempo na construção dos pilares foi grande, permitindo aplicar novas técnicas e materiais» e, segundo, que «na data da construção o traçado do leito do rio era diferente do actual, assim como os respectivos caudais, o que levou a uma técnica de construção diferente de pilar para pilar.» Na sequência, expressam a opinião de que «uma reparação nas sapatas base dos pilares n.ºs 2 e 3 seria vantajosa, com uma solução viável e a estudar pelas entidades competentes. Igualmente uma protecção em banqueta de enrocamento ao pilar n.º 4 e eventualmente ao n.º 5 (não inspeccionado), seria aconselhável» (ITS, 1986, *apud* TJCCP, 2001b: 16899).

O que sucedeu, então, aos resultados da inspeção subaquática, cujo relatório — endereçado ao Engenheiro Soares Ribeiro, da

Divisão de Conservação da Direção do Serviço de Pontes (DSP-
-DCs) — deu entrada, pela mão do Engenheiro Adjunto Jorge
Pessoa Barreiros Cardoso, na Direção do Serviço de Pontes a 5 de
janeiro de 1987?

Em Janeiro de 1987 foi elaborada na JAE uma informação interna sobre os resultados da inspecção. Nesta informação é evidenciada a existência de fortes fenómenos de erosão do leito junto aos pilares centrais da ponte.[43] Em Fevereiro de 1987, tendo em consideração os resultados da inspecção, a JAE, através da sua Direcção dos Serviços de Pontes, entendeu que a EDP não devia ser autorizada a colocar material aluvionar no leito junto aos pilares, uma vez que se equacionava a próxima realização de um estudo relativo à beneficiação, alargamento e reforço da ponte. Com efeito, na sequência de um ofício de Abril de 1986 remetido à JAE pelo Coordenador do Projecto de Navegabilidade do Douro no qual se chamava a atenção para o previsível aumento de tráfego decorrente da exploração do porto fluvial de Sardoura, a JAE começou a ponderar a viabilidade da realização de obras de beneficiação, alargamento e reforço da ponte (CIM, 2001: 12).

---

[43] A informação interna (informação n.º 5/87/DSP-DCs), assinada pelo engenheiro Barreiros Cardoso e com a data de 13 de janeiro de 1987, ressalta que: «as profundidades detectadas foram de certo modo uma surpresa. Prova-se, contudo, que na zona dos três pilares é o local onde a corrente se faz sentir com grande intensidade e onde igualmente em tempos de cheias as infraescavações são mais agressivas. A forma das sapatas está de acordo com a necessidade de causarem menor perturbação à corrente, servindo, como "talhamares" para assim assegurarem uma melhor resistência à impetuosidade das correntes. O enrocamento devia existir de forma idêntica ao redor das sapatas e não como se verifica. Tal facto, deve-
-se, em nosso entender, às alterações a que o regime do rio tem tido [ilegível], à impetuosidade das correntes nos períodos de cheia e igualmente às alterações a que se encontra sujeito o regime do rio, em consequência da extracção de material sólido e da forma como esta se tem processado». Fica por saber-se *de que forma* era extraída a areia.

Reforço e Alargamento da Ponte de Entre-os-Rios

Assim, a 11 de março de 1987, a Direção do Serviço de Pontes da JAE (Ofício 486/DSP-DC) convida a ETEC a apresentar uma proposta para a elaboração dos estudos de projeto de «Reforço e Alargamento da Ponte de Entre-os-Rios» (LNEC/FCTUC, 2004: 46) e em 9 de junho de 1988, por despacho do então Vice-Presidente da JAE, Engenheiro José Luís Rangel Lima, é adjudicado à ETEC, por ajuste direto e sem contrato escrito, e com base na proposta de 14 de março de 1988 daquela firma, o «Projeto de Reforço e Alargamento da ponte de Entre-os-Rios» (Proposta 58/88/DSP-DC) (TJCCP, 2006). O principal objetivo pretendido com a elaboração dos estudos encomendados pela JAE à ETEC «consistia num projecto de modificação da estrutura, visando o reforço e alargamento da ponte existente» (LNEC/FCTUC, 2004: 46). Note-se que, em abril de 1987, os resultados da inspeção subaquática das fundações já tinham sido remetidos a esta empresa.

Em agosto de 1988, a ETEC envia o «Estudo Prévio de Alargamento e Reforço», incluindo um relatório parcial preliminar das sondagens geotécnicas então em curso.[44] O estudo prévio, elaborado em coautoria pelos engenheiros Carlos Morais Guerreiro e José da Mota Freitas, apontava claramente para a opção de construção de uma

---

[44] A 30 de setembro de 1988, a empresa ETEC, Lda. envia um ofício à Direção do Serviço de Pontes no qual dá conta dos resultados finais das sondagens efetuadas pela empresa Consultores para Estudos de Geologia e Engenharia, Lda. (CÊGÊ). Segundo o *Resumo Cronológico Relativo à ponte de Entre-os-Rios sobre o Rio Douro e Nova Ponte*: «Referia-se que o facto mais relevante que ressaltava do relatório era que os pilares 2, 3, 4, e 5 estariam fundados nas aluviões do fundo do rio Douro, que se apresentavam com espessuras não determinadas para além dos 5 metros, dada a inviabilidade de continuação dos trabalhos de prospecção sem mudança das máquinas de serviço. Assim, estava-se perante um caso evidente de fundações que, embora aparentemente estáveis até à data, poderão não vir a permitir a utilização de infraestruturas nela apoiadas quando solicitadas por acções diferentes das então suportadas, dada a impossibilidade de avaliar o seu comportamento futuro relativamente a novas condições de cargas de valor bastante superior» (ICOR, 2001, *apud* TJCCP, 2001a: 13683).

nova ponte, reservando-se a utilização da Hintze Ribeiro exclusivamente para o tráfego de peões e veículos ligeiros. O relatório da CIM não explicita as razões que justificam as recomendações da ETEC, pelo que recorro às respostas aos quesitos do Tribunal de Castelo de Paiva elaboradas em conjunto pelo Laboratório Nacional de Engenharia Civil (LNEC) e pela Faculdade de Ciências e Tecnologia da Universidade de Coimbra (FCTUC):

> As justificações apontadas para a construção de uma nova ponte prendem-se sobretudo com os custos de reforço e reparação da existente, principalmente tratando-se da variante que inclui o alargamento do tabuleiro, com a necessidade de interromper o trânsito durante um determinado período das obras e com a necessidade de consolidar as fundações que, na opinião dos projectistas, deveria ter custos da *ordem de dezenas de milhar de contos.*
> [...]
> As razões para a reserva da ponte existente ao trânsito de ligeiros e peões não são claramente explicitadas no estudo prévio. No entanto, da análise do estudo pode concluir-se que a sugestão de reserva a ligeiros e peões se deveria a que a nova ponte poderia ter a sua largura reduzida em cerca de 60 cm por via da redução da largura dos passeios, que passariam a ser unicamente passadiços de recurso. Privilegiava-se assim o tráfego de veículos pesados na nova ponte, enquanto que na ponte existente se privilegiaria o tráfego de ligeiros e peões. Assim, a sugestão aparece mais como uma solução global de gestão de tráfego do que como uma proposta específica para a ponte existente (LNEC/FCTUC, 2004: 48).

A opção pela construção de uma nova ponte a montante da Hintze Ribeiro, embora permanecesse no campo das hipóteses, não veio a ter seguimento até à data do colapso da Hintze Ribeiro. Abro aqui um novo parêntese para abordar a questão da nova ponte sobre o Douro, que, embora tivesse chegado a ser objeto de concurso (com ato público em julho de 1993), não se chegou a concretizar.

A hipótese de uma nova ponte

A ideia para a construção de uma nova ponte no rio Douro remonta, pelo menos, a abril de 1986 quando o coordenador do Gabinete de Navegabilidade do Douro envia um ofício à DSRE-Norte no qual dá conhecimento de

> novos factos, relacionados com a exploração do Porto Fluvial de Sardoura, cujo início estava previsto se não para o Verão de 1987, pelo menos para o Verão de 1988, que poderiam provocar grande perturbação no trânsito de atravessamento de Entre-os-Rios e da ponte sobre o Douro face ao aumento do volume de tráfego (ICOR, 2001 *apud* TJCCP, 2001a: 13672).

Na sequência desse ofício, fica decidido que a Direção dos Serviços de Pontes deveria promover o estudo de reforço e alargamento da Ponte e a DSRE-Norte o estudo de viabilidade da Variante a Entre-os-Rios (ICOR, 2001 *apud* TJCCP, 2001a: 13672).

Em abril de 1988, a presidência da JAE elabora um memorando sobre os *Acessos ao Porto Fluvial de Sardoura (Rio Douro)*, no qual refere que:

> na sequência de vários contactos com o Gabinete de Navegabilidade do Douro [— que tem o Engenheiro Daniel Pinto da Silva (falecido em 2005), primeiro, como coordenador e, depois, como Presidente da Comissão Diretiva —], se tinha acordado que a JAE implementaria os estudos e respectivas obras

de alargamento e beneficiação da Ponte de Entre-os-Rios, sobre o rio Douro, e das variantes às EENN [Estradas Nacionais] 108 e 224. Referia-se que ambos os estudos estavam em fase de início, pelo que o tráfego que irá utilizar o Porto de Sardoura em meados desse ano terá de circular pelo acesso provisório à actual EN [Estrada Nacional] 224 e que, no que diz respeito à Ponte de Entre-os-Rios, os respectivos trabalhos nunca interromperiam o tráfego. Finalmente, informa-se que os trabalhos de alargamento e beneficiação ou de, eventualmente, uma nova ponte, se iniciarão no 1º semestre de 1989 e os das variantes em 1990 (ICOR, 2001 *apud* TJCCP, 2001a: 13681).

No final da década de 1980, mais precisamente em 1988, subsistia ainda a irresolução relativamente à construção de uma nova ponte ou à beneficiação e alargamento da Hintze Ribeiro. A Informação da Direção dos Serviços de Pontes n.º 252/88/DSP-DCs, de 6 de setembro de 1988, apresenta o resultado dos estudos até então desenvolvidos sobre o projeto da ponte.

> Basicamente haviam sido estudadas duas hipóteses: beneficiação da ponte actual e possibilidade de execução de uma ponte nova. Da análise dos resultados obtidos pelo estudo aprofundado sobre o estado actual da estrutura, e tendo em atenção a largura do tabuleiro necessária para respeitar as características do perfil transversal a considerar nas variantes, concluía-se que, qualquer que fosse a concepção que se pudesse vir a adoptar no alargamento da actual estrutura, teria que ter sempre em conta o estado pouco abonatório dos actuais elementos metálicos, o reforço dos pilares, tanto ao nível das fundações como no seu encabeçamento, e as limitações do perfil transversal. Relativamente à abordagem efectuada para uma nova ponte, previa-se uma concepção em betão armado pré-reforçado, tendo sido estudadas duas localizações

possíveis, correspondendo a solução a montante a um traçado mais económico, para além de melhor servir a zona em questão. Na informação eram apresentadas as estimativas de custo associadas à solução de aproveitamento da ponte existente e à construção de uma ponte nova. Concluía-se que a solução mais lógica era efectivamente a de construir uma nova ponte (ICOR, 2001, *apud* TJCCP, 2001a: 13682-3).

A idêntica conclusão chegou um técnico não identificado da JAE numa informação ao Presidente da JAE de 16 de março de 1989 (Informação n.º 89/89/DSP-DC) (ICOR, 2001 *apud* TJCCP, 2001a: 13684). Nessa sequência,

> [O] despacho superior exarado na Informação 89/89/DSP-DCs [...] era no sentido da Divisão de Projectos da DSPontes lançar um projecto da nova ponte e a Divisão de Conservação da DSPontes elaborar ou mandar elaborar um estudo de beneficiação da actual ponte, nomeadamente do seu tabuleiro (ICOR, 2001 *apud* TJCCP, 2001a: 13685).

Em 1993, como se verá, depois de concluídas as obras de beneficiação do pavimento do tabuleiro da Hintze Ribeiro, a DSP dirige um convite a três gabinetes projetistas para a realização do projeto de uma nova ponte — o Engenheiro Armando Marques Rito, a ETEC e a TRIEDE, SA. — sendo o projeto adjudicado à ETEC. O «Estudo Prévio da Ponte» é entregue em agosto de 1994, aprovado pelo Vice-Presidente da JAE em dezembro desse ano, e a ETEC informada em janeiro de 1995 que poderia passar à fase de «Projeto de Execução» (ICOR, 2001 *apud* TJCCP, 2001a: 13692). A versão final do «Projeto de Execução» é entregue em fevereiro de 1997 e aprovada pelo Vice-Presidente da JAE em fevereiro de 1998. Este é o último registo oficial relativo à nova ponte sobre o Douro constante do *Resumo*

Cronológico relativo à Ponte de Entre-os-Rios sobre o Rio Douro e Nova Ponte (ICOR, 2001 *apud* TJCCP, 2001a). Mais adiante, aquando da análise do relatório final da CIP, voltarei à questão da nova ponte.

Retomando a cronologia da CIM, em abril de 1989, a JAE toma a decisão de lançar o respetivo projeto e promover a elaboração de um estudo de beneficiação da ponte existente (CIM, 2001: 12).

Em maio de 1989, a ETEC é encarregada pela JAE de elaborar um estudo de «Arranjos e Beneficiação da Ponte de Entre-os-Rios» destinado a apresentar os melhoramentos a introduzir na Ponte Hintze Ribeiro no sentido de a manter em condições de servir o tráfego por um período não inferior a seis anos, período durante o qual seria construída a nova travessia sobre o Douro (Ofício 767 da DSP, 9 de maio de 1989). O estudo dos «melhoramentos a efectuar na ponte, de modo a recuperar e manter em condições de operacionalidade, face ao intenso tráfego rodoviário que a solicita» (ICOR, 2001 *apud* TJCCP, 2001a: 13685), da autoria de Carlos António Santos de Morais Guerreiro, foi entregue à DSP em julho de 1989 (Ofício 4164 CG/ME). As beneficiações preconizadas consistiam na beneficiação do pavimento, na limpeza e pintura da estrutura metálica do tabuleiro e na beneficiação dos aparelhos de apoio. Beneficiações, em suma, cosméticas.

> As obras de beneficiação do pavimento [a cargo da CONDURIL] foram efectivamente realizadas em Abril e Maio de 1990, tendo implicado o encerramento temporário da ponte ao tráfego.[45] Quanto aos trabalhos de limpeza e pintura da estrutura metálica do tabuleiro e de beneficiação dos aparelhos de apoio, embora

---

[45] As câmaras municipais de Penafiel e de Castelo de Paiva assumem posições distintas relativamente ao encerramento temporário da Hintze Ribeiro, com a primeira a dar o seu acordo e a segunda a «pronunciar-se desfavoravelmente ao encerramento da ponte ao tráfego» (ICOR, 2001 *apud* TJCCP, 2001a: 13687) e insistindo na urgência de construção da nova ponte.

tivessem chegado a ser objeto de concurso (com acto público em Agosto de 1990, mas anulado em Dezembro do mesmo ano), nunca vieram, tanto quanto é do conhecimento da Comissão de Inquérito, a ser concretizados (CIM, 2001: 13).

Nas respostas aos quesitos por parte da dupla LNEC/FCTUC (2004), é possível obter mais pormenores relativamente ao estudo de «Arranjos e Beneficiação da Ponte de Entre-os-Rios» e às obras de beneficiação que lhe sucederam, introduzindo-se aqui uma distinção importante entre *segurança estrutural* e *segurança para a circulação rodoviária* da Ponte Hintze Ribeiro. Esta distinção é duplamente importante na medida em que permite, primeiro, precisar a ausência de perceção técnica do risco como sendo relativa à segurança estrutural da ponte e, segundo, precisar se os técnicos sobre os quais virá a ser deduzida acusação no processo criminal possuíam ou não, na altura do colapso do pilar, informações e conhecimentos que lhes permitissem ter percecionado essa insegurança estrutural.

> Nesse estudo, baseado no estudo prévio anterior, [...] é analisada de forma qualitativa a capacidade resistente da superestrutura, bem como as suas condições de conservação e dos respectivos aparelhos de apoio, indicando trabalhos de conservação e beneficiação a efectuar. É referido que, embora os cálculos apresentados no estudo prévio apontem para um subdimensionamento das longarinas e carlingas de acordo com o estipulado pelo Regulamento de Segurança e Acções em Edifícios e Pontes, nomeadamente no que se refere a acções provenientes do veículo tipo da Classe I, não se detectaram avarias provenientes deste facto, que justifiquem obras de reforço. Por outro lado, dado não ter sido analisada a estabilidade dos pilares e fundações não pode ser considerado como um estudo de estabilidade da estrutura [...].

[Assim,] [c]onsiderando o pedido da JAE como sendo relativo à segurança para a circulação de veículos e não à segurança estrutural, as beneficiações propostas parecem ser as adequadas à conservação do tabuleiro e faixa de rodagem, repondo as condições de utilização da ponte (LNEC/FCTUC, 2004: 50).

À pergunta formulada pelo Tribunal de Castelo de Paiva aos peritos de Lisboa e de Coimbra sobre a existência de erros, vícios ou omissões suscetíveis de colocar em causa a segurança e estabilidade da ponte nos estudos realizados pela ETEC para determinar as melhorias a introduzir na Ponte Hintze Ribeiro («Estudo Prévio de Reforço e Alargamento» e «Estudo de Arranjos e Beneficiação da Ponte de Entre-os-Rios»), respondem os peritos de forma clara:

> Os estudos solicitados [...] pela Direcção de Serviço de Pontes, Divisão de Conservação (DSP-DCs) e elaborados pela ETEC, Lda. padecem do erro de omissão relativa à verificação da segurança estrutural da ponte, nomeadamente no que aos pilares e fundações diz respeito. Antes e durante o estudo prévio realizado pela ETEC, Lda. para o reforço e alargamento da Ponte Hintze Ribeiro foram coligidas informações importantes relativas ao estado de conservação geral da ponte, em especial no que aos pilares e fundações dizia respeito (filmagens ITS e sondagens CêGê). Dado que se tinham detectado algumas deficiências potencialmente determinantes das condições de estabilidade tanto na superestrutura (carlingas e longarinas) como nas fundações (fundação em aluviões, deterioração dos caixões de fundação, inexistência de enrocamento do pilar P4, nível anormalmente baixo do fundo do rio junto aos pilares P2, P3 e P4) seria de esperar que o estudo prévio elaborado num contexto de alargamento/reforço da ponte fosse encarado, tanto pelo dono-de-obra como pelo projectista de forma mais cuidada. Pelo dono-de-obra na medida em que deveria

ter feito evoluir, sem ambiguidades, o estudo prévio feito para um projecto definitivo de reforço da estrutura existente, no qual o problema das fundações seria inevitavelmente encarado. Pelo projectista na medida em que o conhecimento das condições de fundação que acumulara na elaboração do estudo prévio deveria ter sido reflectido no estudo que seguidamente apresentou (LNEC/FCTUC, 2004: 52).

Apesar dos peritos de Lisboa e de Coimbra serem mais precisos nos termos e de introduzirem mais informações factuais, tanto estes como os responsáveis pelo relatório da CIM chegam a idêntica conclusão: uma ausência de perceção técnica relativamente à estabilidade estrutural da ponte e uma presença de informação técnica que deveria ter alertado para esse facto.

Retomando a cronologia das intervenções avançada pela CIM, em julho de 1998, a Direção de Estradas do Distrito do Porto solicita à Direção de Serviço de Pontes da JAE uma inspeção à Ponte Hintze Ribeiro (Ofício n.º 2834) que virá a ser realizada ainda nesse mês. No relato dessa inspeção — uma inspeção visual de rotina realizada pelo Engenheiro Manuel Lourenço Rosa Ferreira, direcionada apenas para a questão da segurança rodoviária na circulação de veículos e peões sobre o tabuleiro da ponte (TJCCP, 2006) — são feitas referências ao estado do pavimento, juntas de dilatação e órgãos de drenagem, são propostas obras de reparação do pavimento (CIM, 2001) e «o estudo de beneficiação e alargamento da ponte em virtude do tráfego pesado ser intenso, feito sem segurança das pessoas e provocando sistematicamente a deterioração dos passeios» (ICOR, 2001 *apud* TJCCP, 2001a: 13695).

Uma vez mais, nos quesitos elaborados pelo Tribunal de Castelo de Paiva aos peritos do LNEC e da FCTUC, procura saber-se se tal inspeção teria permitido identificar sinais de perigo para a estabilidade da ponte. Os peritos respondem da seguinte forma:

Poderia identificar tais sinais se tivesse sido requerida inspecção à estrutura e em especial às fundações. Não é isso que se depreende da leitura do referido ofício. Dessa leitura depreende--se uma preocupação de segurança fundamentalmente rodoviária, em particular da situação resultante da circulação de rodados dos camiões sobre os passeios (LNEC/FCTUC, 2004: 53).

Em abril de 2000, no âmbito do «concurso público para a execução da empreitada da conduta adutora da estação de tratamento de água de Castelo de Paiva a Entre-os-Rios e travessia do rio Douro», lançado pela empresa Águas do Douro e Paiva,[46] foi apresentado por um consórcio o projeto base de uma proposta variante à proposta base (na qual o atravessamento do rio pela conduta era feito com suporte no leito), que consistia no aproveitamento dos pilares da ponte para suporte de uma estrutura metálica onde a conduta se apoiaria. Na memória descritiva da proposta variante são feitas várias considerações ao estado de conservação da ponte, concluindo-se que:

> [O] tabuleiro se encontrava em razoáveis condições estruturais mas em condições de conservação deficientes [...]. as peças metálicas que constituem a estrutura do tabuleiro não apresentavam problemas graves e o estado de conservação das superfícies era deficiente, com sinais de corrosão evidentes que, a prazo, poderiam vir a comprometer a própria segurança estrutural. Relativamente aos encontros, era referido que o estado de conservação do encontro da margem esquerda era não mais do que razoável, tendo já sido objeto de uma intervenção de estabilização dos muros de avenida. O encontro da margem direita não aparentava os mesmos sintomas, provavelmente

---

[46] Criada pelo Decreto-Lei n.º 116/95, de 29 de maio de 1995.

por ser bastante mais baixo. Sobre os pilares, referia-se que os mesmos se encontravam em muito bom estado de conservação. Não se observavam deslocamentos no tabuleiro indiciadores de problemas nas fundações, fendas abertas ou fissuras nos elementos da cantaria. [...] Localmente, na sua parte superior, alguns pilares apresentavam um pior estado da superfície, motivado fundamentalmente pela posição de alguns tubos de queda de águas fluviais do tabuleiro. O estado de conservação dos aparelhos de apoio e juntas de dilatação merecia também referência [...], mencionando-se ser francamente deficiente, situação que se fazia sentir em especial nos tramos extremos, cujos aparelhos de apoio haviam deixado, de todo, de cumprir o seu papel (ICOR, 2001 *apud* TJCCP, 2001a: 13696).[47]

Em outubro de 2000, o Instituto para a Construção Rodoviária (ICOR) informa a Águas do Douro e Paiva de que não tinha objeções à proposta variante, solicitando contudo o envio do «Projeto de Execução» para confirmação dos pressupostos constantes do «Projeto Base».

Em março de 2001, o Núcleo de Gestão de Obras de Arte para Lisboa e Sul do Instituto para a Conservação e Exploração da Rede Rodoviária (ICERR) envia um fax (165/01) a Vítor Batista, administrador do ICERR, no qual informa que a 5 de janeiro desse ano tinha sido realizada uma vistoria — que será a última — à Hintze Ribeiro pelo facto de o coordenador daquele Núcleo ter tomado conhecimento «da existência de eventuais "buracos" no pavimento» (ICOR, 2001 *apud* TJCCP, 2001a: 13697). Trata-se de uma inspeção visual, também ela realizada pelo Engenheiro Manuel Lourenço Rosa

---

[47] Vistoria efetuada pelo Professor Doutor António Manuel Barbot Campos e Matos cujos resultados constam do projeto apresentado no âmbito do concurso público para a execução da empreitada da conduta adutora da Estação de Tratamento de Águas Residuais (ETAR) de Castelo de Paiva e Entre-os-Rios e travessia do Douro.

Ferreira. Nessa inspeção, é constatada a inexistência de buracos no pavimento, sendo detetada apenas a existência de algumas deformações no mesmo resultantes das deformações das chapas metálicas que apoiam sobre as vigas e longarinas, não tendo sido detetados movimentos das juntas de dilatação que indiciassem qualquer problema nos pilares, encontrando-se os guarda-corpos alinhados, não denotando deformação transversal do tabuleiro (TJCCP, 2006).

A CIM encerra o ponto relativo aos antecedentes da ponte, mencionando a existência de um grande número de documentos, na sua maior parte provenientes da Câmara Municipal de Castelo de Paiva, em que se chama a atenção de diversas entidades para questões de segurança da ponte em matéria de circulação rodoviária e para a necessidade de construção de uma nova ponte.[48] No entanto, realça claramente que:

> Não resulta desses documentos, nem dos depoimentos prestados nos autos, que tivesse sido feito algum aviso ou chamada de atenção sobre evidências ou indícios de deficiência de condições de segurança estrutural [da ponte] (CIM, 2001: 14).

Na mesma linha, a CIP irá referir que:

> As insistentes e continuadas chamadas de atenção realizadas, designadamente pela Câmara Municipal de Castelo de Paiva, quanto à segurança da Ponte de Hintze Ribeiro estavam relacionadas

---

[48] Na verdade, o Presidente da Câmara Municipal de Castelo de Paiva irá entregar mais de 100 documentos à CIM. Um desses documentos é uma carta enviada a 5 de novembro de 1998 a diversas entidades (Ministro do Equipamento Social, Secretário de Estado das Obras Públicas, Secretário de Estado do Desenvolvimento Regional, Presidente da JAE, Grupos Parlamentares do PSD, PP, CDU e PS, Sociedade Águas do Douro e Paiva, Diretor do Instituto de Navegabilidade do Douro e Presidente da Câmara Municipal de Penafiel), na qual dá conta do facto de a ponte, com mais de 100 anos de existência, não oferecer as mínimas condições de segurança.

apenas com questões de segurança em matéria de circulação rodoviária, nunca tendo sido colocada em causa a segurança estrutural da ponte (CIP, 2001: 37).

Esta será, aliás, uma das críticas recorrentes ao Presidente da Câmara de Castelo de Paiva, Paulo Teixeira (Lourenço, 2001).

1.1.2. O rio Douro: extração de inertes, barragens e cheias

No ponto anterior, a Ponte Hintze Ribeiro assume total protagonismo para apontar as responsabilidades, por um lado, das entidades públicas a cargo de quem se encontrava a inspeção, manutenção e conservação das obras de arte em Portugal e, por outro, das entidades privadas que tiveram um papel relevante nessa matéria. Neste ponto, cabe ao rio Douro todo o protagonismo, desta feita, para apontar as potenciais influências das barragens, das cheias, dos agentes que operavam na atividade de extração de inertes e das entidades responsáveis pela regulação dessa atividade na albufeira de Crestuma-Lever.[49]

Talvez, então, se deva precisar que o rio Douro é apenas um ator secundário. Uma sepultura e não um assassino, nas palavras de Salazar Galhardo, «por que isso foram-no os homens» (Galhardo,

---

[49] A albufeira de Crestuma-Lever «nasce em 1985 com a entrada em funcionamento da barragem com o mesmo nome, localizada no troço final do rio Douro nos municípios de Gondomar e Vila Nova de Gaia [a jusante da Hintze Ribeiro]. É classificada como albufeira de águas públicas de "utilização livre", pelo Decreto Regulamentar n.º 2/88, de 20 de Janeiro, tendo uma capacidade total de armazenamento de cerca de 110 hm^3 e uma superfície inundável, no nível pleno de armazenamento, de 1.298 ha. Integrada na estratégia das décadas de 50 e 60, a barragem de Crestuma-Lever é o aproveitamento hidroeléctrico mais a jusante do rio Douro, na sequência de um conjunto de obras que se estendem para montante até Miranda: Crestuma-Lever, Carrapatelo, Régua, Valeira e Pocinho, no Douro nacional, e Bemposta, Picote e Miranda já no trecho do Douro internacional» (Plano de Ordenamento da Albufeira de Crestuma-Lever, 2005: 3-4).

2002: 26). De resto, mais do que um ator secundário, o rio Douro aparece como saqueado. Objeto de uma pilhagem que inclui a sua corrente tanto quanto o seu leito. Uma vítima, também ele, à imagem das pessoas que nele se afogaram.

A Ponte Hintze Ribeiro localizava-se a cerca de 500 metros a jusante da confluência do rio Tâmega, sendo o regime de escoamento do rio no local da ponte influenciado pela existência de três barragens: Carrapatelo (Douro, em funcionamento desde 1972 e situada a 18 quilómetros a montante da ponte), Crestuma-Lever (Douro, em funcionamento desde 1985 e situada a 32 quilómetros a jusante da ponte) e Torrão (Tâmega, em funcionamento desde 1988 e situada a cerca de 3 quilómetros a montante da confluência com o Douro).

Da análise batimétrica, a CIM conclui que «nos últimos trinta anos o perfil longitudinal do leito do rio, ao longo do que é agora a albufeira da barragem de Crestuma, sofreu um forte e generalizado abaixamento» (CIM, 2001: 17), situação que se verifica igualmente na secção da ponte na parte central do rio. Na origem do abaixamento do leito do rio, a CIM aponta a concorrência de dois fatores: 1) as atividades de extração de inertes do leito do rio e 2) a redução da alimentação de caudal sólido provocada pela retenção de sedimentos nas albufeiras existentes no rio Douro e afluentes.

> [Porém, n]ão foi possível à Comissão de Inquérito determinar a importância relativa destes dois factores, pois tal avaliação necessitaria de um estudo aprofundado e complexo cujo desenvolvimento não era compatível com o prazo existente. Tal estudo defrontar-se-ia, aliás, com dificuldades de monta, a começar pela ausência de informação de base, nomeadamente a que se refere aos volumes de inertes extraídos e à medição da retenção de sedimentos nas albufeiras. A importância da actividade de extracção de inertes está patente na irregularidade do perfil longitudinal do leito do rio

na albufeira de Crestuma, claramente indiciadora de uma intensa actividade daquele tipo. No entanto, deve ser mencionado que os efeitos da extracção de inertes não se fazem sentir apenas localmente, uma vez que provocam fenómenos de erosão remontante e podem também originar, por deficiência de alimentação, efeitos a jusante (CIM, 2001: 19).

A extração de inertes

Embora no acórdão de 2006, que virá absolver todos os arguidos pronunciados, se refira que os alertas anónimos e oficiais relativamente à extração de inertes datam de, pelo menos, 1979, a CIM situa-os em abril de 1989, altura em que a Secção de Hidráulica do Porto[50] da Direção dos Serviços Regionais de Hidráulica do Douro envia ao Chefe de Divisão de Conservação da DSP um ofício no qual informa «ter tido conhecimento de que haviam recentemente sido efetuadas sondagens nos pilares da ponte, pelo que solicitava cópia do que lá se tinha encontrado. Este pedido relacionava-se com o possível abaixamento do leito do rio devido à extracção de inertes» (ICOR, 2001 *apud* TJCCP, 2001a: 13684).

Em julho de 1990, novo alerta oficial, com um técnico da Direção de Serviço de Pontes a elaborar uma informação (n.º 282/90/DC):

> [Nessa informação] chamava a atenção para os problemas relacionados com a extracção de grande quantidade de inertes que se verificava junto à ponte, na margem esquerda, a montante, que se transportava em condições inadequadas, com tonelagem a mais do que a regulamentar, que traziam consequências graves para o pavimento e para a drenagem da ponte (ICOR, 2001 *apud* TJCCP, 2001a: 13689).

---

[50] Secção criada pelo Decreto-Lei 112/80, de 12 de maio de 1980.

Na sequência de uma carta de António José da Silva,[51] endereçada ao Ministro do Equipamento Social, na qual manifesta a sua apreensão relativamente aos efeitos da extração de inertes na estabilidade da ponte:

> [Em 2000,] a DED-Porto analisou a exposição, em resultado da qual iria, logo de seguida, enviar um ofício à Direcção Regional do Ambiente-Delegação do Norte, solicitando uma intervenção daqueles Serviços, com o objectivo de serem fiscalizadas e disciplinadas as actividades de depósito de areias e godos extraídos do leito do rio e de selecção deste tipo de materiais, as quais estavam a provocar uma imagem bastante desagradável da margem esquerda do rio, junto à ponte, e ainda de ser notificada a empresa que se encontrava a trabalhar naquele local para que, com a maior rapidez, procedesse à remoção das areias encostadas ao pilar referido na exposição (ICOR, 2001 *apud* TJCCP, 2001a: 13669).

Embora seja possível acompanhar os trâmites burocráticos que a dita exposição seguiu,[52] não encontrei referência aos seus efeitos concretos.

As barragens

Relativamente ao escoamento no rio no dia da queda da ponte, o relatório aborda as possíveis influências das barragens de

---

[51] A carta é escrita sob pseudónimo. O nome verdadeiro do autor é Albino Silva Pereira, residente em Rio Tinto, que será ouvido pela CIM a 16 de março de 2001.

[52] A 22 de setembro, o Gabinete do Ministro do Equipamento Social envia um ofício ao Chefe de Gabinete do Secretário Adjunto e das Obras Públicas anexando a exposição de Albino Silva Pereira. O ofício é remetido a 27 de setembro ao IEP, que o encaminha, a 3 de outubro, para o ICERR-Almada que, por sua vez, o envia, a 11 de outubro, à Direção de Estradas Distrital-Porto. Esta última remete a sua análise da exposição, descrita acima, ao ICERR a 29 de novembro de 2000.

Carrapatelo, Crestuma-Lever[53] e Torrão, bem como as de um ano hidrológico particularmente revelador da «fragilidade de um país que ignora o seu clima» (Monteiro, 2001).

A análise da evolução dos caudais na secção da ponte nos dias anteriores à queda da ponte, revela que:

> A partir de 2 de Março de 2001 as barragens de Carrapatelo, Torrão e Crestuma registaram uma subida intensa dos caudais afluentes, o que se traduziu num aumento equivalente das descargas das barragens (CIM, 2001: 20).

Mais adiante, regressarei à potencial influência das descargas das barragens, associada à severidade do ano hidrológico, para o colapso do pilar. Note-se, por ora, que o relatório da CIM alude a um depoimento no qual é mencionada uma avaria numa comporta da barragem de Torrão, na sequência da qual terão ocorrido descargas anormalmente elevadas no dia do desastre, esclarecendo, todavia, que não foi possível à Comissão comprovar essa informação.

As cheias

A comparação com anos hidrológicos anteriores realizada pela CIM revela que:

> Na sequência das elevadas precipitações que assolaram Portugal desde Novembro de 2000, no presente ano hidrológico [2001] o rio Douro já registara, até 7 de Março de 2001, cinco cheias sucessivas,

---

[53] Note-se que só após o primeiro enchimento desta barragem, em maio de 1985, é que os pilares da Hintze Ribeiro passam a estar permanentemente submersos e não apenas por ocasião de cheias.

com picos de caudal em 7 e 8 de Dezembro, 6 de Janeiro, 27 de Janeiro, 8 de Fevereiro e 5 e 7 de Março (CIM, 2001: 22).

A geógrafa Ana Monteiro refere com maior precisão que:

> Entre Novembro de 2000 e Março de 2001 choveu 83% dos dias (134 dias), totalizando a maior quantidade de precipitação acumulada desde 1900 (1724,4 mm). Janeiro e Março de 2001 foram os mais chuvosos desde 1900 e Novembro de 2000 foi o segundo mês mais húmido do século (Monteiro, 2001: 2).

Finalmente, o relatório pericial da Faculdade de Engenharia da Universidade do Porto (FEUP) assegura que:

> [Desde 1727, só] há notícia de 3 anos hidrológicos em que houve 4 cheias — os anos de 1783/84, 1785/1786 e 1787/88 —, não havendo registo de casos com 5 cheias. Note-se que em 4 de Março de 2001 estava em curso a 5ª cheia de 00/01 (FEUP, 2001 *apud* TJCCP, 2001c: 8818).

Um acontecimento extraordinário rodeado de condições climatéricas excecionais. Facto que não será necessariamente sem influência sobre os caudais médios lançados pelas barragens de Carrapatelo e Torrão.

> Verifica-se que no ano hidrológico em curso [2000/01], e só até 4 de Março inclusive, se registaram 35 dias com caudal lançado médio diário superior a 3000 m^3/s na barragem de Carrapatelo e 28 dias com caudal lançado médio diário superior a 3500 m^3/s na barragem de Torrão, num total de 101 e 62 dias, respectivamente, em que se registaram essas excedências desde o início da exploração das referidas barragens. Ou seja, numa parte apenas

do presente ano hidrológico (até 4 de março) tinham-se registado: 35% dos dias com excedência do caudal lançado médio diário de 3000 m³/s nos 30 anos hidrológicos em que tem estado a funcionar a barragem de Carrapatelo; e 45% dos dias com excedência do caudal lançado médio diário de 500 m³/s nos 13 anos hidrológicos em que tem estado a funcionar a barragem de Torrão (CIM, 2001: 23).

Para a Comissão, fica, deste modo, bem patente «a severidade das condições de permanência de caudais elevados na secção da ponte no período que antecedeu o sinistro» (CIM, 2001: 23). Todavia, como se tornará notório no ponto relativo ao mecanismo e causas diretas do colapso da Ponte Hintze Ribeiro, o efeito do escoamento do rio só se torna significativo se associado a outro não menos importante, a saber, a extração de inertes do leito do rio Douro, o que torna necessário abordar dois pontos importantes do relatório: o mecanismo de colapso e as causas diretas para o colapso parcial da Hintze Ribeiro.

1.1.3. Mecanismo e causas diretas do colapso da Ponte Hintze Ribeiro

Nestes dois pontos, a CIM procura descrever de que modo se poderá ter dado o colapso do pilar e apontar as suas causas.

A Comissão de Inquérito não teve conhecimento de que, ao longo do dia 4 de março, e em particular nas horas ou minutos que antecederam o sinistro, tivesse ocorrido qualquer anomalia na ponte (designadamente ressaltos, rotações ou desalinhamento do tabuleiro) indiciadora de perigo ou iminência de colapso. Isto apesar de se tratar de um domingo, com tráfego provavelmente intenso, em particular de ligeiros. Parece portanto que o colapso ocorreu de forma repentina, não dando qualquer oportunidade de salvação aos ocupantes dos veículos que se encontravam sobre os tramos de tabuleiro que ruíram. Os relatos das duas testemunhas presenciais ouvidas confirmam, aliás, essa conclusão. Na realidade, o Sr. António Salazar Galhardo, que se encontrava do lado de Castelo de Paiva, aguardando, com a sua viatura parada, a passagem do autocarro de passageiros, relatou ter, de súbito, deixado de ver o autocarro (CIM, 2001: 26).

António Salazar Galhardo é mais do que uma testemunha.[54] É ele que estabelece a hora do colapso da ponte nas 21 horas e 10 minutos.[55] É ele que dá o primeiro alerta e é ele que dá início às operações de busca e resgate. António Salazar Galhardo não se limitou, pois, a *deixar de ver o autocarro* e, consequentemente, tem uma outra forma de se referir ao *sinistro*.

> Vinte e uma hora e dez minutos estava à entrada da Ponte de Entre-os-Rios. Três, quatro carros à minha frente. Em sentido contrário um autocarro que parou... ou quase. Os carros fizeram o mesmo para facilitar o cruzamento dos veículos, que era complicado. De repente... de repente... um enorme estrondo, por escassos segundos gritos lancinantes... um carro na beira do "inferno" (vi eu logo a seguir) que ainda fez marcha atrás, sei lá se

---

[54] Em 2002, virá a publicar um livro intitulado *A Ponte Caiu-me em Cima. A Tragédia de Entre-os-Rios*, no qual relata as operações de resgate no período compreendido entre 4 de março e 2 de maio. O ponto de vista adotado é o dos bombeiros e revela-se particularmente crítico, não da legitimidade para intervir, mas da intervenção em si por parte da Marinha Portuguesa. O objetivo de Salazar Galhardo é o de que, perante futuras situações similares, haja uma melhor interligação entre as forças presentes no terreno, uma melhor coordenação e um melhor aproveitamento dos recursos escassos.

[55] Após o resgate do autocarro viria a confirmar-se que o relógio do veículo marcava vinte e uma horas e doze minutos e que o disco do tacógrafo deixara de registar movimentos às vinte e uma horas e dez minutos.

uns metros, se uns centímetros. Sei lá se bateu, se não bateu. E há um autocarro que desaparece da minha vista. Saio a correr pelo meio da escuridão. De repente, dou com o abismo, um buraco, um local onde segundos antes havia uma ponte. Por pouco não me precipito nas águas loucas do rio. Do rio que olho, certamente com olhos arregalados, incrédulos, de espanto, e não vejo nada. Atónito só me lembro de que sou bombeiro, regresso rapidamente ao meu carro e com rádios e telefones vou dando o alarme a quem devo. Ninguém quer acreditar, todos pensam que é uma brincadeira, tão inverosímil é a situação, felizmente tão invulgar no nosso país. Mas acabam por acreditar porque um inspector não ia brincar com uma coisa tão séria (Galhardo, 2002: 29).

Naturalmente, o tom de António Salazar Galhardo difere muito do tom adotado pela CIM. Há mais incerteza. É maior a perplexidade. Embora o sofrimento esteja sempre presente, mesmo numa descrição técnica, o *sinistro* acontece sem *gritos lancinantes*. No espírito do Inquérito Ministerial, havia que apurar a verdade ou, pelo menos, hipóteses para a verdade e, nessa medida, a objetividade devia imperar. A CIM estabelece hipóteses. Aceita umas e rejeita outras.

Pela observação das partes da ponte que ruíram, a CIM admite duas hipóteses para o mecanismo de colapso da ponte:

- Colapso do pilar P4 e consequente colapso do tabuleiro (este, se perder um dos seus apoios intermédios, fica com um vão de 100 metros, o dobro daquele para o qual foi projetado);
- Colapso estrutural do tabuleiro, ocorrido de forma tal que introduzisse esforços no pilar P4 suficientes para o levar também ao colapso (CIM, 2001, 26).

Rejeitada a segunda hipótese, outras duas são formuladas para a primeira:

- Falta de suporte do terreno ao nível da base do caixão de fundação;
- Esforços internos excessivos no corpo do pilar ou no caixão de fundação (CIM, 2001: 28).

Rejeitada a segunda hipótese, e estabelecida como baixa a probabilidade de existir uma deterioração estrutural no caixão de fundação que tivesse estado na origem do colapso do pilar P4, «julga-se que o mecanismo provável de colapso da ponte consistiu no colapso do pilar P4, por perda de suporte do terreno ao nível da base do caixão de fundação, e no consequente colapso da estrutura do tabuleiro» (CIM, 2001: 29).

Determinado o mecanismo de colapso, a CIM centra a sua atenção nas causas diretas do colapso, ou seja, nas «circunstâncias e fenómenos que determinaram a incapacidade do terreno para suportar as cargas transmitidas pelo caixão de fundação do pilar 4» (CIM, 2001: 30).

O relatório da CIM não poderia ser mais claro: o abaixamento generalizado do leito do rio e, em particular, na vizinhança do pilar P4 (seis metros acima do caixão de fundação), um fenómeno conhecido desde 1986, comportava «um importante risco para a estabilidade do pilar (e da ponte)» (CIM, 2001: 30). O abaixamento do leito do rio encerra, de facto, dois tipos de ameaça às condições de segurança — a erosão do material que se encontra sob o elemento de fundação e a redução da resistência ao carregamento do terreno de fundação — que, isoladamente ou em conjugação, tiveram uma influência direta no colapso do pilar P4.

Mais importante, aquando da inspeção subaquática realizada em 1986, a situação encontrada já não oferecia condições de segurança. «Ou, por outras palavras, a vulnerabilidade da fundação do pilar P4 já nessa altura se podia considerar demasiado elevada» (CIM, 2001: 31). Daqui se depreende que já em 1986 deveria ter havido uma perceção do risco estrutural em que se encontrava a Ponte Hintze

Ribeiro. Será, porém, necessário esperar, primeiro, pelas respostas aos quesitos do Ministério Público (MP) por parte da FEUP e, segundo, pelas respostas aos quesitos do Tribunal de Castelo de Paiva por parte do LNEC/FCTUC para que entrem em cena duas noções fundamentais: a previsibilidade e a inevitabilidade. Regressarei mais adiante a estas duas importantes noções.

A CIM conclui, assim, que:

> A causa directa do sinistro foi a descida do leito do rio na zona do pilar P4 até um nível de tal modo baixo que foi originada, por erosão ou por redução da resistência ao carregamento, a perda de suporte do terreno situado sob o caixão de fundação e o consequente colapso do pilar e do tabuleiro (CIM, 2001: 32).

Partindo dessa conclusão, a CIM abre dois pontos relativos à regulamentação subjacente à inspeção e conservação da ponte e à extração de inertes na albufeira de Crestuma, pelo que apenas nas conclusões e recomendações se encontrará uma explicação mais sustentada para a causa direta do *sinistro* e que reproduzo abaixo.

> Nas últimas três décadas o perfil longitudinal do leito do rio ao longo do que é agora a albufeira da barragem de Crestuma sofreu um forte e generalizado abaixamento, que nalguns pontos chega a atingir valores da ordem de 28 metros. Tal evolução deve-se, certamente, à concorrência de dois factores principais: as actividades de extracção de inertes do leito do rio (cuja importância é indiciada pela existência de numerosos "fundões") e a redução da alimentação de caudal sólido provocada pela retenção de sedimentos nas albufeiras existentes no rio Douro e afluentes. Desde a construção da ponte até Fevereiro de 2000 registou-se um abaixamento do leito do rio, junto ao pilar que ruiu, de quase 15 metros, significando isso que o leito do rio ficou nessa data

apenas cerca de 6 m acima da base do caixão de fundação. Entre Fevereiro de 2000 e Março de 2001 o leito do rio sofreu uma descida adicional muito acentuada, tendo ficado perto do nível da base do caixão. Esta acentuada descida deve-se certamente, acima de tudo, às severas condições de persistência de caudais elevados que se verificaram no rio Douro, no local da ponte, desde o início do presente ano hidrológico (CIM, 2001: 52 ss.).

Para que o pilar P4 caísse, segundo um movimento de rotação em torno da base do caixão de fundação, foi necessário que houvesse uma perda de suporte do terreno ao nível da base do caixão de fundação, o que, por sua vez, terá *certamente* sido provocado pela extração de inertes e a redução da alimentação de caudal sólido provocada pela retenção de sedimentos nas albufeiras existentes no rio Douro e afluentes e, acentuado, devido às cheias.

1.1.4. Conclusões e recomendações da Comissão de Inquérito Ministerial

Acima, encontra-se apenas uma parte das conclusões. A outra parte diz respeito às responsabilidades, regressando, então, as entidades a cargo de quem se encontram a inspeção e a conservação das obras de arte, os areeiros a operar no Douro, e as entidades a cargo de quem se encontra a regulação da atividade de extração de inertes no rio Douro. Todos responsáveis pela ausência de perceção do risco. Impõe-se, porém, uma chamada de atenção: enquanto a JAE e os institutos que lhe sucederam falharam na perceção dos sinais que apontavam para a deficiência estrutural da ponte, os areeiros e as entidades responsáveis pela regulação da atividade negligenciaram os potenciais efeitos perniciosos de uma extração excessiva de areia para a estabilidade da ponte.

Relativamente às entidades responsáveis pela inspeção e conservação das obras de arte, fica claro que, apesar das inspeções que antecederam o *sinistro*:

> Nem a Junta Autónoma de Estradas nem os Institutos que lhe sucederam (IEP, ICOR e ICERR) evidenciaram ter tido percepção do crescente risco envolvido. O que poderá explicar o facto de não terem sido empreendidas, como seria necessário, acções destinadas a evitar, ou pelo menos a reduzir, esse risco. Esta omissão deve ser enquadrada num contexto em que, tanto na JAE como nos Institutos que lhe sucederam, não era efectuada uma gestão adequada das indispensáveis actividades de inspecção e conservação de pontes e viadutos, destinadas a garantir as necessárias condições de segurança e funcionalidade a essas estruturas (CIM, 2001: 53).

Perante este diagnóstico, a Comissão recomenda:

i) A avaliação urgente da vulnerabilidade, a fenómenos de erosão do leito, das pontes com pilares instalados no leito dos rios, principalmente das mais antigas;
ii) A implementação de um adequado sistema de gestão da conservação das pontes e viadutos, incluindo a elaboração de normas e o planeamento quer das inspeções periódicas, quer das intervenções de manutenção, conservação, reparação e reabilitação;
iii) A clarificação da repartição de competências e de responsabilidades entre o ICOR e o ICERR em matéria de conservação de pontes e viadutos.

Quanto às entidades responsáveis pela regulação da atividade de extração de inertes no rio Douro, esclarece a Comissão que:

Mesmo depois da entrada em vigor do Decreto-Lei n.º 46/94, de 22 de Fevereiro,[56] as actividades de extracção de inertes no rio Douro, e em particular na albufeira da barragem de Crestuma, continuaram a ser feitas sem o suporte de planos específicos e de estudos técnicos que demonstrem que, entre outros valores de natureza ambiental, não é afectada a integridade do leito e das margens. Não parece existir uma fiscalização adequada das actividades de extracção de inertes no rio Douro, facto a que não será alheia a dispersão, por diversas entidades, de competências na matéria (CIM, 2001: 53).

Perante isto, a Comissão recomenda a definição e aplicação de uma política integrada de gestão dos sedimentos para o rio Douro, insistindo em que:

. a extracção de inertes passe a só ser efectuada mediante planos específicos baseados em estudos de impacto (como aliás já está consagrado na Lei em vigor, mas, como se viu, não tem sido cumprido), e concomitantemente sejam procuradas formas de garantir uma adequada fiscalização dessa atividade; e

. seja empreendido um estudo aprofundado acerca dos efeitos, sobre a estabilidade do leito, da retenção de sedimentos nas albufeiras, baseado em informação recolhida mediante medição periódica de grandezas relevantes (CIM, 2001: 55).

Aos olhos da CIM, existem, indubitavelmente, dois elementos que se destacam nas causas do colapso do pilar P4: o abaixamento do leito do rio e a ausência de perceção do risco para a estabilidade estrutural da ponte que lhe está associado. O relatório concentra,

---

[56] Estabelece o regime de licenciamento da utilização do domínio hídrico, sob jurisdição do INAG.

deste modo, a sua atenção nas entidades responsáveis pela inspeção e conservação das obras de arte no período pré-desastre, nos agentes que operavam no rio Douro na extração de inertes, e nas entidades responsáveis pela regulação da atividade de extração de inertes no rio Douro.

No entanto, como nota o Engenheiro Joaquim Sarmento, Professor Jubilado da FEUP, num documento elaborado para a Procuradoria-Geral Distrital do Porto, «os factores que intervieram no desastre são múltiplos e de várias naturezas»:

> Descida progressiva do fundo do Rio, causada pelo *deficit* entre os volumes extraídos de areia do seu leito e as disponibilidades em caudal sólido, no que interveio certamente a procura cada vez maior de materiais inertes, a menor capacidade erosiva do Rio por menor velocidade em regime normal das suas águas, dada a criação das albufeiras, e ainda pela retenção exercida pelas próprias barragens.
> [...]
> Agravamento local dessa descida em torno do pilar P4 com formação de um fosso por efeito das correntes das cheias mantidas quase em permanência ao longo de vários meses, atacando o talhamar de montante e a face lateral norte do pilar, a qual deverá ter atingido um ponto crítico na vizinhança da base do pilar se não mesmo a tiver ultrapassado, baixando a cota além da qual não mais seria possível a sustentação do pilar (Sarmento, 2001, *apud* TJCCP, 2001d: 1857).

Por outras palavras, entre os *múltiplos fatores*, para o Engenheiro Joaquim Sarmento, encontram-se a extração de areias, as barragens e o ano hidrológico, sendo a tónica colocada no ano hidrológico 2000/2001. De facto:

> Vigiar uma obra destas é tarefa muito complicada. Além da preparação profissional, muito diversificada que devem possuir

os quadros dirigidos a essa missão, a própria observação é muitas vezes dificultada pelas condições de acesso e pela falta de disponibilidades materiais adequadas, como se verificou com a presente estrutura. Depois foi um Inverno que parecia não mais ter fim. Quais as alterações que ao longo de tantos meses de correntes violentas poderiam ter sido produzidas sobre a identidade física do meio, iludindo toda a previsibilidade ou percepção dos fenómenos em presença com destaque quanto aos processos de erosão do leito do rio, esses fundamentalmente na génese dos mecanismos do colapso desta obra? (Sarmento, 2001, *apud* TJCCP, 2001d: 1856).

No que à responsabilização diz respeito, parece-me importante referir, desde já, que, em novembro de 2002, o MP viria a apurar uma factualidade que permitiu constituir nove arguidos (todos eles pessoas singulares), tendo sido deduzida acusação apenas contra seis engenheiros: quatro deles pertencentes à DSP da JAE — Jorge Pessoa Barreiros Cardoso, Aníbal Soares Ribeiro, José Carlos Baptista dos Santos e Manuel Lourenço Ferreira (o único que integra o ICERR) — e os dois sócios fundadores da ETEC — Carlos Morais Guerreiro e José da Mota Freitas. Os três arguidos relativamente a quem não foi deduzida acusação são: Mário Fernandes, diretor do Instituto de Navegabilidade do Douro; Luís Filipe Loureiro, diretor do Serviço de Pontes da JAE entre 1991 e 1998; e Guilherme Câncio Martins, Administrador-delegado do ICOR, do IEP, cargo que tinha passado formalmente a desempenhar a partir de 24 de agosto de 2000.

Excluídos da acusação ficam os agentes que operavam no rio Douro na extração de inertes, as entidades responsáveis pela regulação da atividade de extração de inertes no rio Douro e as entidades responsáveis pela gestão das barragens. E isso é tanto mais importante quanto estes atores continuarão a marcar presença no relatório da CIP, nos relatórios periciais da FEUP e da dupla LNEC/FCTUC, e, à exceção dos últimos, a ser presença assídua nos meios de comunicação social.

Assim, é importante que se perceba de que modo se organizavam quer a gestão das obras de arte, quer a regulação da atividade de extração de inertes pré-desastre. É precisamente o que faz o relatório final da CIM. De facto, como já se referiu, a CIM, antes de entrar nas conclusões e nas recomendações, abriu dois pontos — um relativo à inspeção e conservação de obras de arte e um outro, bem mais extenso, relativo à extração de inertes na albufeira de Crestuma — que possibilitam uma melhor compreensão das razões subjacentes à ausência de perceção do risco, quer por parte dos responsáveis pelas obras de arte, quer por parte dos responsáveis pela regulação da atividade de extração de inertes.

Relativamente à inspeção e conservação de obras de arte, em grandes linhas, aquilo que se pode reter é que no atribulado percurso da entidade responsável pela rede rodoviária nacional (Anexo 2), há dois momentos importantes. O primeiro, mais recente, relativo ao organismo responsável pela conservação de pontes aquando da queda da Hintze Ribeiro, ou seja, o ICERR, que «representa o Estado como autoridade nacional de estradas em relação às infra-estruturas rodoviárias nacionais não concessionadas, competindo-lhe zelar pela manutenção permanente de condições de infra-estruturação e conservação e de salvaguarda do Estatuto da Estrada, que permitam a livre e segura circulação» (n.º 2 do art.º 5.º do Decreto-Lei n.º 237/99: 3845). Um segundo momento, mais distante, que se prende com o organismo responsável pela conservação de obras de arte quando das duas inspeções à Ponte Hintze Ribeiro já mencionadas, a inspeção subaquática em 1986 e a sondagem às fundações em 1988, que implicam diretamente a DSP.

A CIM é clara: a inspeção subaquática às fundações dos pilares centrais da ponte realizada em 1986 e os resultados das sondagens realizadas no corpo dos pilares da ponte em 1988 teriam permitido que ficasse reunido um conjunto de informações factuais suficiente para «identificar a vulnerabilidade a fenómenos de erosão do leito em que se encontrava a fundação do pilar» (CIM, 2001: 35).

No entanto, e apesar de a referida vulnerabilidade ter aumentado progressivamente (na medida do abaixamento do leito do rio), nem a JAE nem os Institutos que lhe sucederam evidenciaram ter tido percepção do crescente risco envolvido. Razão pela qual não empreenderam, como seria necessário, acções destinadas a evitar, ou pelo menos reduzir, esse risco. Esta omissão deve ser enquadrada num contexto em que, tanto na JAE como nos Institutos, não era efectuada uma gestão adequada das actividades de inspecção e conservação de pontes e viadutos, destinadas a garantir as necessárias condições de segurança e funcionalidade a essas estruturas. Na realidade, não só nunca foram elaboradas normas de inspecção e inspecção periódica como também, segundo se apurou, não existia um verdadeiro planeamento dessas actividades (CIM, 2001: 35).

Não fossem essas *omissões* e a queda da Hintze Ribeiro poderia ter sido um acontecimento que não chegou a ocorrer. Mas ocorreu. Parafraseando Günther Anders (2008: 188), mesmo se o que aconteceu tiver dependido do acaso, esse acaso *vale*. Ele é a realidade. E a realidade, no caso de Entre-os-Rios, não releva do *acaso*.

A ambiguidade na gestão das obras de arte em nada melhora com a substituição da JAE pelos três institutos rodoviários. Pelo contrário, parece agravar-se em razão da saída de técnicos e da indefinição de competências entre o ICOR e o ICERR. Daqui depreende-se o óbvio em matéria de prevenção: a definição clara de normas técnicas, a existência de estruturas estáveis, dotadas de recursos humanos adequados, em número suficiente e permanentes, e, tanto quanto possível, impermeáveis aos ciclos políticos. No ponto relativo ao Sistema de Gestão de Obras de Arte, veremos de que forma o colapso parcial da Hintze Ribeiro assumiu um lugar preponderante na sua definição. Relativamente à regulação da atividade de extração de inertes no rio Douro, a sua ampla visibilidade mediática, a sua complexidade e as suas implicações exigem uma análise mais profunda.

Regulação da atividade de extração de inertes pré-desastre

A extração de inertes é disciplinada pelo Decreto-Lei n.º 46/94, de 22 de fevereiro, que revê, atualiza e unifica o regime jurídico da utilização do domínio hídrico, sob jurisdição do Instituto da Água (INAG). Segundo o Decreto-Lei, distinguem-se treze utilizações do domínio hídrico que necessitam de ser tituladas por licença ou contrato de concessão, entre as quais se encontra, naturalmente, a extração de inertes, cuja licença deve ser emitida pela respetiva Direção Regional do Ambiente e Recursos Naturais (DRARN). O artigo 51.º do Decreto-Lei n.º 46/94 estabelece os requisitos gerais para a extração de areias, salientando que esta só é permitida quando existam planos específicos que definam os locais de extração[57] e não afete, entre outros aspetos, a integridade dos leitos e margens, e a segurança das obras marginais ou de transposição dos leitos.

A dúvida levantada pela CIM é, porém, a de saber se, com a criação do Instituto de Navegabilidade do Douro, em 1997, o licenciamento da extração de inertes integrou o âmbito das competências atribuídas a essa entidade e, consequentemente, a respetiva fiscalização dessa atividade. A CIP irá, posteriormente, retomar esta questão para concluir que «a fiscalização que era exercida sobre a generalidade da extracção de areias, desde sempre insuficiente, não melhorou com a indefinição resultante dessa transferência de competências» (CIP, 2001: 34). Vejamos, então, a posição da CIM.

Criado em 1997 pelo Decreto-Lei n.º 138-A/97, de 22 de fevereiro, em substituição do Gabinete da Navegabilidade do Douro,[58] na

---

[57] Perante a falta de planos específicos que definam os locais de extração, «a extracção de inertes só deve ser autorizada quando justificada por razões de ordem técnica, ambiental e paisagística e em locais cujo desassoreamento seja imprescindível e possa conduzir à existência de melhores condições de funcionalidade, quer das correntes, quer da orla costeira» (artigo 51.º, n.º 2, do Decreto-Lei n.º 46/94: 782).

[58] Decreto-Lei n.º 127/85, de 26 de abril.

base do Instituto de Navegabilidade do Douro (IND) encontra-se a intenção de dotar o rio Douro de uma entidade exclusivamente vocacionada para a gestão e desenvolvimento da sua navegabilidade, respondendo, deste modo, aos investimentos que vinham a ser realizados na via navegável. No âmbito das competências do IND, tutelado pelos ministérios do Equipamento, do Planeamento e da Administração do Território e do Ambiente, encontram-se três que tocam de perto a questão da extração de inertes:

1. Decidir sobre todos os atos que por lei estão sujeitos a autorização ou licenciamento na área definida como canal navegável;
2. Dar parecer sobre todos os atos que, incidindo na via navegável ou respetivas margens, possam interferir com a navegabilidade, nomeadamente extração de inertes; e
3. Efetuar ou adjudicar as dragagens que se demonstrem necessárias à manutenção do canal navegável.

Independentemente do que diz a letra da lei, no cerne da dúvida suscitada pela CIM encontra-se uma ata — não ratificada pela tutela — de uma reunião entre o diretor do IND, Mário Fernandes, e o diretor Regional do Ambiente e Recursos Naturais-Norte.[59]

> Em reunião havida em 5 de Setembro de 1997 (na sequência da criação do IND) entre o Director deste Instituto e o Director Regional do Ambiente e Recursos Naturais-Norte, ficou decidido, e lavrado em acta elaborada a esse propósito, que *a partir do próximo mês de Outubro, o licenciamento e a fiscalização das extracções de inertes que actualmente se processam no Rio Douro passam a ser completamente assumidos pelo IND* (CIM, 2001: 41, itálico no original).

---

[59] Diretor que não consegui identificar.

O IND *herdou* através de uma ata, classificada pela CIM como sendo de «legalidade duvidosa», o licenciamento anual da exploração de inertes em sete lotes concessionados em 1991 e 1992 pela Direção-Geral do Ambiente-Norte e as respetivas receitas dessas concessões.

A respeito das receitas do IND, objeto igualmente de debate, no artigo 15.º do Decreto-Lei n.º 138-A/97 pode ler-se que,

> Para além das dotações provenientes do Orçamento do Estado, constituem receitas próprias do IND:
>
> a) As taxas e outras receitas resultantes da exploração da via navegável, das zonas portuárias e das áreas patrimoniais que lhes estão afectas;
> b) O produto da prestação de serviços;
> c) Os subsídios e comparticipações por quaisquer entidades, públicas ou privadas, nacionais, estrangeiras ou internacionais;
> d) O produto da aplicação das coimas;
> e) Quaisquer outras receitas que por lei, contrato ou outro título lhe sejam atribuídas (Decreto-Lei n.º 138-A/97: 2696(5)).

Ainda relativamente às receitas do IND, a CIP concluiu, por um lado, que «as componentes económica e comercial resultantes da exploração de areias eram relevantes no orçamento do IND, como anteriormente o eram para outros organismos públicos» (CIP, 2001: 34) e, por outro, que:

> A extracção de inertes no rio Douro, bem como a sua deposição, era realizada com o conhecimento das autarquias ribeirinhas, constando dos processos pareceres concordantes das Câmaras Municipais de Castelo de Paiva, Cinfães, Marco de Canaveses e Penafiel e de várias assembleias e juntas de freguesia que recebiam contrapartidas pela extracção, sobretudo em areias para

as suas obras, mas também em meios financeiros para algumas actividades (CIP, 2001: 34).

De fora das competências do IND relativamente a estes lotes, segundo o seu diretor em depoimento à CIM, ficaram a fiscalização e a eventual aplicação de coimas em caso de incumprimento das normas, competências que cabiam à Direção Regional do Ambiente--Norte e à Capitania do Porto do Douro.

Recapitulando, a partir da análise: 1) do regime de concessão de licenças de extração; 2) das entidades legalmente competentes nessa matéria; 3) das competências, de facto, relativamente ao rio Douro; 4) da averiguação dos beneficiários das receitas; 5) das competências em matéria de fiscalização; 6) da fiscalização exercida de facto; 7) da indefinição relativamente às quantidades de inertes extraídas nos lotes concessionados; 8) do licenciamento e atividade do aterro localizado junto à ponte; e 9) da audição dos depoimentos, a CIM retira três conclusões relativamente à extração de areias classificadas como *particularmente graves*.

> A primeira é que a extracção de inertes no Rio Douro se processa — tanto quanto esta Comissão pôde saber — sem obediência às condições impostas pela lei [...], ou seja, sem que exista qualquer plano específico que defina os locais potenciais de extracção e estudos que demonstrem que as extracções não afectam aspectos envolventes (condições de funcionamento das correntes, a navegação e flutuação, os lençóis subterrâneos, o escoamento e espraiamento das cheias ou a integridade dos leitos e margens). A segunda é que o IND, criado para manter o Douro navegável, autoriza extracções de inertes não para a prossecução desse objectivo, mas, pura e simplesmente, para obter receitas, o que — para além de ser ilegal e seja lá o que for que se tenha, na realidade, passado em termos de quantidades extraídas — sugere

que as extracções de inertes tenderiam a ser autorizadas sem conta, nem peso, nem medida. A terceira é que a fiscalização efectiva das extracções não pode deixar de ser, praticamente, inexistente, bastando notar que o IND dispõe, ao fim e ao cabo, de um único fiscal (a recibo verde) afecto à zona respectiva (CIM, 2001: 44-5).

A gestão do rio Douro enfermava da dispersão de competências por diversas entidades, concluindo a CIM que a fiscalização da extração de inertes era, se não inexistente, pelo menos ineficaz e inadequada.

Na sequência das conclusões da CIM relativamente à extração de inertes no Douro e à falta de fiscalização dessa atividade por parte do IND, é o próprio diretor deste Instituto, Mário Fernandes, que, a 26 de abril de 2001, assina um ofício (Referência 0686/01--IND) endereçado ao Ministro do Equipamento Social, agora Ferro Rodrigues, e ao Secretário de Estado da Administração Marítima e Portuária, José Junqueiro, no qual contesta dois aspetos em particular do relatório: 1) que seja assacada à extração de inertes o afundamento do leito do rio e 2) a relevância que é dada ao IND «no processo de licenciamento da extracção de inertes de modo a responsabilizar este instituto por qualquer prejuízo ambiental ou no ecossistema hídrico resultante da sua actuação nesta área» (IND, 2001 *apud* TJCCP, 2001e: 1943).

A primeira referência ao enquadramento legal da atividade de extração de inertes consta do Decreto-Lei n.º 403/82, de 24 de setembro, que estabelece os critérios a que deve obedecer a extração de materiais inertes. Logo no ponto 2 do preâmbulo, o Decreto-Lei ilustra a situação «caótica do sector»:

> Tem-se verificado nos últimos anos que, nomeadamente nos cursos de águas correntes, a extracção de materiais inertes se faz muitas vezes em condições inconvenientes e até abusivas, com evidente desrespeito pelas normas legalmente estabelecidas, provocando

prejuízos avultados não só nas zonas de escoamento e expansão das águas como também em diversas estruturas relacionadas com estes elementos de inegável interesse económico, prejuízos esses que normalmente não podem ser tempestivamente sobrestados, por carência de instrumentos legais adequados, nem são ressarcidos pelas multas ou outras penalidades actualmente aplicáveis, manifestamente desactualizadas (Decreto-Lei n.º 403/82: 3016).

Mas, mais importante, clarifica que a extração de materiais inertes que recaia no âmbito do diploma, e que cumpra os critérios estabelecidos, fica sempre sujeita a prévia licença e que compete à Direção-Geral dos Recursos e Aproveitamentos Hidráulicos (DRAH) emitir essas licenças (artigo 4.º).[60] Segundo Mário Fernandes: «De acordo com este processo de licenciamento foram levados a hasta pública várias licenças autorizando a extracção em lotes ou locais devidamente demarcados pela Direcção-Geral dos Recursos e Aproveitamentos Hidráulicos» (IND, 2001 *apud* TJCCP, 2001e: 1945).

A segunda referência vai para o Decreto-Lei n.º 46/94, de 22 de fevereiro, que estabelece o regime de licenciamento da utilização do domínio hídrico, sob jurisdição do INAG.

> Neste diploma [segundo Mário Fernandes] mantém-se a necessidade de concessão ou licença para uso privativo do domínio público hídrico. Mantém-se a possibilidade e necessidade de concessão de autorização para extracção de inertes — cfr. Art.º 51.º — que praticamente transcreve o artigo 2.º do Dec. Lei de 1982 (IND, 2001 *apud* TJCCP, 2001e: 1946).

Mas, mais importante, a competência para o licenciamento da extração de inertes passa da DGRAH para as Direções Regionais

---

[60] Note-se que as taxas, quando aplicáveis, revertem para a DRAH.

do Ambiente e Recursos Naturais (DRARN), considerando-se ainda no Decreto-Lei que permanecem válidas as licenças passadas anteriormente.

Mário Fernandes, depois de referir o enquadramento jurídico do IND, de clarificar as suas atribuições e competências, entra no cerne da questão: a efetiva intervenção do IND em matéria de extração de inertes e, em particular, em matéria de licenciamento e de fiscalização dessa atividade.

Primeiro: o licenciamento e a fiscalização da extração de inertes no rio Douro são da competência legal da Direção Regional do Ambiente e Recursos Naturais-Norte, facto que, no entender de Mário Fernandes não foi alterado pela referida ata. A que alude, então a ata?

> Ora, em primeiro lugar, a acta [...] foi a forma de ambas as entidades, DRARN e IND, interpretarem em conjunto a norma contida no art.º 6.º, alínea a), do DL 138-A/97, de 3 de Junho, que refere o seguinte: compete ao IND decidir sobre todos os actos que por lei estão sujeitos a autorização ou licenciamento na área definida como canal navegável. Assim foi entendido que, se todos os licenciamentos no canal integravam as suas competências, então neste licenciamento estava incluída a extracção de inertes, e isso em interpretação da referida alínea a), entendimento que resultou, repete-se, da interpretação da referida disposição legal feita pela própria DRARN que, nos termos da legislação específica — Dec. Lei 46/94 — vinha procedendo ao licenciamento da extracção de inertes e cobrando as respectivas taxas. Porém, e em segundo lugar, mesmo nesta matéria do licenciamento, não se pode entender a actuação do IND como pretendendo passar a autorizar a extracção de inertes, nos termos previstos e acautelados pela legislação específica e com os trâmites previstos no Dec. Lei 46/94. O IND entendeu apenas autorizar a actividade dos lotes licenciados, passando a cobrar as taxas resultantes da

quantidade extraída e que eram passadas trimestralmente (IND, 2001 *apud* TJCCP, 2001e: 1948).

O IND herdou, pois, sete lotes, indicados pela DRARN-Norte na Albufeira de Crestuma, já licenciados, ou seja, por um lado, «deve entender-se que o IND não atribui qualquer autorização ou licença para extracção de inertes mas apenas controlou as extracções autorizadas, aplicou e cobrou taxas sobre as quantidades extraídas através da prorrogação trimestral das respectivas licenças» (IND, 2001 *apud* TJCCP, 2001e: 1949) e, por outro, «nunca o IND (nem por certo a DRARN) pretenderam que o complexo processo de autorização de extracção de inertes fosse ou passasse a ser da competência do IND que estava apenas vocacionado para as questões relacionadas com a navegabilidade» (IND, 2001 *apud* TJCCP, 2001e: 1949).

Deste modo, qualquer novo licenciamento caberia às entidades competentes, ou seja, à DRARN-Norte, em conformidade com o Decreto-Lei n.º 46/94, enquanto as taxas a cobrar pela extração autorizada caberiam ao IND, em conformidade com a interpretação da alínea a) do artigo 6.º do Decreto-Lei n.º 138-A/97, feita pela própria DRARN-Norte e constante da ata da reunião entre DRARN-Norte e IND de 5 de setembro de 1997.

O que fiscalizava, então, o IND? O IND fiscalizava o quantitativo da extração e a conformidade da localização dos lotes licenciados, já que «os aspectos ambientais lhe não competiam» (IND, 2001 *apud* TJCCP, 2001e: 1950). O IND limitou-se a «manter os lotes pré-atribuídos e a receber as taxas previamente fixadas que antes eram recebidas pela DRARN e INAG» (IND, 2001 *apud* TJCCP, 2001e: 1951).

Relativamente às receitas, a argumentação de Mário Fernandes vai no sentido de reforçar a importância da atividade para a economia local, a despeito dos rendimentos que o IND terá usufruído das taxas sobre o quantitativo de material extraído. Veremos adiante a importância que irá assumir esta linha de argumentação nas reivindicações dos areeiros a operar no Douro para regressar à atividade interrompida na sequência do colapso parcial da Hintze Ribeiro.

É ponto assente e facto notório que estas extracções autorizadas anteriormente não poderiam ser proibidas sob pena de, para além de eventual violação de direitos adquiridos sem qualquer fundamento, se causar grave instabilidade económica na área de Entre-os-Rios, já de si defrontada com graves problemas resultantes da sua interioridade (IND, 2001 *apud* TJCCP, 2001e: 1951).

De resto, e este é o ponto central dos comentários de Mário Fernandes ao relatório final da CIM, a extração de inertes em geral e, em particular, a quantidade de material extraído taxado pelo IND a partir de 1997 não terá tido influência no abaixamento do leito do rio.

> Do relatório ressalta que ocorreu um repentino e acentuado abaixamento do leito do rio no último ano [2001] depois da sondagem elaborada pelo IND em Fevereiro de 2000. Mas este abaixamento não é explicado, mas não pode ser atribuível sequer à extracção de inertes. Consta do relatório que o afundamento do rio ocorria já de forma significativa aquando das sondagens realizadas em 1986. Na última sondagem efectuada pelo IND em Fevereiro de 2000, o leito estava seis metros acima da base do caixão da fundação. Em igual estudo feito em 1986 esse nível era de sete metros, ou seja, entre 1986 e 2000 (14 anos), o leito do rio desceu um metro! Em 14 de Março de 2001 tal nível acima do caixão da fundação era só de um metro. Ou seja, desde Fevereiro de 2000 até março de 2001, o nível do leito do rio junto ao pilar desceu 5 metros. Não parece pois poder concluir-se dever ser atribuída qualquer responsabilidade à extracção de areias nos últimos anos (IND, 2001 *apud* TJCCP, 2001e: 1952).

Nas entrelinhas, é possível compreender que o fenómeno de rebaixamento do leito do rio se terá ficado a dever mais às sucessivas cheias do ano hidrológico 2000/01 do que ao quantitativo declarado de material extraído. É importante que se tenha em consideração que, no que à extração de inertes diz respeito, Mário Fernandes alude aos quantitativos declarados. Já o relatório pericial da FEUP, por exemplo, fará menção à extração clandestina de inertes e porá em causa a fiabilidade dos registos oficiais.

> Existem registos oficiais sobre extracções de inertes (localização geográfica, localização temporal, perfis e montantes extraídos). Não se consideram fiáveis esses elementos para além de ser voz corrente, há muitos anos, a existência de dragagens clandestinas, pelo que só uma investigação judicial — que se admite seja extremamente difícil — poderá aclarar muitos desses elementos (FEUP, 2001 *apud* TJCCP, 2001c: 8813).

Rodeia a atividade de extração de inertes uma aura de suspeição que, como se verá, o processo-crime, ou melhor, a exclusão das empresas a operar no Douro do processo-crime, em nada contribuirá para dissipar.

Os comentários de Mário Fernandes ao relatório da CIM encerram com três conclusões:

1. A competência para atribuir licenças para a extração de inertes cabe à Direção Regional Ambiente e Recursos Naturais-Norte e não ao IND;
2. O IND recebe as taxas sobre os lotes pré-licenciados, estando-lhe reservada a emissão de parecer para a autorização de novas concessões; e
3. O IND não exerceu qualquer influência no afundamento do leito do rio, nem exerceu actividades que se não contives-

sem nas suas atribuições e competências, mantendo todos os seus responsáveis ou trabalhadores a consciência de que assim é (IND, 2001 *apud* TJCCP, 2001e: 1953).

Mais adiante, voltarei ao IND. Por ora, é conveniente realçar que o relatório da CIM é um elemento central no enquadramento das causas da queda parcial da Hintze Ribeiro, avançando muitos dos argumentos que, para além de presentes na comunicação social, se continuarão a encontrar nos restantes passos para a *verdade*.

1.2. Relatório da Comissão de Inquérito Parlamentar

A 8 de março de 2001, o grupo parlamentar do Partido Socialista (PS) entrega na mesa da Assembleia da República um pedido de constituição de uma CIP sobre as causas, consequências e responsabilidades com o acidente resultante do desabamento da ponte sobre o rio Douro, em Entre-os-Rios. O Partido Social Democrata (PSD) associa-se a essa iniciativa e desiste de uma similar que estava a preparar. O Vice-Presidente da bancada socialista, José Barros Moura, virá declarar que o Inquérito Parlamentar é proposto pelo PS «não por uma decisão meramente táctica, mas por uma decisão estratégica». O que constitui uma espécie de alerta para travar eventuais pretensões por parte da oposição no sentido de explorar politicamente o acontecimento e aponta as lições para o futuro como norteando a sua ação. Uma comissão mais orientada para a aprendizagem, pois, do que para a responsabilização política. Um alerta que, de algum modo, parece ser contrariado pelos objetivos do inquérito. O inquérito visa, de facto, i) apurar responsabilidades a vários níveis (penal, disciplinar, técnico, administrativo e político); ii) avaliar o funcionamento e eficácia do sistema de construção, reparação e conservação das infraestruturas em geral e indicar os caminhos da reforma necessária; iii) garantir o indispensável papel do Estado sobre serviços que não podem ser privatizados; e iv) impedir o jogo de passar a culpa ao qual se estava a assistir entre serviços e ministérios. As comissões de inquérito revelam-se sempre ambiciosas nas suas pretensões e muito limitadas nas suas consequências.

A 13 de março, a Assembleia da República, através da Resolução n.º 24/2001, constitui a referida Comissão de Inquérito.[61] A cargo da Assembleia da República fica a responsabilidade de elaborar e propor ao Governo iniciativas legislativas tendentes a melhorar a eficácia da Administração Pública que contribuam para o reforço da segurança dos cidadãos enquanto utentes das vias públicas. Este ponto é particularmente importante, e a ele regressarei quando abordar a questão da intervenção do Primeiro-Ministro, António Guterres, na Assembleia da República e o processo de aprendizagem.

No dia 5 de abril de 2001, tomou posse a CIP n.º 8/VIII sobre as causas, consequências e responsabilidades com o acidente resultante do desabamento da ponte sobre o rio Douro, em Entre-os-Rios.

Composta por 24 membros, a Comissão elege, a 17 de abril de 2001, Manuel Castro Almeida (PSD) como Presidente e, a 30 de maio de 2001, António Manuel Dias Baptista (PS) como relator. Nos seis meses de atividade da Comissão, de abril a outubro de 2001, esta realizou 26 reuniões, ouviu 31 depoentes, analisou mais de 60 documentos e extraiu 36 conclusões. Porém, estruturalmente, o relatório final da CIP não difere muito do relatório da CIM, o mesmo sucedendo relativamente às conclusões e, consequentemente, às entidades referidas como potencialmente responsáveis pelo colapso parcial da Ponte Hintze Ribeiro ou pelas omissões que conduziram ao colapso parcial: inspeção e conservação, extração de inertes e regulação da extração de inertes.

---

[61] Regulada pela Lei n.º 5/93, de 1 de março.

1.2.1. Inspeção e conservação da Ponte Hintze Ribeiro

Na análise dos trabalhos de inspeção e conservação à Ponte Hintze Ribeiro, tal como no relatório da CIM, a CIP considerou o período temporal compreendido entre 1986 e 2001. Durante esse período, as inspeções aconteceram, de facto, considerando por essa razão a Comissão não se poder afirmar que a queda da Ponte Hintze Ribeiro tenha ocorrido por «falta de inspecções» (CIP, 2001: 37). Todavia, do rol de inspeções consideradas pela CIM, a CIP destaca a inspeção subaquática à ponte realizada pela ITS, em dezembro de 1986, e a sondagem geotécnica aos pilares e às fundações da ponte pela CÊGÊ, em setembro de 1988. Em ambos os casos, as inspeções ocorreram sem que fossem observadas quaisquer situações de instabilidade estrutural da ponte.

Se se atender à cronologia das intervenções na Ponte Hintze Ribeiro (Anexo 3), fácil será constatar que as restantes inspeções são exclusivamente visuais e incidem sobre a parte emersa da ponte. Aliás, à época, as inspeções subaquáticas não eram uma prática comum. Como refere a CIP: «não era uma prática habitual a realização de inspecções subaquáticas às fundações das pontes, tendo sido a inspecção subaquática realizada em 1986 uma situação excepcional» (2001: 34). A Hintze Ribeiro parece, deste modo, ter beneficiado de um conjunto de circunstâncias excecionais incapazes, todavia, de fazer prevenção, ou seja, de projetar o seu colapso para o domínio ontológico dos possíveis não atualizados (Dupuy, 2005).

Quem teve acesso às imagens subaquáticas da ITS? Segundo a Comissão, de modo geral, os técnicos da JAE que procederam ao visionamento do filme da inspeção subaquática e, em particular, «o director do Serviço de Pontes, o chefe de divisão do Serviço de Pontes, o engenheiro encarregue de acompanhar aquela ponte, bem como os técnicos do Gabinete de Projectos ETEC, Lda.» (CIP,

2001: 38).⁶² Sem os nomear, a CIP aponta para os futuros arguidos indiciados pelo MP no processo-crime.

Como já tive ocasião de referir, as cassetes de vídeo da inspeção subaquática extraviaram-se dos arquivos da JAE.⁶³ Estranhamente, porém, tal não parece provocar espanto. O Presidente do IEP na altura da queda da ponte, António Martins, quando ouvido pela CIP, irá referir a desorganização que grassava na JAE e no IEP e qualificar o arquivo da JAE de "caos" e mesmo de "chiqueiro" (Braga, 2001a).

As misteriosas cassetes de vídeo da inspeção subaquática reemergem num *Especial Informação* da estação televisiva *SIC* de 13 de março de 2001. Com base neste extravio, a Comissão infere que, até ao dia do *Especial Informação* da *SIC*, "aparentemente" nem essas imagens nem o processo relativo a essa inspeção veio a ser do conhecimento «dos sucessivos responsáveis intermédios, dos mais altos dirigentes da JAE e dos institutos que lhe sucederam, nem dos responsáveis pela tutela política destes organismos» (CIP, 2001: 38). Voltarei adiante a esta importante questão que, por ora, parece focalizar a responsabilidade exclusivamente nos funcionários técnicos.

Na lógica da CIP, a inspeção subaquática e, posteriormente, a inspeção das fundações estabelecem o momento em que o risco deveria ter ficado claro ou que deveria ter havido perceção do risco. O raciocínio desenvolve-se do seguinte modo: a ausência

---

⁶² No *Jornal de Notícias* do dia 4 de maio de 2006, é possível ler-se que José da Mota Freitas, da ETEC, ouvido no Tribunal de Castelo de Paiva, terá declarado que «o visionamento técnico de filmagens às fundações da estrutura da ponte de Entre-os-Rios foi interrompido sem que tivesse sido examinado o pilar p4. Este visionamento das filmagens, ocorrido "algures em 1987" na sede da JAE e interrompido por decisão do Diretor do Serviço de Pontes, Engenheiro Noya Coutinho, entretanto falecido. «Quando as imagens começaram a incidir sobre o pilar p4, Noya Coutinho disse que "este [pilar] deve estar igual aos outros" e terminou a sessão. Estava toda a gente farta daquilo», detalhou Mota Freitas» (Zing, 2006).

⁶³ Refira-se que não são apenas as filmagens da inspeção subaquática de 1986 que desapareceram, mas, igualmente, desta feita, os processos de contraordenação em matéria de extração de areias do arquivo da Direção Regional do Ambiente e Ordenamento do Território-Norte (CIP, 2001: 40).

de perceção do risco estrutural em que incorria a Ponte Hintze Ribeiro conduz à inação perante os resultados dessas inspeções; a inação indicia uma infração das regras técnicas reconhecidas na engenharia de pontes; a infração das regras técnicas aponta para as pessoas a serem identificadas, responsabilizadas e sancionadas. Na lógica implacável desta argumentação, fica claro que o colapso da ponte é enquadrado para fazer do colapso parcial do pilar da ponte uma questão técnica e não uma questão política, facto que se encontra reforçado, por um lado, pelo *aparente* desconhecimento por parte da tutela política das imagens resultantes da inspeção subaquática e, por outro, pelo elenco dos arguidos relativamente aos quais virá a ser deduzida a acusação por parte do MP.

Nas palavras do relator da CIP:

> Não obstante a percepção do risco ser actualmente muito mais exigente do que era em 1986, e porque os dados recolhidos e os conhecimentos técnicos da altura assim o permitiam, a JAE poderia ter tido, mas não teve, a percepção do risco. [...] [Assim,] constatou-se uma relevante diferença de avaliação técnica entre os técnicos que em 1986 orientaram, visionaram e avaliaram as filmagens e o Presidente da Comissão de Inquérito [Ministerial] às causas do sinistro ocorrido na ponte de Entre-os-Rios em 4 de Março de 2001, quando os primeiros não detectaram qualquer risco em resultado desta inspecção e o segundo afirmou que à luz dos dados obtidos e dos conhecimentos técnicos da altura deveriam ter tido a percepção do risco em que a ponte já se encontrava (CIP, 2001: 38).

Ouvido em sede da CIP, o Eng.º António Lamas, ex-Presidente da JAE, explicará esta distinção na perceção do risco, afirmando que os riscos que a Ponte Hintze Ribeiro corria configuram «uma categoria nova de risco para os quais não havia sensibilização nas instituições» (Braga, 2001b). As inspeções, prossegue, poderiam não ser as mais adequadas mas não eram inexistentes. Outra visão tem a CIP, para a qual «os serviços responsáveis, desde a Junta Autónoma de Estradas até aos institutos que se lhe seguiram (IEP, ICOR e ICERR), não foram suficientemente eficazes na gestão das actividades de inspecção e conservação de pontes e viadutos» (CIP, 2001: 38). Por outras palavras, para a CIP, uma perceção do risco *eficaz* implicaria que fossem consideradas a situação presente tanto quanto eventuais desenvolvimentos no futuro. Mais adiante se verá a importância crucial que irá desempenhar a ambiguidade contida na noção de *regras técnicas* para a aferição da *eficácia*, e não da ausência, da perceção do risco.

1.2.2. Causas diretas e colapso da ponte

Relativamente ao mecanismo de colapso da ponte e às suas causas diretas, a CIP retoma, muitas vezes *ipsis verbis*, os argumentos da CIM e refere claramente não ter apurado quaisquer factos que contrariem essas conclusões.

Para que o pilar 4 ruísse, foi necessário que houvesse uma perda de suporte do terreno ao nível da base do caixão de fundação, o que, por sua vez, terá "certamente" sido provocado pela extração de inertes e a redução da alimentação de caudal sólido provocada pela retenção de sedimentos nas albufeiras existentes no rio Douro e afluentes e, acentuado, devido a:

> [U]m ano hidrológico muito mau, tendo sido registadas até 7 de Março de 2001, cinco cheias sucessivas no rio Douro, o que representou uma situação de extrema severidade dada a persistência de caudais elevados que geram fenómenos de erosão geral do leito (CIP, 2001: 38).

Estabelecida a falta de eficácia da JAE e dos institutos rodoviários sucedâneos na gestão das obras de arte, com a introdução da temática do mecanismo provável e das causas diretas do colapso da ponte, aparecem, então, os restantes protagonistas já identificados pela CIM: a atividade de extração de inertes no rio Douro, as entidades responsáveis pela regulação da atividade de extração de inertes no rio Douro, os efeitos das barragens de Carrapatelo e do Torrão no regime do rio Douro (as duas barragens que se encontram a montante da ponte) e as cheias de 2000/2001.

É, porém, sobre a extração de areias no rio Douro que incide a CIP, concluindo, tal como acontece no relatório da CIM, pelo incumprimento das normas aplicáveis à extração de areias, pela indefinição de competências, pelo agravamento dessa indefinição com a criação do IND e pela ausência generalizada de fiscalização à extração de areias.

Na sequência da audição de Paulo Teixeira, Presidente da Câmara Municipal de Castelo de Paiva, pela CIP, a Associação de Empresas de Dragagens do Norte (ADRAG) virá insurgir-se contra a «utilização abusiva do termo areeiros» (*Público*, 2001a) e contra a sua culpabilização permanente relativamente à queda da ponte de Entre-os-Rios.

> Sem que as empresas sejam ouvidas, parece estar a preparar-se a sua culpabilização, transformando-as em verdadeiros bodes expiatórios de uma tragédia que, certamente, tem mais do que um pai (*Público*, 2001a).

Num outro comunicado de imprensa, igualmente de julho de 2001, a ADRAG declarava temer que a extração de areias fosse apontada como a principal causa da queda da Ponte Hintze Ribeiro, recusando "liminarmente" que fossem imputadas culpas às empresas de dragagens e lamentando que a CIP finalizasse as audições sem que a ADRAG fosse ouvida. Lembrava, ainda, que havia intercedido junto do Primeiro-Ministro, das secretarias de Estado da Administração Portuária, do Ambiente e Ordenamento do Território — para além do IND — no sentido de ter voz na Comissão, para que as empresas não fossem o «bode expiatório de nada nem de ninguém» (*TSF*, 2001a).

Antes de entrar nas recomendações, a CIP expressa uma conclusão que se encontra na linha da ausência de perceção do risco estrutural em que incorria a Hintze Ribeiro. Porém, com uma diferença fundamental: enquanto a ausência de perceção do risco estrutural configura uma questão técnica, esta conclusão configura uma questão política e um elemento-chave na definição da intensidade da exploração política da crise e do processo de responsabilização política:

> A Comissão conclui que a demora no processo de construção da nova ponte sobre o rio Douro em Entre-os-Rios ultrapassou todos os prazos que se podem considerar aceitáveis, porque defraudou as expectativas das populações em ver concretizadas a obra que desejavam. A Comissão regista sumariamente que a recomendação para a construção de uma nova ponte é feita em 6 de Setembro de 1988, que o contrato para a elaboração do respectivo projecto é feito em Dezembro de 1993, que o projecto final de execução é entregue em Fevereiro de 1997, que a respectiva aprovação é feita em Fevereiro de 1998, e que só em 2002, 14 anos depois, é que a ponte estará concluída. A Comissão concluiu que, ainda que não exista relação causa-efeito entre a construção da nova ponte e a queda da Ponte de Hintze Ribeiro, a construção da travessia em Entre-os-Rios ou não constituiu prioridade política para o investimento público ou não houve meios financeiros para o realizar ao longo de 12 anos (CIP, 2001: 39).

Mais assertivos são os deputados do grupo parlamentar do CDS-PP, que, na sua declaração de voto, afirmam claramente que:

A dilação no tempo da decisão da construção da nova ponte sobre o Douro na zona de Entre-os-Rios, ponderada a partir de 1988 e causa directa da diminuição das preocupações com a manutenção da Ponte de Hintze Ribeiro, se deveu exclusivamente ao facto de não ser considerada uma prioridade política por nenhum dos governos que se sucederam a partir daquela data (CIP; 2001: 41).

Recorde-se, ainda, que a questão da nova ponte irá estar no cerne do diferendo que opôs o Presidente da Câmara Municipal de Castelo de Paiva, Paulo Teixeira, ao Secretário de Estado das Obras Públicas, Luís Parreirão. Ainda na madrugada do colapso da ponte, Paulo Teixeira responsabilizava Luís Parreirão e o seu antecessor, Maranha das Neves, pelo desmoronamento da obra de arte, garantindo que o primeiro, numa reunião de 17 de janeiro de 2001, o teria informado que a construção de uma nova travessia teria de esperar.[64]

1.2.3. Recomendações da Comissão de Inquérito Parlamentar

A CIP retoma algumas das recomendações avançadas pela Comissão de Inquérito Ministerial.

i) Implementação de um adequado sistema de gestão da conservação de pontes e viadutos, incluindo a elaboração de normas

---

[64] Ainda nesse dia, Luís Parreirão irá acusar o Presidente da Câmara Municipal de Castelo de Paiva de «fazer demagogia numa ocasião que nos entristece a todos» e apresentar ao Procurador-Geral da República uma queixa-crime por difamação, considerando que «cumpre repor a verdade» quanto às declarações do autarca. Perante esta troca de acusações, Carlos Zorrinho, secretário de Estado Adjunto da Administração Interna, virá criticar as «declarações a quente de políticos com responsabilidade» (Melo e Mendes, 2006: 297). Ouvido a 19 de junho desse ano pelo Ministério Público no âmbito do processo por difamação interposto por Luís Parreirão, Paulo Teixeira irá reiterar a responsabilização política de Luís Parreirão pela queda da ponte e abandonar a ideia de que este deveria ser responsabilizado pessoalmente. O processo virá a ser arquivado.

e o planeamento de inspeções periódicas e as intervenções de manutenção, conservação, reparação e reabilitação;

ii) Implementação de um sistema de monitorização dos níveis do leito do rio junto aos pilares das pontes para identificação fácil e prévia de qualquer situação que possa causar perigo;

iii) Elaboração de planos, pelos serviços responsáveis pela manutenção das pontes, que incluam obrigatoriamente a realização de inspeções subaquáticas periódicas às pontes com maior potencial de risco;

iv) Que os diversos serviços públicos e institutos que têm intervenção nestas matérias mantenham disponíveis e acessíveis às instituições públicas, designadamente das câmaras municipais, todos os elementos relevantes respeitantes a obras de arte, aos levantamentos batimétricos, à inspeção e prospeção geotécnica, visando otimizar meios e recursos e permitir o acesso à informação;

v) Elaboração e atualização pelos serviços responsáveis de um inventário informático de todas as obras de arte;

vi) Reforço do orçamento do IEP atribuído às obras de conservação, manutenção e reparação de obras de arte e vias de comunicação; e

vii) Que a extração de inertes seja realizada com estrita observância das disposições legais aplicáveis, designadamente, planos específicos e estudos prévios de avaliação de impacto ambiental e monitorização.

Mais adiante, aquando da discussão dos resultados do processo de aprendizagem, regressarei a estas recomendações, bem como às recomendações da CIM. Por ora, cabe dizer que, além de se manter o enfoque na gestão de obras de arte — que deverá ser objeto de uma maior dotação orçamental — e na regulação da atividade de extração de inertes — que deverá ser destituída de ambiguidades legais e objeto de uma mais rigorosa fiscalização —, a CIP reforça a responsabilidade política pelo desastre, o que terá consequências claras para a intensidade da exploração política da crise que se virá a verificar.

1.3. Processo de responsabilização política e exploração política da crise

Chegados aqui, impõe-se um ponto de situação. Uma escala na viagem pelos documentos, para retomar as palavras de Lagadec e Laroche (2005), antes de avançar para o processo-crime e para os dois relatórios periciais, os dois últimos passos para a verdade considerados nesta análise.

Uma análise comparativa dos relatórios produzidos pelas duas comissões de inquérito revela que, no geral, por um lado, ambos são coincidentes na argumentação relativamente ao mecanismo do colapso da ponte, às causas diretas e indiretas, e às recomendações enunciadas e que, por outro lado, ambos insistem em duas lições fundamentais: na necessidade de adoção de uma gestão eficaz das obras de arte e na necessidade de uma maior regulação da atividade de extração de areias.

O relatório da CIP realça, no entanto, a questão da construção de uma nova ponte sobre o Douro em Entre-os-Rios. Associado à inspeção subaquática de 1986, este é um dado fulcral na exploração política da crise e no processo de responsabilização política. De facto, apesar da construção de uma nova ponte em Entre-os--Rios não estar relacionada com «qualquer consideração quanto a um eventual risco para a estabilidade global da estrutura da ponte» (FEUP, 2001 *apud* TJCCP, 2001c: 8829), o seu protelamento, por razões exclusivamente políticas, encontra-se na base da diminuição das preocupações com a manutenção da Ponte Hintze Ribeiro. Um dado que atenua, senão mesmo que exonera, os técnicos de responsabilidade e que desloca o enfoque da responsabilização para os agentes políticos. À ausência de perceção do risco provocado pela extração de areias, por um lado, e à ausência de perceção do risco relativamente à estabilidade estrutural da ponte, por outro, bem como a presença de informação técnica que deveria ter alertado para esses dois factos, associa-se a ausência de perceção política da urgência de construção de uma nova ponte.

Retomando os termos propostos por Boin *et al.* (2008b, 2008c) para análise da gestão política de crises, a queda parcial da Ponte Hintze Ribeiro configura uma crise por má gestão (*mismanagement*) que se caracteriza por alegadas ou reais falências das máquinas institucionais ou governamentais e que possui maior probabilidade de ser objeto de exploração política. A exploração política da *Tragédia de Entre-os-Rios* não foi, porém, tão intensa quanto seria de esperar. O XIV Governo Constitucional (1999-2002), liderado por António Guterres (PS), foi aquele que efetivamente se confrontou com a crise política. Porém, grande parte do trabalho de enquadramento político do desastre, como se viu, foi no sentido de estabelecer os seus precedentes em meados dos anos 1980 para, desta forma, não apenas distender no tempo a sua génese mas, fundamentalmente, para distender no tempo a sua responsabilidade política e técnica. Como salientam adequadamente Melo e Mendes a propósito de Entre-os-Rios: «O apuramento de responsabilidades torna-se cada vez mais complexo à medida que se recua no tempo e o número de políticos e técnicos envolvidos no processo aumenta» (Melo e Mendes, 2006: 309).

A dilação no tempo do período de incubação do desastre parece, deste modo, favorecer uma dispersão da responsabilização (Pidgeon e O'Leary, 2000).

[A propósito da exploração da crise pela oposição] Não tenho muito ideia disso. Não tenho muito ideia disso. Claro que houve uma exploração muito forte no plano local, obviamente. Do ponto de vista político-partidário, não creio que... não me lembro de ter sentido... [...] Não vou dizer que não tenha havido... muito em torno da questão da fiscalização e da não fiscalização. Mas, depois, como as questões da fiscalização são questões que não são de curto prazo, portanto... Se vamos ver, as responsabilidades são sempre... atravessam ciclos... Não creio que tenha havido... Aliás, teria sido legítimo. Se um tema destes não é debatido no espaço público, qual é que será? Mas não creio que tenha havido mais exploração política do que seria razoável (Rogério Macedo, membro do Governo em 2001, entrevista, 15.05.2013).

Quais foram, então, efetivamente, as fatalidades políticas da *Tragédia de Entre-os-Rios*? A grande figura do processo de responsabilização é, sem dúvida, Jorge Coelho, que, antecipando-se a qualquer inquérito, pedira a demissão na própria madrugada do acontecimento, acompanhado, nesse momento dramático da sua demissão, pelos secretários de Estado do Ministério do Equipamento Social: Fausto Correia (Secretário de Estado Adjunto), Luís Parreirão (Secretário de Estado das Obras Públicas), José Junqueiro (Secretário de Estado da Administração Marítima e Portuária), Guilhermino Rodrigues (Secretário de Estado dos Transportes) e Leonor Coutinho (Secretária de Estado da Habitação).[65]

---

[65] O decreto do Presidente da República n.º 16-a/2001, de 10 de março, exonera, a seu pedido e sob proposta do Primeiro-Ministro, Jorge Coelho dos cargos de Ministro de Estado e de Ministro do Equipamento Social. Adelino Cunha, num livro sobre a ascensão de António Guterres ao poder, resume da seguinte forma o que aconteceu na sequência da demissão de Jorge Coelho: «Ferro Rodrigues fica com o lugar de Coelho no governo depois da recusa de Sócrates assumir as Obras Públicas. Prefere continuar no ministério do Ambiente e esperar pela conclusão de uma política que prometia protagonismo e glória mediática. Paulo Pedroso ascende a ministro da Solidariedade. O governo fica cada vez mais parecido com uma federação de ministros com interesses particulares» (Cunha, 2013: 516).

A demissão de Jorge Coelho ajudou [...]. Se ele não tivesse feito o que fez teria sido politicamente mais difícil de gerir aquela situação. Afastou o problema da responsabilidade política. Portanto, mesmo não retirando esse aspecto de cena, retirou-lhe muito do protagonismo. Isso foi muito positivo para a concentração de esforços — e foram muitos — para dar resposta à situação. [...] Também admito que a própria demissão do Ministro Jorge Coelho tenha marcado... tenha condicionado... Não é bem, condicionado... Tenha deslocado a questão para assuntos mais profundos e menos para as questões mais do tipo "já tinha dito" e "tu fizeste" (Rogério Macedo, membro do Governo em 2001, entrevista, 15.05.2013).

A atitude de Jorge Coelho foi de uma enorme dignidade política e estou convencido que tudo aquilo que lhe contei há pouco, ou seja, todo o desanuviamento político possível a partir da manhã do 2.º dia, não teria sido possível se não tivesse havido essa atitude de grande magnanimidade por parte do ministro da altura. É um momento que permite assumir a culpa política global. [...] A partir do momento em que a culpa não morreu solteira penso que se tornou mais fácil, por um lado, resolver o problema porque já havia, digamos, um culpado provisório e, por outro, que houvesse uma investigação [...] para se perceber as responsabilidades técnicas e operacionais. A responsabilidade política foi logo assumida pelo Governo e pelo Jorge Coelho. Acho que isso abriu... Nós temos tido várias situações em Portugal em que não se consegue passar à avaliação técnica e operacional porque não há um assumir de culpa política (Paulo Fonseca, membro do Governo em 2001, entrevista, 28.05.2013).

Há dois níveis de demissões. Primeiro, há a demissão de Jorge Coelho e da equipa dele e esta é uma demissão para proteger o

Governo. É uma demissão política que responde às consequências políticas. A gestão da crise implicou a demissão de Jorge Coelho com a lógica de que não iria haver mais demissões. A partir daí o Governo passa a fazer uma gestão nas outras áreas. [...] A demissão de Jorge Coelho foi para dizer que já há um responsável político e agora vamos reparar e tomar medidas. [...] Depois há as demissões que resultam da luta política em torno dos vários interesses em jogo. É a luta política pelos lugares. [...] Perante qualquer crise, os interesses reorganizam-se. Sejam políticos, económicos ou administrativos. Aqui já não está em causa a crise ou o sofrimento das pessoas, mas os interesses em jogo. Essas demissões são uma reorganização pós-crise (Luís Coelho, membro do Governo em 2001, entrevista, 30.11.2012).

Na sua intervenção durante a primeira sessão plenária da Assembleia da República pós-desastre a contar com a participação do Primeiro-Ministro, António Guterres fará referência à demissão de Jorge Coelho nos seguintes termos:

> Quero terminar estas palavras com a expressão do meu profundo apreço, não isento de amargura pessoal, ao Ministro Jorge Coelho. A sua atitude, seguro, como estou, de que lhe não pode ser imputada qualquer responsabilidade pessoal pelo que aconteceu em Entre-os-Rios, é uma lição para aqueles que pensam que a política é um simples jogo de poder ou que todos os que servem o Estado apenas o fazem para defender um cargo (DAR, 2001a: 5).

E, mais à frente:

> A grande questão que leva a que os cidadãos se afastem da vida política é, porventura, o facto de terem, muitas vezes, consciência de que, na vida política, não se assumem devidamente as

responsabilidades e não se discutem os temas que mais directamente os interessam em cada momento. E gostaria de lhe dizer uma coisa simples: talvez tenha feito mais pela credibilidade do nosso sistema político a atitude do Ministro Jorge Coelho... [Interrupção: Vozes do PSD: — Outra vez?! Lá vem outra vez o Ministro Jorge Coelho!] ...do que muito do debate político que ocorreu em Portugal nos últimos meses (DAR, 2001a: 19).

Num artigo de opinião no *Público*, Vital Moreira (2001) salientara o gesto digno de louvor da assunção de responsabilidade política por parte do ministro de um Governo que tinha nascido «sob a égide de um novo conceito de responsabilidade e "accountability" do poder e dos seus titulares». Também neste aspeto, Entre-os-Rios a revelar a sua excecionalidade. Nas palavras de Vital Moreira:

> Uma cultura de complacência e de cumplicidade interna dos serviços, conjugada com uma débil tradição e responsabilidade disciplinar e financeira dos altos funcionários e agentes públicos, cria a sensação de que a culpa pertence indefinidamente a um Estado anónimo e impessoal, bem como a aceitação de que os encargos pelos danos e prejuízos devem sair do Orçamento do Estado sem necessidade de apurar culpas individuais. [...] A tragédia de Entre-os-Rios deve ser transformada num desafio à capacidade de reforma da nossa cultura de complacência, irresponsabilidade e impunidade públicas. As vítimas bem o merecem (V. Moreira, 2001: 21).

Finalmente, cabe ainda recordar que, a 9 de março de 2001, por ocasião da tomada de posse de Jorge Sampaio para um segundo mandato como Presidente da República, António Guterres tinha declarado que a demissão de Jorge Coelho, um «golpe irreparável no *núcleo duro* do guterrismo» (Cunha, 2013: 517), encerrava a questão da responsabilidade política na tragédia (Alvarez, 2001).

A demissão de Jorge Coelho, que retira muita da pressão política e da possibilidade de exploração política da crise a que o colapso parcial da Hintze Ribeiro poderia ter dado lugar, representa, acima de tudo, o sinal *avant-coureur* da tónica de expiação que virá a caracterizar a prática de governação no tempo durante o desastre, ou seja, no momento da urgência. De facto, mais do que a esperada e politicamente importante destituição de António Martins,[66] Presidente do IEP, por um lado, e da demissão de Mário Fernandes[67] do IND, por outro, dois funcionários técnicos (Weber, 2000), é a demissão

---

[66] O presidente do IEP, António Martins, será demitido pelo novo Ministro do Equipamento Social, Ferro Rodrigues, a 7 de março de 2001, que assumiu ser esta uma das primeiras ações que devia tomar. António Martins tinha posto o lugar à disposição, mas não se demitia por imputar a responsabilidade pelo desastre à falta de meios do IEP e ao Instituto de Navegabilidade do Douro. Na demissão, acompanham António Martins, Guilherme Câncio Martins, Rui Soares e, mais tarde, Vítor Batista.

[67] A 11 de abril de 2001, Mário Fernandes, diretor do Instituto de Navegabilidade do Douro, pede a sua demissão após a saída do relatório final da Comissão de Inquérito Ministerial, uma demissão que não colhe unanimidade dado o reconhecimento público do seu trabalho no IND. Mário Fernandes virá a falecer em 2004 e, em abril de 2008, ser-lhe-á feita uma homenagem no cais da Régua, onde foi colocado um busto seu, realçando-se que disciplinou a extração de areias, rentabilizou o constante desassoreamento do rio e começou a construir uma rede de cais ao longo dos 200 quilómetros de canal navegável do Douro. De resto, imediatamente após o pedido de demissão de Mário Fernandes, os autarcas dos concelhos banhados pelo Douro uniram-se para apelar ao governo para a recondução de Mário Fernandes no cargo e entregaram no Governo Civil de Vila Real um abaixo-assinado com 2500 assinaturas de apoio ao diretor demissionário do IND. Parece-me digno de referência o *braço-de-ferro* entre Mário Fernandes e José Sócrates, então Ministro do Ambiente, relativamente à responsabilidade pela regulamentação e fiscalização da extração de areias no rio Douro. José Sócrates, que acerca desta matéria tinha declarado «não ter nada que ver com nada», tinha sido acusado pelo partido Os Verdes de se descartar politicamente do acontecimento, uma crítica à qual se tinha juntado o PSD, e que resultou, na prática, "em nada" (Braga e Pereira, 2001). Segundo Fernando Esteves: «a pessoa mais solicitada do dia [da nomeação de Ferro Rodrigues para o lugar de Jorge Coelho], logo a seguir a Jorge Coelho, não foi Ferro Rodrigues. O que os jornalistas queriam saber era se José Sócrates tinha ou não tinha sido a primeira opção para o seu lugar. Ao seu estilo, Sócrates aproveitou o tempo de antena para uma curta sessão de comunicação preventiva: ao contrário do que alguns tinham posto a circular, ele rejeitava qualquer responsabilidade na tragédia. "Não confundamos causas com responsabilidades", disse, enfatizando que "a fiscalização relativa à estabilidade das obras públicas compete a quem licencia a realização de trabalhos nesses locais". Por outras palavras, o responsável estava encontrado e não queria ser ator secundário num filme para o qual não fora convidado» (Esteves, 2014: 215).

algo inédita de Jorge Coelho, um funcionário político (*Idem*), que revela o modo como, no momento da urgência, a prática de governação de expiação do Governo de António Guterres encontra expressão, a nível interno, num processo de responsabilização que conduz a uma demissão de exceção.

À guisa de conclusão deste ponto, vale a pena citar o excerto da entrevista de Jorge Coelho ao jornalista Fernando Esteves (2014), autor de uma biografia não autorizada sobre o ministro *todo-poderoso* de Guterres, a propósito da madrugada em que toma a decisão de se demitir:

> Faltava fazer o telefonema mais difícil da sua carreira — aquele em que comunicaria ao seu amigo António [Guterres] o fim da aventura conjunta.
>
> — António, acabo de convocar uma conferência de imprensa para anunciar a minha demissão.
>
> — Jorge, pela última vez: não tens de fazer isso. É um exagero da tua parte, garanto-te!
>
> — Eh pá, andamos nisto os dois há vinte anos. Tenho de sair para salvar o que já construímos, temos de defender o projecto. Vou fazer isto não só por mim mas também por ti, pá, pelo projecto, por tudo.
>
> — Mas não tem de ser assim, Jorge...
>
> — Não há outra forma. Uma coisa desta dimensão exige uma tomada de posição radical. São muitos mortos, pá. Temos de dar o exemplo. Se não saio, isto vira-se contra ti (Esteves, 2014: 211).

O gesto de Jorge Coelho será, porém, diferentemente interpretado pelos familiares das vítimas, um dado que reforça, a meu ver, a distância que separa o *mundo* da política do *mundo* dos cidadãos.

A perceção dos familiares das vítimas relativamente aos representantes políticos presentes em Castelo de Paiva durante o desastre, coaduna-se com uma imagem depreciativa dos "políticos" que salienta características generalizadas como o oportunismo, a desonestidade, o fingimento, a impunidade e a arrogância. Características que se acentuam em virtude da distância e que parecem sofrer parcas alterações em razão da proximidade forçada.

Primeiro, é, de facto, nesse caráter *forçado* da proximidade que se deve procurar a chave para a interpretação das representações dos familiares das vítimas *vis-à-vis* dos políticos. Na origem do encontro entre Governo e familiares das vítimas encontra-se um desastre que resultou num número elevado de vítimas mortais e que estabelece uma relação tensa e excecional entre Estado penitente e pessoas sofredoras em vez de uma relação *normal* entre Estado de Direito e cidadãos lesados.

Segundo, subsiste um elemento transversal a todas as entrevistas que continua a provocar perplexidade e indignação: a declaração de Jorge Coelho de que a culpa não iria morrer solteira. Do ponto de vista dos familiares das vítimas, tal equivale a uma promessa de que os culpados pelo desastre iriam ser encontrados e castigados, fossem eles funcionários técnicos ou políticos profissionais. A demissão de Jorge Coelho, interpretada por muitos como um gesto de grande dignidade, aparece aos olhos dos familiares das vítimas com um ato de deserção, como um gesto que não encontra correspondência nas eloquentes palavras proferidas pelo Ministro mas que se coaduna com uma certa imagem dos políticos. Fora da esfera em que os políticos profissionais circulam, os seus gestos e palavras podem ser interpretados diferentemente.

> [A propósito dos representantes políticos.] Portaram-se muito mal! Disseram-nos que a culpa não ia morrer solteira e lá ficou solteira. Não fizeram o que deviam ter feito. Sabe, nós somos pobres e o dinheiro vale muito. O senhor... aquele ministro... já não me lembro do nome dele... [O Jorge Coelho?] Esse. O Jorge Coelho

sabia perfeitamente que era culpado. Os outros vieram aqui e todos se lamentavam muito, todos se lamentavam e todos se tentavam esquivar (José Figueira, familiar de vítima, entrevista, 09.05.2012).

Eu estava convencido que não precisava [de apoio psicológico] até que acabei por cair. Passados dois ou três meses fiquei parado. Não me queria mexer, não queria fazer nada. Só queria que se resolvesse a situação dos culpados. Na altura, o Jorge Coelho disse que a culpa não podia morrer solteira e acabou por abandonar o barco. Não gostei! Quando alguém diz uma coisa destas tem de ir até ao fim. Isso criou-me uma grande revolta... Fui-me muito abaixo... (Rui Lopes, familiar de vítima, entrevista, 09.05.2012).

Após estas três demissões, sendo a demissão de Jorge Coelho absolutamente central na gestão da crise política induzida pelo desastre, fica encerrado o processo de responsabilização político--institucional, abrindo-se a possibilidade de, agora sim, centrar as atenções na responsabilização técnica.

1.4. O processo criminal: relatórios periciais

Neste ponto, deter-me-ei mais aprofundadamente nos dois relatórios periciais que aparecem em fases distintas do processo-crime aberto pelo MP:

- o relatório da FEUP, solicitado pelo MP em 2001, na fase de inquérito, e que tem como objetivo averiguar as responsabilidades penais decorrentes do colapso parcial da Ponte Hintze Ribeiro,
- o relatório LNEC/FCTUC, solicitado, na fase de instrução, pelo Tribunal Judicial da Comarca de Castelo de Paiva e entregue em 2004.

A prova pericial é utilizada como meio de produção de prova particularmente forte, uma vez que o tribunal não pode deixar de atender às conclusões aí formuladas, por se tratar de razões de ciência.[68] Depois de uma breve descrição das perícias, veremos o papel que estas vieram a desempenhar, quer no despacho de não pronúncia proferido pelo Juiz de Instrução Criminal Nuno Melo, de 2004, quer no acórdão do Tribunal Coletivo de Castelo de Paiva, de 2006.

1.4.1. Faculdade de Engenharia da Universidade do Porto (2001)

Solicitado pelo MP, no âmbito do Inquérito n.º 44/2001 da Comarca de Castelo de Paiva, o relatório pericial para indagar as causas do colapso da Ponte Hintze Ribeiro foi elaborado por três peritos do departamento de Engenharia Civil da FEUP: Professores Doutores Fernando Francisco Machado Veloso Gomes (Secção de Hidráulica, Recursos Hídricos e Ambiente), Raimundo Moreno Delgado (Secção de Estruturas) e António José de Magalhães Silva Cardoso (Secção de Geotecnia).[69]

A perícia teve início em julho de 2001, com a entrega das questões formuladas pelo MP (quesitos) às quais se pretendia uma resposta por parte dos peritos, e foi finalizada em dezembro de 2001, tendo sido entregue ao MP a 4 de janeiro de 2002. Para além de retomar algumas das questões tratadas nos relatórios da CIM e da CIP, introduz duas questões fundamentais: a previsibilidade e a inevitabilidade.

---

[68] Segundo o artigo 151.º do Código do Processo Penal (CPP), a «prova pericial tem lugar quando a percepção ou a apreciação dos factos exigirem especiais conhecimentos técnicos, científicos ou artísticos» (CPP, 1987: 648). Quanto ao valor da prova pericial, estabelece o CPP que «o juízo técnico, científico ou artístico inerente à prova pericial presume-se subtraído à livre apreciação do julgador» (art.º 163.º) e que «sempre que a convicção do julgador divergir do juízo contido no parecer dos peritos, deve aquele fundamentar a divergência» (art.º 163.º) (CPP, 1987: 649).

[69] Apesar de diversas diligências, pessoais e institucionais, informais e formais, não me foi possível entrevistar qualquer participante no relatório pericial da FEUP. O relatório pericial foi consultado no Arquivo do Tribunal de Castelo de Paiva, inquérito n.º 44/2001, folhas 8792 a 8841.

As respostas aos quesitos organizam-se a partir de quatro tópicos principais:

1. Qual o mecanismo de colapso da Ponte Hintze Ribeiro?
2. Qual a causa que determinou o colapso parcial da Ponte Hintze Ribeiro?
3. Era previsível o colapso parcial da Ponte Hintze Ribeiro? e
4. Poderia ter-se evitado o colapso da Ponte Hintze Ribeiro?

Procurarei dar conta das respostas que, globalmente, foram dadas a cada um destes tópicos, aprofundando os dois últimos.

1. Qual o mecanismo de colapso da Ponte Hintze Ribeiro?

De acordo com os peritos da FEUP:

> Atendendo à rapidez com que se deu a queda do pilar P4, à posição que veio a ocupar (deitado para o lado do pilar P3 e fazendo um ângulo de cerca de 30°, para montante, com a direcção do eixo da ponte) e aos dados barimétricos que apontam nesse sentido, os signatários consideram como mecanismos mais prováveis os que têm como causa principal a erosão do terreno sob a base do caixão (FEUP, 2001 *apud* TJCCP, 2001c: 8807).

2. Qual a causa que determinou o colapso parcial da Ponte Hintze Ribeiro?

Antes de responder a este quesito, duas hipóteses são consideradas: a hipótese de ter ocorrido um abalo sísmico, afastada em absoluto, e a hipótese de ter ocorrido o choque de uma embarcação ou de qualquer outro corpo na estrutura da ponte, hipótese que, não sendo "absolutamente" afastada, é tomada como pouco provável, na medida em que não foram encontradas "marcas visíveis" de um qualquer embate em observações subaquáticas subsequentes.

Que fenómenos poderão, então, ter estado na origem do rebaixamento do leito do rio na zona de implantação do pilar P4, de tal forma que terá atingido a cota da base do caixão de fundação? Sem estabelecer qualquer hierarquia, e isso é importante, os peritos da FEUP apontam três:

1) A extração clandestina de sedimentos nas proximidades da ponte;
2) A sucessão de cheias no rio Douro e afluentes e a sua persistência; e
3) Os impactos na morfologia do leito do rio, ainda em curso, associados à construção de aproveitamentos hidráulicos no rio Douro, em Portugal e em Espanha.

Quanto à falha na fiscalização e à falta de manutenção, respondem os peritos com a «falta de percepção clara da possibilidade de progressão da erosão dos fundos — já evidente em 1986 (relatório da ITS) — que pudesse pôr em perigo a estabilidade das fundações dos pilares da ponte» (FEUP, 2001 *apud* TJCCP, 2001c: 8838). Essa falta de perceção teria sido agravada por dois fatores: um ano hidrológico inusual (2000/2001), por um lado, e as «indecisões e alterações de posição, com eventuais perdas de informação ou de capacidade de a processar devidamente, quanto às medidas a que a Ponte Hintze Ribeiro iria ser sujeita» (*Idem*), por outro. O enfoque a recair, pois, sobre a Natureza e sobre a indecisão política relativamente ao destino da Hintze Ribeiro ou de uma nova travessia em Entre-os-Rios.

3. Era previsível o colapso parcial da Ponte Hintze Ribeiro?

Para responder a este quesito, os peritos centraram-se no relatório das filmagens subaquáticas realizadas pela ITS em 1986, que revelaram, entre outros aspetos, a existência de banquetas de enrocamento nos pilares P2 e P3 e a sua inexistência no pilar P4, e que recomenda uma reparação nas sapatas base dos pilares P2 e P3 e a execução de uma proteção em banqueta de enrocamento para o pilar P4. Recomendações que não foram acatadas pela JAE.

> A partir de 1989 (ao abandonar a ideia de reforçar e alargar a ponte, o que implicava reforçar as fundações por razões de aumento da carga, preconizando-se apenas a execução de arranjos e beneficiações, sem intervenção nos pilares) não houve capacidade para perceber que tinha ficado por resolver a questão suscitada pela recomendação da ITS respeitante à protecção em banqueta de enrocamento do pilar P4, como existia nos pilares P2 e P3 (FEUP, 2001 *apud* TJCCP, 2001c: 8838-9).

O relatório da ITS, por um lado, «não lança um alerta inequívoco em relação à situação de vulnerabilidade a fenómenos de erosão do leito em que já se encontrava a fundação do pilar P4» (FEUP, 2001 *apud* TJCCP, 2001c: 8827) e, por outro, «não terá havido da leitura desse relatório uma percepção para uma possível progressão da instabilidade da fundação por erosão dos fundos» (*Idem*). Indubitável é o facto de o relatório de 1986 demandar uma «intervenção correctora ou mitigadora» (*Idem*).

4. Poderia ter-se evitado o colapso da Ponte Hintze Ribeiro?

Na resposta a este quesito, diversos aspetos são colocados em relação. Primeiro, que o colapso do pilar não se ficou a dever a cargas excessivas. Segundo, a inexistência em Portugal de «regulamentação ou normas que estipulem com carácter obrigatório, procedimentos relativos à inspecção de pontes» (FEUP, 2001 *apud* TJCCP, 2001c: 8840). Terceiro, que, tendo em conta o que aconteceu nos pilares P2 e P3, «é plausível considerar que se tivesse sido realizada uma protecção com enrocamento na envolvente da fundação do pilar P4, a profundidade de erosão poderia ter sido menor do que a verificada aquando do acidente, caso essa banqueta se tivesse mantido estável». A reserva relativamente à estabilidade da banqueta decorre da excecionalidade do ano hidrológico 2000/2001. Concluem, deste modo, os peritos que:

> Tendo presente que o acidente ocorreu na sequência de uma série de cheias, que terão provocado um acelerar do processo de erosão do fundo do rio, não é certo que mesmo que se tivesse detectado que a erosão atingia níveis preocupantes (eventualmente através de dispositivos automáticos instalados na ponte) que houvesse tempo para a tomada de medidas que evitassem a continuação do processo que conduziu ao colapso. O que teria sido possível era impedir o trânsito na ponte, na sequência de um alarme, e portanto ter evitado a ocorrência de vítimas (FEUP, 2001 *apud* TJCCP, 2001c: 8840).

Poderia ter-se evitado o colapso da Ponte Hintze Ribeiro? Aparentemente, é negativa a resposta a esta pergunta. O alarme poderia, porém, ter evitado a ocorrência de vítimas.

1.4.2. Laboratório Nacional de Engenharia Civil e Faculdade de Ciências e Tecnologia da Universidade de Coimbra (2004)

Solicitada, na fase de instrução, nova perícia para indagar as causas do colapso da Ponte Hintze Ribeiro, esta foi realizada por cinco peritos: o Engenheiro João Soromenho Rocha, do LNEC, e quatro professores da FCTUC — Professores Doutores Luís Joaquim Leal Lemos (Geotécnica), Vítor Dias Silva (Estruturas), José Simão Antunes do Carmo (Hidráulica) e Carlos Alberto da Silva Rebelo (Estruturas).

As respostas aos quesitos organizam-se agora a partir de três tópicos principais:

1. Qual a causa que determinou o colapso parcial da Ponte Hintze Ribeiro?
2. Era previsível o colapso parcial da Ponte Hintze Ribeiro? e
3. Poderia ter-se evitado o colapso da Ponte Hintze Ribeiro?

Tal como anteriormente, procurarei dar conta das respostas globais a cada um destes tópicos.

1. Qual a causa que determinou o colapso parcial da Ponte Hintze Ribeiro?

Para os peritos do LNEC e da FCTUC não subsistem dúvidas relativamente a esta questão: a extração de areias mais acentuada na zona da antiga barra da curva foi a causa que mais contribuiu para o rebaixamento e consequente instabilização do leito do rio que levou à queda do pilar. A comparação entre a topografia mais recente, desde 1982, e a topografia mais antiga, de 1913, revela que a barra da curva onde foi construída a ponte era mais ampla. Essa barra sofreu uma forte diminuição na sua largura devido à extração de areias, podendo afirmar-se que a extração nesse local ocorreu privilegiadamente entre 1976 e 1985, pela empresa Licínio e Leite (LNEC/FCTUC, 2004: 22). O rebaixamento do leito do rio Douro junto à ponte, mais acentuadamente na zona da antiga barra da curva, deve-se à soma da extração na barra, antes de haver albufeira, com a extração a montante que impediu a reposição de areias nessa zona.

A principal causa para a queda do pilar P4 da Ponte Hintze Ribeiro fica, deste modo, a dever-se à erosão geral causada pela extração de areias do fundo do rio, um processo artificial que deixa cicatrizes profundas e que é facilmente reconhecível nos levantamentos (LNEC/FCTUC, 2004: 12).

A ponderação das contribuições percentuais entre 1913 e 2001 para aferir da importância relativa no rebaixamento do leito do rio dos fenómenos naturais e da extração de areias, distribui-se da seguinte forma:

- Fenómenos naturais: 20%
- Extração de areias: 80%

A hierarquia não podia ser mais clara. A importância relativa das cinco cheias que se verificam entre 2000 e 2001 aumenta, pois, em razão direta do rebaixamento do leito do rio provocado pela extração de areias.

> O rebaixamento do leito do rio ficou a dever-se dominantemente a dragagens efectuadas a menos de 500 m da ponte. Essas dragagens foram efectuadas em toda a barra da curva, em cerca de 1 km, quer a jusante, mas especialmente a montante da ponte, com forte incidência após o ano de 1975. Após o enchimento da albufeira de Crestuma-Lever, em 1986, as dragagens na zona da ponte terão diminuído de intensidade, mas o aumento das dragagens na albufeira a montante da ponte contribuiu para a continuação do rebaixamento do leito do rio (LNEC/FCTUC, 2004: 29).

Além das dragagens, a sucessão de cheias no rio Douro faria rebaixar temporariamente o leito do rio.[70] Porém, garantida a

---

[70] O rebaixamento entre 2000 e 2001, no valor de 4 metros, é principalmente consequência das cinco cheias observadas em 2000/2001 (LNEC/FCTUC, 2004: 21).

alimentação de sedimentos arenosos, haveria a tendência para o assoreamento local, repondo as condições antigas, após a passagem de cheias importantes. Não havendo a alimentação suficiente de areias, o fundão criado pela dragagem não tem possibilidade de ser assoreado, repondo as condições anteriores à dragagem.

Recapitulando, organizados os processos de erosão por ordem crescente de importância, temos:

- Erosão geral, ou degradação, causada por uma tendência de diminuição da alimentação de sedimentos. No presente caso, essa erosão terá sido aumentada pela extração de areias a montante da ponte.
- Erosão geral temporária durante a passagem das cheias. Essa erosão é recuperada tempos depois, podendo no caso do rio Douro ser da ordem das semanas.
- Erosão localizada junto aos pilares da ponte. É parcialmente temporária, embora permaneça alguma erosão até aos caudais muito baixos.
- Erosão geral causada pela extração de areias do fundo do rio (LNEC/FCTUC, 2004: 12).

2. Era previsível o colapso parcial da Ponte Hintze Ribeiro?

A introdução da questão da previsibilidade do colapso da ponte reforça a ausência de perceção técnica do risco, que, por sua vez, implica o regresso dos atores que vinham sendo repetidamente destacados publicamente: o IND, a JAE e institutos sucedâneos, a ITS, a CÊGÊ e a ETEC.

Por altura do colapso da Hintze Ribeiro, era conhecido na literatura da especialidade o risco de colapso de pontes devido à erosão de fundos e, em especial, devido à infraescavação junto às fundações (LNEC/FCTUC, 2004: 31).

> [E]m 1988 eram conhecidos os fenómenos de erosão localizada, tanto em Portugal, onde tinham já ocorrido pelo menos dois acidentes nas décadas de 70 e 80 (Ponte de Penacova e Ponte da Foz do Alva) como noutros países. [...] Em 1998 o problema está já suficientemente estudado para que situações de acidente possam ser evitadas. Para além do conhecimento sobre o fenómeno em si (*Scour Manual*) tinham já sido desenvolvidos aparelhos de medida específicos para a detecção da erosão localizada (LNEC/FCTUC, 2004: 33).

Além disso, segundo os peritos, existia de facto documentação técnica para uma «caracterização suficiente da [...] estabilidade [da Ponte Hintze Ribeiro]» (LNEC/FCTUC, 2004: 30), nomeadamente as filmagens subaquáticas às fundações dos pilares, realizadas em 1986 pela ITS, e as sondagens dos pilares realizadas em 1988 pela CÊGÊ (*Idem*). O que era, então, possível inferir, à luz do conhecimento contemporâneo, das filmagens de 1986 e das inspeções de 1988?

Relativamente às primeiras, o que se procura saber, concretamente, é se a inspeção subaquática de dezembro de 1986 é conclusiva quanto ao estado de conservação, condições de estabilidade e de segurança dos pilares. Para os peritos a resposta é clara:

> Sim, quanto ao estado de conservação. Quanto à estabilidade e segurança, não são tecidas considerações acerca das condições da fundação, nomeadamente no que respeita à profundidade a que se situa a base da fundação por ser manifestamente impossível fazê-lo com inspecção visual. No entanto, foi possível verificar que existia um abaixamento considerável do nível do fundo do rio, particularmente junto ao pilar P4, tendo-se detectado que o

nível de areia estaria à cota -2,40 metros (cerca de 23+15 metros abaixo do nível do tabuleiro). As filmagens só poderiam ser conclusivas quanto à segurança dos pilares se fosse conhecida a cota da base da fundação. Esta cota foi determinada em data posterior (Setembro de 1988) com base numa prospecção geológica realizada pela firma CÊGÊ, a qual detectou, no caso da fundação do pilar P4, a parte superior da campânula metálica usada para a escavação a 43-44 metros abaixo do nível do tabuleiro e a aluvião do fundo do rio a 45,8 metros (LNEC/FCTUC, 2004: 35).

O que se poderia então concluir ao nível das condições de estabilidade da inspeção subaquática de 1986 e das sondagens aos pilares de 1988?

Não é do conhecimento dos peritos que em 1988 ou em 1998 [referência à inspeção visual realizada pela JAE] tenham sido realizados quaisquer cálculos que permitissem chegar a conclusões sobre a estabilidade do pilar. No entanto, já em 1988 existiam elementos que o permitiriam fazer, dado que, com base em inspecção subaquática (1986) e sondagem aos pilares (1988) era possível identificar o nível da base de fundação e a provável altura de 8,8 metros de areia acima dessa base. Em 1998, tendo em conta a evolução do fundo do rio entre os levantamentos efectuados nos anos de 1989 e 2000, o fundo teria descido mais 1 metro, o que teria feito diminuir a provável altura de areia acima da base de fundação para 7,8 metros, piorando a situação. Faz-se notar que no Anexo Técnico 2 da Comissão de Inquérito de Abril de 2001 a erosão localizada foi calculada como sendo cerca de 8 a 9 metros, valor que mostra a situação crítica do pilar P4. No Anexo 1.4 também se apresentam cálculos da erosão localizada, um pouco menores, mas que mostram a mesma situação crítica (LNEC/FCTUC, 2004: 36-7).

Em 1988, o pilar P4 já não apresentava condições de segurança porque a distância entre o fundo e a base da fundação (8 metros) já era inferior à distância considerada segura (13 metros). Por essa altura, era igualmente previsível que os oito metros de areia viessem a desaparecer devido à erosão localizada. A quem cabia essa previsão? «Essa previsão poderia ser feita em conjunto pelas entidades responsáveis pelo domínio público hídrico e pelos responsáveis pela inspecção e manutenção das obras de arte rodoviárias» (LNEC/FCTUC, 2004: 37), ou seja, para além da JAE e dos Institutos que lhe sucederam é aqui introduzido um novo ator: o INAG.

Concluindo, a manter-se — como, de resto, se manteve — a extração de areias a montante da ponte até à barragem do Carrapatelo, era previsível que se acentuasse a situação crítica em que se encontrava o pilar P4. Era, deste modo, possível ter uma perceção técnica do risco em 1988 (após a inspeção subaquática e a inspeção às fundações) e em 1998 (aquando da inspeção de rotina realizada pela JAE) (LNEC/FCTUC, 2004: 39).

3. Poderia ter-se evitado o colapso da Ponte Hintze Ribeiro?

O relatório pericial elaborado pelo LNEC e pela FCTUC levanta igualmente a questão de saber se o colapso da Ponte Hintze Ribeiro poderia ter sido evitado. A resposta é claramente afirmativa. De facto, segundo o relatório, a nível internacional, a implementação de programas de monitorização das condições de serviço e segurança de pontes remonta à década de 1960. Os Estados Unidos da América (EUA) servem aqui de exemplo para demonstrar como, na sequência do colapso da *Silver Bridge* (1967, 47 vítimas mortais) e, posteriormente, das *Schoarie Creek Bridge* (1987, 10 vítimas mortais) e *Mill Point Bridge* (1987, sem vítimas), foi desenvolvido um manual de inspeção e um reforço da formação dos técnicos da *Federal*

Highway Administration, no sentido de facilitar a identificação de situações de erosão das fundações. Em Portugal, a inspeção e conservação de pontes é uma preocupação que se pode situar nos inícios da década de 1980.[71] Relativamente à sua periodicidade, o relatório é claro ao afirmar que não existia uma programação das atividades de inspeção e de trabalhos de conservação na JAE (LNEC/FCTUC, 2004: 41). No que à inspeção e conservação de pontes em Portugal diz respeito, a conclusão dos peritos de Lisboa e de Coimbra aproxima-se claramente das conclusões da CIM e da CIP.

Apesar do seu âmbito ser o da segurança rodoviária e não estrutural, o estudo da ETEC deveria ter permitido alertar para os riscos e é este aspeto que determinará a acusação de violação das regras técnicas a observar no planeamento de modificação de construção, imputada aos sócios-gerentes da ETEC.

Não se pode, porém, descartar o impacto negativo da opção, não concretizada, pela construção de uma nova ponte em Entre-os-Rios. Uma omissão que se pode classificar de política.

> Os estudos solicitados em 9 de Maio de 1989 pela Direcção de Serviço de Pontes, Divisão de Conservação (DSP-DC), e elaborados pela ETEC Lda. padecem do erro de omissão relativa à verificação da segurança estrutural da ponte, nomeadamente no que aos pilares e fundações diz respeito. Antes e durante o estudo

---

[71] De facto, em dezembro de 1985, a JAE celebrou com o LNEC um protocolo de acordo de colaboração, que abrangia três grandes domínios de atividade do LNEC: vias de comunicação, geotecnia e estruturas. De acordo com o acórdão de absolvição que virá a ser proferido pelo coletivo de juízes em 2006: «Tal protocolo, no campo das pontes, previa uma colaboração de carácter geral correspondente a uma assessoria global principalmente dirigida aos domínios da patologia e da gestão de pontes, nele se referindo como acções cobertas pelo protocolo, no ponto 4 a "preparação de manuais de inspecção de pontes e realização de cursos de inspecção para técnicos da JAE e para projectistas" e no ponto 5 a colaboração na aquisição pela Direcção dos Serviços de Pontes de equipamento de inspecção». E, mais à frente: «Apesar da celebração do protocolo entre o LNEC e a JAE em 1985, nunca foi elaborado um manual de inspecção das obras de arte a cargo da JAE» (TJCCP, 2006).

prévio realizado pela ETEC Lda. para o reforço e alargamento da Ponte Hintze Ribeiro foram coligidas informações importantes relativas ao estado de conservação geral da ponte, em especial no que aos pilares e fundações dizia respeito (filmagens ITS e sondagens CÊGÊ). Dado que se tinham detectado algumas deficiências potencialmente determinantes das condições de estabilidade tanto na superestrutura (carlingas e longarinas) como nas fundações (fundação em aluviões, deterioração dos caixões de fundação, inexistência de enrocamento do pilar P4, nível anormalmente baixo do fundo do rio junto aos pilares P2, P3 e P4) seria de esperar que o estudo prévio elaborado num contexto de alargamento/ reforço da ponte fosse encarado, tanto pelo dono-de-obra como pelo projectista de forma mais cuidada. Pelo dono-de-obra na medida em que deveria ter feito evoluir, sem ambiguidades, o estudo prévio feito para um projecto definitivo de reforço da estrutura existente, no qual o problema das fundações seria inevitavelmente encarado. Pelo projectista na medida em que o conhecimento das condições de fundação que acumulara na elaboração do estudo prévio deveria ter sido reflectido no estudo que seguidamente apresentou (LNEC/FCTUC, 2004: 52).

Recapitulando, segundo o LNEC e a FCTUC:

- Por altura da queda da Ponte Hintze Ribeiro, existia experiência de instrumentação de estruturas de pontes expostas a riscos especiais com o objetivo de acompanhar a evolução do comportamento estrutural, mas não de monitorizar as infraescavações nas fundações (LNEC/FCTUC, 2004: 44).
- Em 1988, não eram ainda comercializados os dispositivos automáticos de controlo da profundidade do leito do rio, que só em meados da década de 1990 começaram a ser comercializados.

De qualquer modo, os levantamentos existentes em 1988 permitiam concluir que apenas existiam cerca de 9 metros de areia acima da base do caixão. Caso esta situação tivesse sido analisada, com base no risco de erosão localizada, teria levado à implementação de medidas que teriam evitado a ruína da ponte (LNEC/FCTUC, 2004: 45).

1.5. Regresso ao processo criminal

Recuemos ligeiramente no tempo. No dia 5 de março de 2001, o MP de Castelo de Paiva abriu um processo de inquérito destinado a averiguar as responsabilidades criminais decorrentes do colapso parcial da Ponte Hintze Ribeiro. Numa nota para a comunicação social de 9 de março de 2001 (Nota n.º 3/2001), a Procuradoria-Geral da República (PGR) esclarecia ter determinado que, em razão da complexidade processual consequente e da repercussão social do caso, o magistrado titular do processo passasse a ser o Procurador--Geral Adjunto, Dr. António Pinto Hespanhol, que exercia funções na Procuradoria-Geral Distrital do Porto.

A 26 de fevereiro de 2002, quase um ano após o desastre, a PGR emitiu uma nova nota à comunicação social (Nota n.º 1/2002) para esclarecer que, primeiro, desde abril de 2001, António Pinto Hespanhol passou a trabalhar no inquérito em dedicação exclusiva, coordenando uma equipa constituída por mais três procuradores da República, o representante do MP na Comarca de Castelo de Paiva e diversos oficiais de justiça. Segundo, que o prazo indicado para a ultimação desta fase processual não se encontrava ainda ultrapassado.

A 11 de fevereiro de 2002, a PGR emitiu uma terceira e última nota à comunicação social (Nota n.º 10/2002, Lisboa, 11 de novembro de 2002) para clarificar as informações contidas nas notícias difundidas através de diversos órgãos de comunicação social sobre a conclusão da investigação e o encerramento do inquérito criminal relativo ao colapso da ponte de Entre-os-Rios.

Entre outros esclarecimentos, a PGR informava que, «ao longo de 19 meses, foram efectuadas diligências exaustivas com vista ao apuramento da verdade, no quadro da averiguação de eventuais responsabilidades criminais», na sequência das quais foi apurada «uma factualidade que permitiu constituir nove arguidos (todos eles, pessoas singulares), tendo sido deduzida acusação contra seis». A acusação diz respeito «à prática de crimes de violação das regras técnicas, agravados pelo resultado».

Nestas notas de imprensa, a PGR assumia o caráter excecional do processo. De facto, não apenas é nomeado um procurador de topo de carreira em dedicação exclusiva, como é constituída uma equipa com mais três procuradores e um magistrado do MP. Um processo complexo, mediatizado e excecional, que justifica a disponibilização de meios humanos e financeiros excecionais para o prosseguimento das investigações.

Durante o inquérito serão constituídos nove arguidos, sendo deduzida acusação relativamente a seis — Jorge Pessoa Barreiros Cardoso, Engenheiro civil, JAE,[72] Aníbal Soares Ribeiro, Engenheiro civil, JAE,[73] José Carlos Baptista dos Santos, Engenheiro civil, JAE,[74] Manuel Lourenço Ferreira, Engenheiro civil, JAE,[75] Carlos Morais Guerreiro,

---

[72] Sempre exerceu a atividade profissional na Direção dos Serviços de Pontes da JAE, ingressando no quadro de pessoal em fevereiro de 1972. Assumiu a chefia da divisão de construção da Direção dos Serviços de Pontes em 27 de novembro de 1991.

[73] Desempenhou funções de engenheiro adjunto contratado, responsável pelo projeto e fiscalização de pontes, tendo assumido em 12 de agosto de 1981 a chefia da Divisão de Conservação da Direção dos Serviços de Pontes da JAE, cargo que exerceu até 2 de dezembro de 1993, data em que se aposentou por limite de idade.

[74] Sempre desempenhou a sua atividade profissional na Direção dos Serviços de Pontes da JAE. Foi nomeado definitivamente engenheiro civil de 2.ª classe da JAE em julho de 1977 e assumiu as funções de engenheiro chefe da Divisão de Conservação da Direção dos Serviços de Pontes da JAE em 7 de dezembro de 1993, cargo que exerceu até 30 de junho de 1999.

[75] Sempre exerceu funções na Direção dos Serviços de Pontes da JAE e, após a reestruturação da Direção dos Serviços de Pontes em três divisões, foi colocado na Divisão de Conservação, mas durante pouco tempo, logo sendo integrado formalmente

Engenheiro civil, ETEC,[76] e José da Mota Freitas, Professor associado convidado da FEUP, ETEC[77] — e proferido despacho de arquivamento do inquérito criminal relativamente a três: Mário Fernandes, Engenheiro, diretor do IND; Guilherme Câncio Martins, Arquiteto, Administrador-delegado do ICOR, do IEP, cargo que, na sequência da Resolução n.º 125/2000 do Conselho de Ministros, passou formalmente a desempenhar a partir de 24 de agosto de 2000; e Luís Filipe Loureiro, diretor do Serviço de Pontes da JAE entre 1991 e 1998.

Trata-se de um processo complexo, com mais de 28 000 folhas, que se prolonga por sete anos.[78] Há, todavia, três momentos-chave que não posso deixar de referenciar: 1) o despacho de não pronúncia do juiz de instrução Nuno Melo; 2) o acórdão do Tribunal da

---

na Divisão de Construção. Porém, também fazia trabalhos para a Divisão de Projetos e para a Divisão de Conservação. A partir do final da década de 1980, desenvolveu a maior parte da sua atividade profissional no âmbito da Divisão de Construção da Direção dos Serviços de Pontes, embora formalmente estivesse integrado na Divisão de Projetos, tendo acompanhado a construção de diversas pontes. Em 1998, efetuou diversas vistorias no âmbito da Divisão de Conservação, nomeadamente da ponte sobre o rio Douro em Entre-os-Rios. Por deliberação do Conselho de Administração do ICERR de 10 de maio de 2000, com efeitos a partir de 1 de julho de 2000, foi nomeado gestor de empreendimentos de obras de arte, tendo ficado responsável pelos empreendimentos de pontes para Lisboa e Sul, que abrange a área geográfica dos distritos de Beja, Évora, Faro, Lisboa, Portalegre, Santarém e Setúbal, tendo assumido também a responsabilidade pela conservação dos empreendimentos de pontes nos distritos do Porto e Viana do castelo, já que não foi nomeado um gestor de empreendimentos para as pontes localizadas na área Norte.

[76] Sempre se dedicou à atividade profissional de projetista de estruturas em geral. No ano de 1963 ou 1964, surgiu o gabinete de projetos com a designação ETEC, ainda sociedade irregular e que funcionava como sendo o gabinete do próprio Carlos Morais Guerreiro, pois era o único que se dedicava em tempo exclusivo a essa atividade, figurando como titular do escritório, quer para efeitos fiscais, quer em termos de condomínio. Em 1981, os sócios decidiram constituir uma sociedade por quotas que adotou a designação de ETEC, Lda. – Escritório Técnico de Engenharia Civil, Lda., sendo sócios fundadores, para além de Carlos Morais Guerreiro e José da Mota Freitas, Armando de Araújo Martins de Campos e Matos, Aristides Guedes Coelho e o engenheiro Manuel da Silva Baptista Barros. Exerceu as funções de sócio-gerente da ETEC, Lda. até 20 de janeiro de 1999.

[77] Para além da docência, exerce a atividade profissional de projetista na firma ETEC, Lda., da qual é sócio fundador e sócio-gerente.

[78] Para uma cronologia do processo-crime, cf. Anexo 4. Renovo aqui o meu agradecimento a Paula Fernando pela preciosa ajuda neste capítulo.

Relação do Porto que decide levar a julgamento seis engenheiros, dando provimento ao recurso interposto pelo MP, do despacho de não-pronúncia do Juiz de Instrução Criminal,[79] e 3) o acórdão do Tribunal Coletivo de Castelo de Paiva (Juiz-Presidente Teresa Silva) que absolve todos os arguidos do processo e nega provimento ao pedido de indemnização conjunto (Estado, Segurança Social e familiares das vítimas). No âmbito da análise aqui a desenvolver, cingir-me-ei a este último que retoma as questões relativas às normas técnicas e, consequentemente, à perceção do risco.

---

[79] Na sequência da decisão do Tribunal da Relação do Porto, o Conselho Diretivo da Ordem dos Engenheiros reagiu de imediato, emitindo, a 24 de janeiro de 2005, um comunicado de imprensa no qual chama a atenção para os factos apurados pela Comissão de Inquérito Ministerial, que, segundo a Ordem, colocava o pendor da responsabilidade na extração de inertes. «A comunicação social deu conhecimento da decisão do Tribunal da Relação do Porto, de levar a julgamento seis engenheiros, dando provimento ao recurso interposto pelo Ministério Público, do despacho do Juiz de Instrução Criminal proferida a 25 de Março de 2004, que tinha optado por não pronunciar qualquer arguido. Decorridos cerca de quatro anos sobre a data do acidente, e atendendo ao respeito pelas vítimas e seus familiares e pelo bom-nome dos Engenheiros acusados, exige-se que seja feita justiça de forma célere, ilibando os inocentes e, atendendo às conclusões do Relatório da Comissão de Inquérito, apurando os verdadeiros responsáveis pelo colapso da ponte. A Ordem dos Engenheiros entende recordar as posições que anteriormente já tinha divulgado, nomeadamente no comunicado de 25 de Março de 2004, de onde se salienta o seguinte: 1. De acordo com o Relatório da referida Comissão de Inquérito, presidida pelo então Director do LNEC e integrada pelo Bastonário da Ordem dos Engenheiros e pelo Inspector--Geral das Obras Públicas, a causa directa do sinistro foi a descida do leito do rio na zona do pilar P4 até um nível de tal modo baixo que foi originada por erosão ou por redução da resistência ao carregamento, a perda de suporte do terreno situado sob o caixão de fundação e o consequente colapso do pilar e do tabuleiro; 2. Esta falta de suporte foi consequência, por um lado, da ocorrência de caudais e cheias anormais nos meses precedentes ao acidente e, por outro lado, ao regime excessivo de extracção de areias, quer autorizada, quer clandestina e sem controlo que, ao longo dos anos, se verificou nas zonas a montante e a jusante da Ponte em causa; 3. Nos anos que antecederam o sinistro, verificou-se uma sucessiva alteração e sobreposição de competências, quer quanto à responsabilidade de conservação das pontes, quer quanto à concessão e fiscalização das actividades de extracção de areias do rio Douro; 4. Verifica-se que os seis Engenheiros acusados pelo MP não são, em nosso entender, responsáveis pelas causas pelas quais a ponte ruiu, – nem pela incoerência das atribuições relativas ao licenciamento e fiscalização da extracção de areias; – nem pela falta de técnicos de fiscalização e de outras deficiências na organização dos serviços; – nem pelas orientações e decisões relativas às obras a realizar ou suspender» (OE, 2005).

Recorde-se que os arguidos estavam pronunciados pela violação das regras técnicas a observar no planeamento de modificação de construção, agravado pelo resultado, ou seja, a morte de 59 pessoas. Na base da absolvição dos arguidos encontram-se dois elementos principais. Primeiro, saber se:

> [O]s dados obtidos em 1986 na inspecção subaquática aos pilares da ponte e as informações decorrentes das sondagens efectuadas em 1988 pela CÊGÊ, entre si conjugados, demonstravam ou não uma clara situação de vulnerabilidade a fenómenos de erosão da fundação do pilar P4, e, mais do que isso, se esses dados evidenciavam ou não uma situação de perigo de colapso do pilar P4 (TJCCP, 2006).

Segundo:

> [A]veriguar se efectivamente as afirmações enunciadas na pronúncia como sendo "regras técnicas" têm na realidade essa natureza (TJCCP, 2006).

Relativamente ao primeiro aspeto, o coletivo de juízes assinala que:

> Desde logo os Srs. Peritos da primeira e da segunda perícia, em sede de julgamento, foram unânimes em afirmar que só com base nos relatórios da ITS e da CÊGÊ (ou seja, sem qualquer outro elemento) nada podiam concluir em termos de segurança do pilar P4, nem afirmar que era evidente a erosão junto desse pilar. É que sem referências anteriores e posteriores é impossível tirar conclusões (TJCCP, 2006).

Mais:

> Para elaborarem esses relatórios e esclarecimentos escritos os Srs. Peritos não se colocaram nunca, nem, como salientaram,

tal lhes foi pedido em qualquer um dos quesitos que serviram de base ao trabalho desenvolvido, no ponto de vista do agente situado *ex ante* a ocorrência dos factos. Ora, se as conclusões que podem extrair-se do ponto de vista *ex post* podem ser, como são, relevantes para a compreensão do que se passou, já perdem relevância jurídica quanto ao julgamento da conduta do agente, ou de quem tem de intervir, em dado momento, anterior à ocorrência dos factos, e com determinados dados nesse momento disponíveis. Foi essa reconstituição, no âmbito pericial, da perspectiva *ex ante* em que estiveram colocados os arguidos no momento das suas intervenções, que o Tribunal procurou fazer em sede de julgamento junto de cada um dos Srs. Peritos, porquanto dúvidas não temos de que esta perspectiva *ex ante*, do agente que intervém nos factos, e não a do observador que *ex post* os analisa, os procura reconstituir e explicar, é que se torna relevante quando se trata de apreciar questões de responsabilidade penal, como sucede *in casu* (TJCCP, 2006).

O argumento do coletivo é o de que, isolados *a posteriori* todos os elementos que concorrem para o desfecho do desastre, torna-se relativamente fácil refazer a cadeia de acontecimentos ou o *período de incubação do desastre* (Carr, 1932; Turner, 1978). Ou seja, reconstruída a *cadeia de acontecimentos*, ordena-se o inexplicável numa série de transparências. Estilhaça-se, desta forma, a excecionalidade do acontecimento para se ficar perante uma inevitabilidade. O que o coletivo de juízes questiona é, porém, o poder de prevenção contido não na cadeia de acontecimentos em si, mas em cada elo dessa cadeia quando considerado isoladamente e sem que seja conhecido o desfecho do seu encadeamento.

Relativamente ao segundo aspeto, definida a regra técnica pelo coletivo como «uma norma de acção concreta dirigida a um engenheiro que, perante uma situação concreta, lhe impõe uma conduta determinada» (TJCCP, 2006), o coletivo de juízes entendeu que as afirmações feitas na pronúncia não constituem regras técnicas. De facto, se se consultar o Anexo 3, no qual são sumariamente apresentadas as intervenções de que foi objeto a Ponte Hintze Ribeiro, não se pode concluir que, do ponto de vista técnico, esta tenha sido negligenciada. Pelo contrário, a Hintze Ribeiro foi objeto de atenções que, no contexto das obras de arte portuguesas, se podem considerar de exceção. O que o coletivo de juízes questiona é, outrossim, a existência de «regras técnicas codificadas, escritas, relativas à manutenção e inspecção de pontes em Portugal». De facto, antes da queda parcial da Hintze Ribeiro, as regras técnicas pelas quais se orientava a manutenção e inspeção de obras de arte em Portugal:

> [M]ais não [eram] do que constatações, princípios genéricos, alguns até de senso comum, mas não regras técnicas, já que a arte da engenharia, o agir técnico concreto de um engenheiro, não se rege por princípios genéricos ou de senso comum.
> [...]
> Aliás, os próprios Srs. Peritos, tanto os da primeira perícia como os responsáveis pela segunda perícia, nos esclarecimentos prestados em audiência, confirmaram de igual modo essa ausência de regras técnicas codificadas, escritas, relativas à manutenção e inspecção de pontes em Portugal (TJCCP, 2006).

A perceção do risco dependeria da sua codificação num conjunto de regras escritas?

Na sequência deste acórdão, tendo sido interposto novo recurso pelo MP junto do Tribunal da Relação do Porto, em 2008, três juízes-desembargadores do Tribunal da Relação do Porto negam provimento ao recurso apresentado, pondo fim ao processo. Um fim, na verdade, que só virá efetivamente a acontecer em 2009, com a decisão do

Conselho de Ministros para a inclusão do valor das polémicas despesas das custas judiciais nas indemnizações a pagar aos herdeiros das vítimas da queda da ponte de Entre-os-Rios. Segundo a Resolução do Conselho de Ministros n.º 38/2009 (RCM, 2009), de 12 de maio:

> Na sequência da trágica queda da ponte que ligava as margens do rio Douro em Entre-os-Rios e Castelo de Paiva, ocorrida no início de Março de 2001, e da qual resultou um elevado número de vítimas, o Estado assumiu a responsabilidade de indemnizar os respectivos familiares.
>
> Nesse sentido, foi elaborado um plano de acção que permitiu ao Estado facultar a esses familiares um procedimento extrajudicial célere e alternativo para obtenção das indemnizações pelas perdas e prejuízos verificados.
>
> Este procedimento de determinação das indemnizações aos herdeiros das vítimas da queda da ponte sobre o rio Douro em Entre-os-Rios e Castelo de Paiva foi estabelecido pela Resolução de Conselho de Ministros n.º 29-A/2001, de 9 de Março, e contou com a colaboração do Provedor de Justiça e da Ordem dos Advogados.
>
> Sucede, no entanto, que, quer no momento da decisão que culminou na referida resolução do Conselho de Ministros quer no momento da determinação, pela comissão especialmente criada para o efeito, dos montantes indemnizatórios a pagar pelo Estado, não era ainda possível prever alguns dos prejuízos que os herdeiros das vítimas viriam a ter.
>
> Por este motivo, torna-se necessário complementar o regime previsto na Resolução de Conselho de Ministros n.º 29-A/2001, de 9 de Março, prevendo que ao valor já atribuído aos herdeiros das vítimas seja acrescido valor equivalente àquele que os referidos herdeiros tiveram com custas judiciais em processos directamente resultantes da queda da ponte sobre o rio Douro em Entre-os-Rios e Castelo de Paiva (RCM, 2009: 2827).

Como se verá, a inclusão das custas judiciais nas indemnizações pagas aos familiares das vítimas insere-se na lógica dos *direitos de exceção* que foram outorgados aos familiares das vítimas. *Direitos de exceção* traduzidos numa compensação/reparação pecuniária que está longe da *verdade* e da *responsabilização* que constituía a expectativa máxima dos familiares das vítimas relativamente ao processo-crime. A culpa não podia morrer solteira e a demissão do Ministro Jorge Coelho é interpretada como apenas tendo potenciado esse desfecho.

Que lugar ocupam, então, os relatórios periciais na *verdade*?

Recapitulando, ao contrário do que aconteceu aquando da decisão de 2004 do Juiz de Instrução Criminal Nuno Melo,[80] que decide pela não-pronúncia dos 29 arguidos,[81] o coletivo de juízes considera efetivamente os relatórios periciais, mas desta feita para, em sede de prestação de declarações em audiência, desfazer as certezas de que se revestiam as suas conclusões quando apresentadas sob a forma de resposta aos quesitos. Embora os relatórios periciais se afigurem como fundamentais para compreender as causas diretas e o mecanismo de colapso do pilar P4, não constituem prova. A discussão do processo de Entre-os-Rios foi, no geral, toda ela construída em torno da prova pericial. Eram ou não suficientes os dados de que os engenheiros acusados dispunham, à altura, para

---

[80] Na altura em declarações à comunicação social o juiz Nuno Melo explicava, da seguinte forma a sua decisão. «"A decisão teve por base a minha convicção de que terão sido causas naturais as responsáveis directas pela queda da ponte", explicou o magistrado aos jornalistas, após a leitura do longo despacho de arquivamento. Mas Nuno Melo aludiu, ainda que lateralmente, a eventuais responsabilidades políticas neste caso. "O processo é muito limitativo, no sentido em que eu nunca me poderia pronunciar sobre pessoas que não estão (nele)", considerou, acrescentando que "o Estado nunca pode ser responsabilizado, pois um processo penal implica pessoas concretas". Nuno Melo recordou ainda que não compete ao Tribunal apurar responsabilidades políticas. "Isso compete aos eleitores"» (Campos e Barros, 2004).

[81] Por esta altura, para além dos seis engenheiros inicialmente acusados pelo Ministério Público, tinham sido constituídos arguidos 22 areeiros, das sete empresas de extração de areias a operar no Douro, e Mário Fernandes, do Instituto de Navegabilidade do Douro. Cf. Anexo 4.

uma avaliação inequívoca da insegurança estrutural do pilar P4? Era ou não exigida, do ponto de vista técnico, uma atuação diferente por parte dos arguidos? Possuíam ou não, os arguidos, informação factual que lhes permitisse agir diferentemente? Existiam ou não regras técnicas que impusessem um determinado modo de atuação? O coletivo de juízes é perentório:

> Uma coisa é explicar o que se passou e outra é saber o que poderia ter sido previsto antes de a ponte ter caído, exercício que não fizeram no relatório pericial. Quer dizer, é possível compreender e explicar, mas não prever tudo, nem evitar tudo (TJCCP, 2006).

Se, do ponto de vista dos peritos, tendo em conta quem foi levado a julgamento, a absolvição é avaliada como positiva, do ponto de vista dos familiares das vítimas, a leitura do acórdão, um momento particularmente doloroso, revela-se uma desilusão. A frase de Jorge Coelho a propósito da culpa que não iria morrer solteira a ecoar no salão nobre dos Bombeiros de Castelo de Paiva como uma promessa incumprida.[82]

> Era extremamente difícil, até porque havia muitos intervenientes, chegar a culpados inequívocos. O que sei é que as pessoas que acabaram por ir até à última fase do julgamento eram as menos responsáveis no meio daquilo tudo.

---

[82] Não é de estranhar que, na sequência da absolvição, os familiares das vítimas tenham ponderado, em Assembleia Geral, avançar com um processo contra o Estado. Desafiam, então, Jorge Coelho para que este se ofereça para falar e conte tudo o que sabe. No programa *da SIC Notícias, Quadratura do Círculo*, o ex-ministro do Equipamento Social havia declarado: «Não é possível que 59 pessoas tenham morrido a atravessar um equipamento cuja manutenção é da responsabilidade do Estado e, feita a investigação, ninguém seja responsabilizado» (*Lusa*, 2006). Nas palavras de Horácio Moreira, então, presidente da AFVTER, «atendendo ao que disse [Jorge Coelho] na altura da tragédia, esperava agora dele uma atitude positiva» (*Idem*). Porém, o processo não irá avançar.

[...]
A discussão em tribunal foi muito à volta dos peritos anteriores a defender o seu relatório e nós a defender o nosso. O que vai para além disso... A problemática da prova ou da não prova (Gaspar Martins, engenheiro da FCTUC, entrevista, 25.01.2013).

Tudo começa nos anos 60 e vai até ao momento em que cai a ponte. Claro que depois foi preciso arranjar um bode expiatório e arranjaram uns. [...] Isto vem de trás. Não se pode colocar 100% da culpa nos últimos a aparecer! Aí é que a justiça falha (Martim Antunes, engenheiro do LNEC, entrevista, 06.12.2012).

No final do processo, eu achei muito bem que toda a gente fosse absolvida porque os principais culpados já lá não estavam. Fiquei muito contente com isso. O nosso relatório identificou uma falha por parte da empresa que fez um projeto na ponte. Era a... a ETEC. Mas pronto. Nós tínhamos quesitos aos quais responder e respondemos. Agora, eu fui para aquele julgamento, principalmente para a fase final, com uma sensação de injustiça, porque os principais culpados já lá não estavam nessa altura. Portanto, fiquei contente que tivesse havido absolvição. Aliás, eu fiz um esforço para transmitir essa ideia no julgamento. [...] Fiquei contente que tivessem sido absolvidos porque se tivessem sido considerados culpados isto iria inserir-se dentro daquela grande tragédia que é: quando não se consegue apanhar os grandes, castigam-se os pequenos. Tudo para que haja culpados! (Gaspar Martins, engenheiro, FCTUC, entrevista, 25.01.2013).

A culpa não vai morrer solteira. Não foi o que foi dito na madrugada do dia 4 de março? Foi a primeira vez que um ministro saiu da forma como saiu. Louve-se. Mas o facto é que a culpa morreu solteira (Ricardo Campos, comunicação social local, entrevista, 08.05.2013).

Afastei-me sempre disto [processo]. Eu sabia cá dentro que isso não ia dar nada. Por isso, quanto mais mexemos, mais sofremos. Para quê? Não vai haver um dia em que eles vão dizer assim: "Aqui está o responsável!". Eu não acredito que esse dia alguma vez chegue. [Era importante que chegasse?] Era. Acho que não é só quando se pega numa pistola e se mata uma pessoa que se deve ir para a cadeia. Ali, quem foi o responsável não matou uma pessoa mas matou cinquenta e nove! É difícil... São pessoas... São políticos e acho que fica tudo dito! Nunca vamos chegar ao dia em que sabemos quem foram os responsáveis (Isabel Correia, familiar de vítima, entrevista, 10.05.2012).

2. Relatos políticos de um Colapso: Entre-os-Rios no Parlamento

Neste capítulo, debruço-me sobre a forma como o desabamento do pilar P4 da Ponte Hintze Ribeiro e o posterior colapso parcial do tabuleiro foi objeto de tratamento na Assembleia da República. Recorro, para tal, a três momentos nos quais Entre-os-Rios ocupou um lugar preponderante no hemiciclo: a aprovação do voto de pesar no Parlamento (7 de março de 2001) (DAR, 2001b: 1-8), a sessão solene da tomada de posse de Jorge Sampaio (9 de março de 2001) (DAR, 2001c: 1-15), eleito poucos dias após o desastre para um segundo mandato na presidência da República, e a primeira reunião plenária pós-desastre a contar com a presença do Primeiro-Ministro, António Guterres (28 de março de 2001) (DAR, 2001a: 4-25), que não marcava presença na Assembleia desde dezembro de 2000. Este último momento é particularmente relevante na medida em que começam aí a ser avançadas as principais linhas pelas quais se irá orientar o processo de aprendizagem. Uma aprendizagem, por essa altura, ainda fortemente amarrada ao desastre.

2.1. Reunião plenária de 7 de março de 2001 — Voto de pesar

Nesse dia 7 de março de 2001, a aprovação do voto de pesar (n.º 131/VIII) era o ponto único na agenda de trabalhos do hemiciclo (DAR, 2001b). Os deputados iriam intervir; o voto de pesar iria ser colocado à votação; e um minuto de silêncio iria ser respeitado. Eis o protocolo. Um belo momento dramático, diria certamente Paul 't Hart (2008).[83]

Por essa altura, circundam o acontecimento ainda muitas incertezas. Incerteza relativamente ao número de viaturas. Incerteza relativamente ao número de vítimas. Certezas? Certezas, apenas relativamente a dois factos. Primeiro, que o colapso parcial da Hintze Ribeiro estava a dar origem a uma crise política. Segundo, que o colapso parcial da Hintze Ribeiro representava uma tragédia para as pessoas que perderam alguém nesse dia. Mais: representava uma «tragédia televisiva» (Torres, 2006) para o país inteiro, que, perante o desastre, se cobriu de luto (Moreira, Mesquita e Siza, 2001).

Nas intervenções dos deputados, é inevitável a referência à tragédia. E a tragédia traz com ela a dor, o sofrimento, a indignação. À exceção de Almeida Santos, então Presidente da Assembleia da República, todos os intervenientes se irão referir ao acontecimento como uma *tragédia*. Uma tragédia brutal que coloca o país de luto e que exige medidas imediatas de prevenção relativamente à insegurança rodoviária, diz Helena Neves (BE); uma tragédia que obriga a refletir, diz Isabel Castro (Os Verdes); uma tragédia que exige dignidade no luto, diz Paulo Portas (CDS-PP); uma tragédia que implica que se procure todo o apoio aos familiares, diz Octávio Teixeira (PCP); uma tragédia evitável que interpela os responsáveis políticos e que obriga a uma reflexão e a uma avaliação das responsabilidades do Estado nos planos político e técnico, diz Durão Barroso (PSD); uma tragédia cuja amplitude exige serenidade, racionalidade e seriedade para apurar todas as responsabilidades, diz Francisco Assis (PS); e uma tragédia relativamente à qual o Governo

---

[83] O Decreto n.º 14/2001 da Presidência do Conselho de Ministros, de 9 de março, perante «a dimensão do trágico acidente ocorrido na noite de 4 de março de 2001, na ponte sobre o rio Douro em Entre-os-Rios — Castelo de Paiva, que enlutou as famílias das vítimas que aí pereceram e consternou o país», decreta luto nacional nos dias 6 e 7 de março, como «expressão do sentido pesar de toda a população nacional». Disponível em <https://dre.pt/application/file/117221>.

assume a responsabilidade e que implica que se faça honra à memória dos falecidos sendo-se firme na determinação das causas e de todas as responsabilidades, diz o Ministro da Presidência, Guilherme d'Oliveira Martins.

Nas intervenções dos deputados, inevitáveis igualmente são as referências, de um lado, à responsabilidade e à responsabilização e, do outro, à aprendizagem. Na sequência de um desastre, as questões que imediatamente se colocam são as de saber quem foi ou quem foram os responsáveis, quais as lições a tirar e o que fazer para evitar que acontecimentos similares se voltem a repetir.

Helena Neves (BE) vê na queda da ponte um desastre anunciado e evitável que revela a «fragilidade quase sempre negada sob a arrogância da racionalidade tecnocrata. É esta arrogância tecnocrata que conduz ao desprezo pela prevenção, à incúria e ao autismo à voz das populações e das comunidades» (DAR, 2001b: 4). Helena Neves (BE) vê na queda da ponte a face oculta de um país desprotegido, a fragilidade da governação e da política, um défice, em suma, de democracia.

Para Isabel Castro (Os Verdes),

> independentemente de este não ser o momento mais adequado para utilizar politicamente a dor, a morte e o sofrimento, para fazer avaliações e responsabilizações que têm de ser feitas em toda a sua amplitude, há aspectos que não podem ser ignorados.
>
> [...] aspectos que não existem só porque há uma cultura de desresponsabilidade mas que são o resultado de intervenções desastrosas que os homens têm no meio natural, como a pilhagem que tem sido feita designadamente naquele rio.
>
> Parece-nos que este é o momento de equacionar tudo e de tudo fazer para que, em memória dos que sofrem, em memória dos que desapareceram, possamos evitar outros dias de luto e outras perdas de vida manifestamente inúteis, vidas inutilmente desperdiçadas (DAR, 2001b: 4).

Paulo Portas (CDS-PP) afirma sentir «uma profunda dor pelo sofrimento das vítimas e uma enorme angústia pela vulnerabilidade do Estado português relativamente a estas tragédias» (DAR, 2001b: 4). Portas questiona a ética de responsabilidade da Administração Pública, principalmente ao nível da fiscalização, questiona a ética da justiça na distribuição geográfica dos investimentos, e questiona a ética da sensibilidade,

> porque à dor e ao sofrimento se somou (e ninguém gosta que isso venha a acontecer) um certo «circo» de aproveitamentos políticos, às vezes sem decoro nem limites, e ajustes de contas entre personalidades ou entre passados, de que excluo, porque sou testemunha pessoal, a legitimidade que o Sr. Presidente da Câmara de Castelo de Paiva tem — porque a tem! — para falar (DAR, 2001b: 5).

A legitimidade da apropriação do político pelo sofrimento e pela morte não é apanágio de todos. Tem de ter um fundamento, um fundamento moral assente em corpos mortos e corpos ausentes. Corpos que perturbam.

Octávio Teixeira (PCP), reclama, por sua vez, que sejam apuradas as causas para evitar acontecimentos idênticos no futuro e que, aos familiares das vítimas, seja dado todo o apoio por parte das instituições do Estado.

Durão Barroso, líder da bancada do PSD, aponta para a avaliação das responsabilidades do Estado nos planos político e técnico, para as assimetrias regionais, para «a incúria, a incompetência, o desleixo, a falta de planeamento, a eterna confiança na improvisação, o amadorismo, a falta de capacidade de organização» (DAR, 2001b: 5), para o país das aparências e para o governo do imediato.

> Neste momento em que respeitosamente nos curvamos perante a morte destes nossos compatriotas, há que fazer um exame sério

de consciência e, sobretudo, assumirmos a determinação de tudo fazer para que, no futuro, mortes como estas possam ser evitadas. A ser assim, a morte destes nossos compatriotas não terá sido completamente em vão (DAR, 2001b: 5).

Francisco Assis (PS), relembra que é este um momento de luto, de dor e de consternação e não de debate. Há que ter pudor perante um acontecimento desta natureza e «reagir com recato». O momento é de silêncio.

> Não há [...], seguramente, pior e mais repugnante forma de demagogia do que aquela que visa aproveitar a dor e estribar-se numa tragédia. Tenhamos um profundo respeito por aqueles que morreram. Façamos as reflexões que devemos fazer. Aliás, pensamos que é essencial que se faça, na altura própria, dentro de dias, um debate sobre tudo quanto aconteceu, pois é preciso que sejam apuradas responsabilidades e todos devemos assumi-las em toda a plenitude. Mas, neste momento, é necessário que concentremos os nossos esforços nacionais na tentativa de minorar o sofrimento daquelas pessoas (DAR, 2001b: 6).

Na mesma linha irá o Ministro da Presidência, Guilherme d'Oliveira Martins. Depois de reafirmar que o país está de luto, de reafirmar que o Governo assume todas as responsabilidades políticas pelo acontecimento, reafirma igualmente, «na lógica de uma autêntica ética de responsabilidade», a firme determinação no apuramento das causas e de todas as responsabilidades. O que está em causa é honrar a memória dos desaparecidos:

> Mais do que procurar bodes expiatórios, temos de honrar a memória dos desaparecidos, com exigência, com rigor, com capacidade de prevenção, com espírito autêntico de serviço público.

> Temos de nos interrogar sobre a essência do Estado democrático e da sociedade democrática e sobre a essência das responsabilidades colectivas, no momento em que, recusando a vertigem do imediato, temos de assumir que é de circunstâncias como esta que devemos retirar todas as consequências para reforçarmos a vida democrática, para reforçarmos a solidariedade e para reforçarmos um espírito autêntico de serviço público. A memória de quantos morreram merece-nos isso mesmo (DAR, 2001b: 6).

António de Almeida Santos, enquanto Presidente da Assembleia da República, associa-se às manifestações de pesar dos deputados, ergue o seu pensamento à memória dos que morreram, exprime a sua solidariedade para com as famílias enlutadas e faz votos para que

> tudo possa ser feito para reparar até onde é possível o problema que foi criado quer à região onde ocorreu o acidente, quer às famílias enlutadas, quer aos portugueses, em geral, se tal é possível, na medida em que se trata de uma causa nacional (DAR, 2001b: 6).

Saliento a referência ao âmbito da reparação dever abarcar a *região*, os *familiares* e os *portugueses*. A causa nacional à qual se refere Almeida Santos interpreto-a como a legitimidade do Estado. Uma legitimidade que, perante o colapso de uma estrutura estatal, se joga na tensão entre Estado protetor e Estado perpetrador.

O Presidente da Assembleia da República passa, então, a ler o voto de pesar. O voto de pesar é aprovado por unanimidade e cumpre-se, em pé, um minuto de silêncio.

Entretanto, longe dali, em Entre-os-Rios, a uma distância de cerca de 330 quilómetros, junto aos destroços da Ponte Hintze Ribeiro prepara-se a operação de busca e resgate e a operação mediática que a vai acompanhar. Entretanto, também a uma distância incomensurável, em Castelo de Paiva, Raiva, Sardoura, Paraíso, Bairros,

São Martinho de Sardoura, Fornos, Penafiel, Cinfães e Gondomar inicia-se a angústia de familiares e amigos das vítimas. A incerteza das «cerca de setenta vítimas» (*Público*, 2001b), cedo se irá transformar no número exato de cinquenta e nove vítimas. Destas, trinta e seis nunca serão encontradas.

2.2. Reunião plenária de 9 de março de 2001 — Tomada de posse de Jorge Sampaio

Por altura da tomada de posse de Jorge Sampaio, mantendo-se as incertezas relativamente ao número exato de viaturas desaparecidas — número que só virá a ser confirmado no dia 12 de março —, a referência ao acontecimento como uma *tragédia* está já estabelecida, pelo que é sem estranheza que se reencontra nas palavras de abertura do discurso de tomada de posse do reeleito Presidente da República.

> É na certeza de interpretar o sentimento de toda a comunidade que exprimo o meu profundo pesar pela tragédia de Castelo de Paiva, renovando as minhas sentidas condolências às famílias dos que morreram. Devemos à memória dos mortos e ao sofrimento dos vivos o apuramento rigoroso da verdade daquilo que aconteceu (DAR, 2001c: 10).

Recorde-se que, por vontade do Presidente da República, as cerimónias da tomada de posse do seu segundo mandato se iriam resumir às formalidades da Assembleia da República, pelo que o discurso de Jorge Sampaio, «a personificação dessacralizada da Pátria» (DAR, 2001c: 7), como a este se refere António de Almeida Santos, era aguardado com alguma expetativa. A Ponte Hintze Ribeiro não teve tempo, ainda, de se tornar memória e, menos ainda, esquecimento. Cinco dias apenas distam entre o acontecimento e a tomada de posse de Jorge Sampaio, pelo que é sem surpresa que o discurso do Presidente apareça pontuado por referências aos «dolorosos momentos» que o país atravessa e que constituem um desafio à coesão nacional, que apareça pontuado de referências à solidariedade, às assimetrias regionais, à ética da responsabilidade na vida democrática e na ação política, à Administração Pública e aos serviços públicos, ao risco e aos novos riscos, à segurança e à insegurança, à confiança e à desconfiança. Em suma, aos temas que a Ponte Hintze Ribeiro tinha atirado para a agenda pública.

No cerne do discurso de Jorge Sampaio estão cinco desafios que são, simultaneamente, cinco metas: 1) o crescimento económico, a convergência com os padrões europeus e a competitividade da economia nacional; 2) um Portugal forte na União Europeia em fase de alargamento e num mundo globalizado; 3) a segurança, a coesão e a solidariedade; 4) um Estado responsável e responsabilizado, que implica uma reforma do Estado; e 5) a meta de uma República moderna e participada, que implica uma reforma do sistema político. Do terceiro ao quinto desafio encontra-se o eco de Entre-os-Rios. Relativamente à segurança, por exemplo, nas palavras de Jorge Sampaio:

> Um terceiro desafio que temos de ter presente é o que resulta da disseminação de factores de insegurança e risco na nossa sociedade.
>
> Nas sociedades modernas, a segurança tem de ser encarada como uma dimensão da cidadania (DAR, 2001c: 12).

Na abordagem de Jorge Sampaio a este desafio e meta, deixo de parte as questões da violência e da criminalidade, que, para o Presidente da República, encontram lugar no domínio da segurança, para avançar para o risco e os novos riscos que têm origem em fatores como as assimetrias regionais e as dificuldades do mundo rural em modernizar-se, na competição económica e social desregrada, e no individualismo que mina a responsabilidade coletiva, tudo fatores que apelam ao reforço da cidadania e da coesão social.

Para contrariar o sentimento de insegurança, Portugal deve: dispor de um aparelho técnico-científico à altura dos desafios; de dispositivos de fiscalização e controlo creditados; da credibilidade do Estado e da eficácia da Administração Pública, necessitando, a primeira, de rigor e transparência e, a segunda, de qualificação, modernização e racionalização de meios; da restauração da confiança na relação entre Estado e cidadãos. Responder a estas exigências implica, e aqui está o quarto e o quinto desafio, uma reforma do Estado que contrarie a desconfiança dos portugueses em relação ao Estado e na sua capacidade para servir os interesses dos seus cidadãos.

> De facto, é frequente apontar-se situações em que o Estado falhou por inoperância ou por falta de meios aptos. Mas ainda há casos em que cedeu a grupos de pressão ou assumiu ele próprio uma lógica corporativa, onde devia ter assumido uma ética de serviço público. [...]
>
> Este é um tema fundamental de cidadania. Penso que não deve ser aprisionado — e sublinho «penso que não deve ser aprisionado» — na luta político-partidária. É um imperativo da democracia, pois a democracia exige um Estado democrático forte, justo, eficaz, imparcial e prestigiado.
>
> Para isso, precisamos de restaurar a confiança na relação entre o Estado e os cidadãos. Precisamos de uma nova atitude, que vença suspeitas e rotinas que se vêm arrastando. Necessitamos de um Estado democrático moderno e reformista.
>
> Como tenho dito, precisamos de serviços públicos que sejam verdadeiramente o que são: serviços e públicos. Serviços, porque estão ao serviço dos cidadãos; públicos, porque não estão ao

serviço de interesses ou conveniências privadas, em detrimento do interesse geral e do bem comum.

Necessitamos — estes dias tão dolorosamente o demonstram! — de maior igualdade regional na oferta e na utilização dos serviços e dos recursos (DAR, 2001c: 13).

Como se vê, Entre-os-Rios nunca está longe das palavras de Jorge Sampaio nesta sessão solene de tomada de posse. A *tragédia* é referida nas palavras de abertura e com estas a promessa de que a «verdade» em relação ao que aconteceu deverá, em jeito de homenagem às vítimas, ser rigorosamente apurada. Destaco ainda a ideia da segurança como uma dimensão da cidadania. A este último tema regressará António Guterres na primeira reunião plenária da Assembleia da República em que participa após o desastre, no sentido de restabelecer a confiança na capacidade do Estado para garantir o direito à segurança dos cidadãos. Um tema, como se verá, abordado efetivamente sem qualquer «luta político-partidária», sem qualquer exploração política.

2.3. Reunião plenária de 28 de março de 2001 — António Guterres no Parlamento

Por altura do debate mensal do Primeiro-Ministro com o Parlamento, muitas das incertezas que rodeavam o acontecimento estavam desfeitas.

O Estado português assumira a responsabilidade pelo desastre. O número de viaturas e número de vítimas estavam confirmados. Dezassete corpos tinham sido resgatados.[84] O Presidente da

---

[84] *Vide*, no Anexo 5, cronologia das operações de busca e resgate e de deteção dos veículos desaparecidos.

República havia visitado o local. O Primeiro-Ministro a mesma coisa. Jorge Coelho tinha-se demitido. O MP de Castelo de Paiva tinha aberto um inquérito. Jorge Sampaio tomara posse para um segundo mandato. Ferro Rodrigues tomara posse como Ministro do Equipamento Social. Um *Especial Informação* da *SIC* exibira a filmagem subaquática de 1986 de inspeção dos pilares da ponte. O Presidente da Câmara Municipal de Castelo de Paiva, Paulo Teixeira, elaborara uma lista com as principais necessidades do concelho. Ferro Rodrigues anunciara o lançamento de um concurso internacional para a construção de uma nova ponte no mês de abril. A Provedoria de Justiça fixara o valor das indemnizações a atribuir aos familiares das vítimas. O IEP anunciara a inspeção a 354 pontes em 15 distritos até ao final do mês de abril. A Comissão de Inquérito Ministerial (CIM) ao acidente de Entre-os-Rios apresentara as suas conclusões preliminares às causas do desmoronamento da ponte. A Ministra do Planeamento, Elisa Ferreira, assinara, na Comissão de Coordenação da Região Norte, 20 contratos-programa no âmbito das Ações Integradas de Base Territorial que iriam abranger Entre Douro e Vouga, Minho Lima e Vale do Sousa, com este último a receber 723 mil contos, dos quais 300 mil destinados a Castelo de Paiva.

Menos de um mês após a tragédia, já muito tinha sido decidido e muito tinha sucedido, a nível local como nacional. Chegara o momento de pensar «estrategicamente» as lições para o futuro a retirar do colapso parcial da Hintze Ribeiro. É este o caminho pelo qual opta António Guterres e que, fazendo eco da posição de Jorge Sampaio, pode ser condensado no binómio segurança-confiança.

António Guterres abre, desta forma, a sua primeira intervenção pós-desastre no Parlamento:

> Nos últimos dias, acontecimentos trágicos enlutaram o País causando uma profunda comoção.

> Este quadro é sempre propício a um sentimento de maior insegurança e consciência, face às fragilidades ainda existentes em Portugal.
>
> Nestes momentos, o papel dos governos é duplo: enfrentar com determinação as situações de emergência e contribuir para fortalecer a confiança, não pelo ocultar dos problemas, que existem, mas pela capacidade estratégica de lhes dar resposta.
>
> Não posso hoje, naturalmente, falar de tudo. Sinto que é minha obrigação concentrar-me naquilo que, pelo menos aparentemente, é mais difícil: a forma como o Governo encara e a estratégia que tem face às fragilidades, agora mais evidenciadas.
>
> Na moção que apresentei em Janeiro para o Congresso do PS, defini como um dos seus cinco eixos: «O Estado moderno garante do valor da segurança».
>
> E escrevi: «Há um novo valor da segurança, transversal a toda a sociedade». Este abrange, naturalmente, a visão tradicional da segurança física das pessoas e bens.
>
> Mas a segurança é muito mais do que isso, exigindo do Estado um novo conjunto de funções e uma nova capacidade de intervenção.
>
> Tão importante como a segurança física são, por exemplo, a segurança alimentar, a segurança ambiental ou a segurança das infra-estruturas (DAR, 2001a: 4).

Estava assim dado o mote para a intervenção de António Guterres, com a segurança dos cidadãos e a confiança no Estado a assumirem o primeiro plano. Se, para Sampaio, a segurança é uma dimensão da cidadania, para Guterres, a segurança conquista-se: «É produto da competência e da organização, da capacidade científica e técnica, de uma cultura de qualidade e de avaliação» (DAR, 2001a: 5). Aliás, o próprio Primeiro-Ministro informa que, para responder ao repto da «Segurança das pessoas, confiança no Estado», tinha sido criado um Conselho de Ministros informal[85] que abordaria um conjunto de temáticas, das quais importa destacar a segurança das infraestruturas, edifícios e meios de transporte; e a segurança rodoviária.[86]

No quadro da ação deste Conselho de Ministros informal, à data, e sob a égide de uma «cultura de rigor», estavam já concluídos e em curso: a reforma do sistema de inspeções da Administração Pública; a avaliação e reforma dos Institutos públicos; e a avaliação da capacidade científica que apoia o objetivo da segurança, nomeadamente os laboratórios públicos de referência: «A autoridade do Estado exige uma rede de competências e actuações como garante da confiança do cidadão nas instituições e nos seus profissionais» (DAR, 2001: 4).

Relativamente à segurança rodoviária é, evidentemente, abordada a questão da mortalidade nas estradas portuguesas e, mais importante neste contexto, a questão da conservação. Neste último domínio, António Guterres anuncia um novo instrumento de parceria entre o setor público e privado para responder ao «terrível desafio» de conservação de 10 000 quilómetros de rede rodoviária, o reforço orçamental dos Institutos rodoviários na área da beneficiação e requalificação, e, finalmente, as medidas já tomadas relativamente às obras de arte:

> Aqueles institutos [Rodoviários] tinham em curso 15 grandes projectos de reabilitação de pontes e 5 em lançamento. Pois bem, arrancaram com uma inspecção de emergência, mobilizando todas

---

[85] Com reuniões mensais, participariam neste Conselho de Ministros: o Primeiro-Ministro e os ministros da Presidência, da Administração Interna, da Justiça, do Equipamento Social, do Trabalho, da Agricultura, da Saúde, do Ambiente e da Ciência, podendo outros ser chamados quando necessário.

[86] As restantes áreas são: segurança alimentar; prevenção e controlo de epidemias; qualidade e segurança dos medicamentos; segurança ambiental, incluindo, em particular, o controlo da poluição industrial; segurança contra incêndios; segurança rodoviária; qualidade do controlo do tráfego aéreo e marítimo; segurança no trabalho; minimização de riscos associados a sismos ou vulcões; proteção radiológica e nuclear; capacidade de previsão meteorológica; e segurança dos sistemas informáticos, como formas de apoio.

as capacidades nacionais ao estado de segurança de mais de 300 pontes em todo o País. Em sequência, será elaborado o respectivo programa de manutenção e vai ser definido com o LNEC, para garantias de rigor na actuação futura, um plano de monitorização e comportamento das obras de arte (DAR, 2001a: 5).

Na intervenção inicial de António Guterres, encontra-se já um elemento fundamental do processo de aprendizagem: o restabelecimento da confiança no Estado e nas suas instituições através da resposta às questões da segurança. Uma segurança agora, sim, assumidamente estrutural. Entre-os-Rios pôs a nu, por um lado, a ambiguidade na regulação existente em atividades como a fiscalização da extração de inertes e a gestão de obras de arte. E, por outro, a «arrogância do esquecimento» (B. S. Santos, 2001) caracterizada pela distância a que são votados pelo Estado determinados territórios, nomeadamente do interior.

Depois de uma intervenção do líder da oposição, Durão Barroso, que não aborda nem a questão de Entre-os-Rios nem a questão da segurança,[87] Francisco Assis (PS) toma a palavra para regressar aos tópicos lançados por Guterres e salientar a questão da produção da segurança para *velhos* e *novos* riscos para os quais o Estado tem de encontrar respostas. O momento é de avaliação da ação do Governo (PS) e do anterior Governo (PSD) em matéria de produção de segurança a diversos níveis: segurança social, segurança alimentar, segurança ambiental e, aquele que importa aqui, segurança das infraestruturas «que o acidente de Castelo de Paiva veio tornar mais evidente» (DAR, 2001a: 10).

---

[87] Aborda, outrossim, questões relacionadas com a economia e finanças, a saúde, a segurança (criminalidade), e a educação. A questão da segurança e da confiança será abordada na segunda intervenção de Barroso para referir que «as pessoas, hoje, se sentem mais inseguras e desconfiam do Estado» (DAR, 2001a: 20). Entre-os-Rios continuará votada ao silêncio.

Relativamente a este último, afirma Francisco Assis que Ferro Rodrigues, como novo Ministro do Equipamento, prossegue uma política, já iniciada em João Cravinho (PS) e continuada em Jorge Coelho (PS), de uma orientação dos investimentos em infraestruturas que privilegie a conservação em detrimento da construção. Segundo Francisco Assis:

> [O] que se verificava nos governos anteriores era uma preocupação obsessiva em construir para, a seguir, inaugurar; hoje, há uma preocupação, com igual importância, em garantir a conservação (DAR, 2001a: 11).

Segundo aspeto, a iniciativa de Ferro Rodrigues de promoção de uma «acção de fiscalização às várias pontes existentes no nosso país, condição imprescindível para restituir a confiança e a segurança aos portugueses» (DAR, 2001: 11). Comparando a atuação dos governos PS e PSD nestes domínios, parece claro a Francisco Assis que:

> [O]s governos presididos pelo Eng.º António Guterres têm manifestado uma preocupação com as questões da segurança verdadeiramente de acordo com as exigências de uma sociedade que, confrontada com riscos cada vez maiores, pede e exige ao Estado, de alguma forma, que actue de maneira cada vez mais adequada (DAR, 2001a: 11).

A intervenção de Assis não se fica por aqui, abordando ainda a difícil questão das disparidades regionais ao nível do investimento. O deputado socialista parte da ideia do Estado como indutor de desenvolvimento e de um desenvolvimento territorialmente equilibrado como forma de melhorar as condições de vida e de garantir a segurança da generalidade da população portuguesa e, neste ímpeto, saúda:

o Governo pela iniciativa recentemente tomada, e ontem mesmo anunciada, de promover uma série de acções conducentes a garantir um maior investimento privado nas regiões do interior, nas regiões mais desfavorecidas do nosso país (DAR, 2001a: 11).

Na resposta à intervenção de Francisco Assis, António Guterres retoma a questão de fundo motivadora da sua presença na Assembleia da República e que os deputados do PS tratarão de manter sempre em debate, a saber, a de que «existe um conjunto de problemas fundamentais no nosso país que afectam a confiança dos cidadãos no Estado e na sua capacidade de lhes garantir os seus direitos» (DAR, 2001a: 12), à qual se alia uma maior exigência dos cidadãos. Este é o momento para anunciar em uníssono que o PS possui, de facto, «uma estratégia global de resposta às preocupações dos cidadãos com a sua própria segurança nos aspectos mais diversos em que ela é afectada» (DAR, 2001a: 12), resposta que se estende, evidentemente, ao interior e que procura colmatar os desequilíbrios regionais.

As ideias de que a forma de restabelecer a confiança dos cidadãos no Estado na sequência do desastre passa por responder prontamente aos problemas imediatos, mas igualmente por saber tirar lições para o futuro e pensar uma resposta mais sustentada, vê-se reafirmada na resposta de António Guterres ao líder da bancada comunista, Carlos Carvalhas. Diz este último:

> Hoje quero falar da questão que aqui nos trouxe, na sua intervenção. Isto é, gostaria de saber que análise faz o Governo sobre o que a tragédia de Entre-os-Rios nos veio revelar e confirmar, e a qual não ouvi no seu discurso, sobre as fragilidades e debilidades do nosso país, que não são só do interior [...], sobre a divisão da Junta Autónoma de Estradas, que se traduziu na multiplicação, para o triplo, de administradores, ganhando cada um o dobro do

que ganhava na Junta Autónoma de Estradas, sem que se tivesse verificado qualquer aumento de eficácia (DAR, 2001a: 12).

Ao que responde Guterres:

> De facto, a minha preocupação foi a de demonstrar perante a Câmara que o Governo está atento à leitura daquilo que Entre-os-Rios revela. E o que Entre-os-Rios revela é um conjunto de fragilidades, que porventura já sabíamos que existiam, mas de que agora temos uma consciência acrescida; são fragilidades em relação às quais porventura já tínhamos um conjunto de respostas, mas que agora exigem uma resposta articulada, coerente, estratégica em todos os domínios e suportada por uma capacidade científica aprofundada em todas as áreas em que tal for necessário. É a isso que vos vim aqui dizer que corresponde a estratégia aplicada pelo Governo neste momento (DAR, 2001a: 13).

A resposta de Guterres não poderia ser mais elucidativa. À resposta urgente sucede uma resposta *articulada*, *coerente* e *estratégica*. Uma resposta mais desapaixonada e menos pressionada pelos efeitos avassaladores do desassossego do desastre.

Será necessário esperar pela intervenção de Isabel Castro, de Os Verdes, para ver aludida no hemiciclo uma questão até agora omissa do debate: a extração de areias.[88]

> Dito isto [refere-se às fragilidades reveladas por Entre-os-Rios, à desorganização dos serviços públicos e à incúria generalizada], gostaria de me centrar numa questão que não é seguramente a causa única mas que, aliada e conjugada com muitas outras, está

---

[88] Antes de Isabel Castro intervirá Paulo Portas, líder do CDS-PP, sem que seja abordada a questão de Entre-os-Rios.

associada à explicação do que aconteceu em Entre-os-Rios e que é não só um problema do rio Douro mas é um problema nacional, claramente, como é assumido por todos e não só por Os Verdes. Refiro-me à actividade de extracção de areias (DAR, 2001a: 18).

A deputada salienta os problemas do conhecimento público relativamente à extração de areias em Portugal, esse «negócio sórdido» que se faz, segundo Isabel Castro, sem transparência, sem disciplina, sem sustentação técnica e que, por um lado, levanta a questão da ética de responsabilidade dos membros do Governo com responsabilidades neste domínio e, por outro, interpela acerca dos caminhos a seguir pelo Governo para contrariar essa tendência.

A intervenção de Isabel Castro é aquela que merece do Primeiro-Ministro a resposta mais lacónica, na medida em que o Primeiro-Ministro afirma a sua concordância relativamente aos pontos levantados pela deputada. Guterres começa por relembrar o Decreto-Lei que regulamenta a extração de areias (DL n.º 46/94, de 22 de fevereiro) e por situar os problemas com a extração de areias no rio Tejo e nos rios do norte do país.

> Em relação ao rio Tejo, onde a questão era particularmente sensível, vivíamos num regime *ad hoc* e passámos, como porventura saberá, desde o início deste ano, a um regime de concurso público para extracção em locais seleccionados, com parecer do LNEC. Porventura, terá já essa informação. A partir de agora, esse regime será o único que vigorará no rio Tejo.
> Em relação ao rio Douro, há uma competência específica da navegabilidade do Douro e vamos, naturalmente, analisar a forma como ela tem vindo a ser exercida, embora as informações que tenhamos sejam no sentido de que ela conduziu a uma disciplina muito grande quanto à situação anteriormente existente, mas, obviamente, não pararemos até chegar à verdade total (DAR, 2001a: 18).

Indiretamente, é o IND que é aqui referido. Não haverá, porém, qualquer aprofundamento relativamente a este Instituto e às suas competências em matéria de regulação da atividade de extração de areias no Douro, um tema que não só tinha sido e continuaria a ser recorrente nos meios de comunicação social, como iria conduzir à demissão do seu diretor, Mário Fernandes. Não resulta claro das palavras de Guterres se era um «regime *ad hoc*» que vigorava no Douro antes do desastre, tal como, posteriormente, não ficará claro que o colapso parcial da Hintze Ribeiro tenha efetivamente dado lugar a um novo regime de regulação da atividade de extração de inertes no Douro. Aliás, a extração de inertes, apesar das responsabilidades no colapso parcial da Hintze Ribeiro que lhe são sucessivamente apontadas por jornalistas, políticos, peritos e leigos é, sem dúvida, o domínio mais problemático no processo de aprendizagem. Regressarei adiante a essa questão.

Depois de uma intervenção de Fernando Rosas (BE) e outra de Durão Barroso (PSD), ambas omissas relativamente a Entre-os-Rios, é novamente uma deputada do PS, Helena Roseta, que reorienta a discussão para a *tragédia*. Mais: que reenquadra a presença do Primeiro-Ministro na Assembleia da República (AR) como um momento para tirar lições relativamente ao acontecimento, um momento ao qual, segundo a deputada, apenas o PS soube responder, avançando uma «perspectiva inovadora» sobre a questão da segurança. A haver exploração política da crise, esta é feita quase exclusivamente pelo partido no governo e aponta para a ideia, que retomarei mais à frente para o território e para os familiares das vítimas, de uma instrumentalização do acontecimento destinada a assegurar a manutenção da legitimidade do Estado.

Para que seja dado um passo mais na edificação dessa «nova visão» do Governo, levanta a deputada a questão do papel das autarquias na promoção da segurança.

> Efectivamente, é verdade que as pessoas ficaram traumatizadas com a questão da tragédia de Entre-os-Rios, é verdade que o facto de ter colapsado uma obra pública afecta a confiança das pessoas no Estado, mas também é verdade que o Governo foi capaz de reconhecer este facto, dando a cara perante o problema, e é verdade que o Sr. Primeiro-Ministro veio dizer tudo quanto este Governo já fez, e está a corrigir, nas políticas em curso, para que estes problemas não se repitam. Ou seja, o Governo veio aqui dizer aquilo que é essencial!
> [...]
> Existem as grandes inseguranças e, depois, há a insegurança quotidiana, e aí as autarquias têm um papel a desempenhar (DAR, 2001a: 23).

O binómio segurança-confiança complexifica-se à medida que António Guterres vai sendo confrontado pelos deputados, principalmente do PS, que, em cada intervenção, procuram aportar novas matizes ao processo de aprendizagem e à *estratégia pós-desastre* do Governo. Num movimento sincronizado, complexifica-se a estratégia e robustece-se a vontade política em tirar da *Tragédia de Entre-os-Rios* as lições devidas para o futuro. Desta feita, é a questão do poder local, da proximidade, que se vê ganhar um lugar privilegiado nessa «nova visão estratégica sobre a segurança» que tem de lidar com *velhos* e *novos* problemas, com *velhos* e *novos* riscos e que, para ser bem-sucedida, tem de envolver governo, autarquias e sociedade civil e promover o seu encontro. Ou reencontro. Guterres recorre, então, a Entre-os-Rios para exemplificar a forma como governo e autarquia podem colaborar independentemente da cor política.

> Gostaria de vos dar um exemplo: todos assistiram àquilo que foi o dramatismo das primeiras horas a seguir à queda da ponte de Entre-os-Rios.

> Porventura, em circunstâncias normais, com outro tipo de pessoas, com outro tipo de atitudes, isso teria criado um antagonismo enorme entre e a Câmara Municipal de Castelo de Paiva e o Governo. O que se passou foi exactamente o contrário e empenhei-me pessoalmente nisso. Empenhei-me para que todas as acções de apoio às populações fossem feitas em íntima articulação entre o Governo e a câmara municipal, independentemente de cores partidárias e até independentemente de qualquer história que pudesse ter ocorrido ou de qualquer mal-entendido que se pudesse ter criado (DAR, 2001a: 23).

Poderiam as coisas ter acontecido diferentemente? Colocando a pergunta de outra forma: teria o Governo respondido diferentemente caso a autarquia fosse, também ela, do PS? Mais à frente, quando abordar os compromissos materiais de exceção para com o território afetado, se verá, em concreto, no que se saldou o *empenhamento pessoal* de António Guterres para com Castelo de Paiva. Por ora, cabe apenas dizer que o *encontro* aqui não é o de uma Câmara Municipal com um Governo mas, outrossim, do Governo Constitucional liderado por António Guterres com o Presidente da Câmara Municipal de Castelo de Paiva presidida por Paulo Teixeira. O encontro entre um *Governo de exceção* e um *território sofredor*.

Até ao momento, começa a tornar-se claro que, algo paradoxalmente, o partido no Governo que se confrontou com a crise política parece ser o mais interessado em explorar politicamente a crise. Na verdade, é também ele o principal interessado em revelar que existe uma diferença substancial entre a resposta de emergência que vinha sendo aplicada pelo Governo e a resposta sustentada ou estratégica a ser pensada, a mais longo prazo, para o Estado.

A última interpelação ao Primeiro-Ministro cabe a Octávio Teixeira, do PCP, que convoca Entre-os-Rios para abordar as questões dos problemas estruturais do país, do valor geoeconómico do interior, e da confiança no Estado, confiança esta que passa pela ética de responsabilidade demonstrada pelos titulares de cargos de responsabilidade política.

> Uma outra questão relacionada com este problema, que é incontornável, é que estes factos vieram demonstrar que se se quer a confiança das populações no Estado, representado pelo Governo, é fundamental e absolutamente necessário que haja mais assunção de responsabilidade pelo Estado e menos privatização das funções do Estado. Só assim pode ser garantida essa confiança por parte dos cidadãos (DAR, 2001a: 24).

Por intermédio desta interpelação, António Guterres aborda, para além da questão das privatizações no serviço público,[89] um aspeto que me parece relevante e já anteriormente referido como um dos elementos-chave para a segurança: a capacidade técnico-científica.

> Ter uma capacidade científica de alto nível é hoje indispensável para resolver problemas de segurança estrutural em coisas construídas há 100 anos, e essa questão é decisiva para todos nós percebermos a sociedade em que vivemos. Apostar na resolução dos problemas estruturais com base nas velhas tecnologias e na lógica da velha economia é ter a garantia de que nunca mais recuperaremos o atraso (DAR, 2001a: 25).

---

[89] A esta questão, responde Guterres que «há muitos casos em que a privatização é condição de qualidade do serviço público, e o que para nós conta é a qualidade do serviço público e não a posse de quem exerce uma função. Há muitos casos em que a privatização contribui para a qualidade do serviço público e o que é preciso é que o critério seja esse, o da qualidade do serviço público, e não o do negócio. E o que muitas vezes subverte esta lógica é quando se privatiza não porque essa é a melhor maneira de tecnicamente responder a um problema de qualidade do serviço público, mas apenas por preconceitos ideológicos ou por lógica do negócio» (DAR, 2001a: 25).

A capacidade técnico-científica revelou-se, de facto crucial no processo de responsabilização criminal e reemergirá nos dois principais domínios de aprendizagem a serem aqui tratados, o Sistema de Gestão de Obras de Arte (SGOA) e a extração fluvial de inertes, embora com efeitos práticos distintos.

Recapitulando, o debate mensal de António Guterres na AR configura, efetivamente, um passo importante no processo de aprendizagem. Através do binómio segurança dos cidadãos-confiança no Estado, Guterres explana aquela que será a estratégia do Governo para responder ao desafio que representa atender a esse binómio para o Estado. O colapso da ponte em Entre-os-Rios mais não fez do que revelar o que todos sabiam acerca das debilidades do país em domínios tais como a segurança das infraestruturas, a conservação, a fiscalização, as assimetrias regionais. Entre-os-Rios mais não fez do que avivar a vontade do Governo para dar resposta a estes problemas e avançar no sentido de um «Portugal moderno».

Porém, atendendo ao Programa do XIV Governo Constitucional, verifica-se que nenhuma destas questões era então referida.[90] A agenda política, como bem demonstrou Thomas Birkland (2006), redefine-se em função dos desastres, redefinindo-se, consequentemente, as prioridades de financiamento. Entre-os-Rios revela, ademais, a existência de *novos* riscos e de uma exigência redobrada por parte dos cidadãos, cabendo ao Estado mostrar-se à altura de responder a esses *novos* reptos. Mais à frente se avaliará se a referida *exigência cidadã* constitui, efetivamente, um repto para o Governo, ou mesmo, para o Estado.

A palavra-chave que se retira da presença de António Guterres na AR é «estratégia». Abalada a confiança dos cidadãos perante o colapso de uma obra pública, o Governo impõe-se o dever de mostrar que é capaz de reagir com força idêntica à força da

---

[90] Cf.<www.portugal.gov.pt/media/464048/gc14.pdf>.

interpelação, de restabelecer a confiança e de interromper o medo debilitador do sentido de pertença (*commonness*) (Nussbaum, 1996: 35) suscitado pelo desastre.

Na intervenção de António Guterres, sintetizada no binómio segurança dos cidadãos-confiança no Estado, encontram-se as grandes linhas do processo de aprendizagem, as linhas pelas quais Guterres exige que se norteie o ímpeto reformador desencadeado pelo colapso parcial da Hintze Ribeiro e que, na prática, se fixará no SGOA e na disciplinação da extração fluvial de areias.

O colapso da Hintze Ribeiro ter-se-á efetivamente ficado a dever a uma ausência de perceção do risco, técnica ou política, ou ter-se-á a ausência de perceção do risco imposto para justificar as ambiguidades na regulação da gestão das obras de arte e da atividade de extração de inertes? O importante é que o Governo assumiu a necessidade de adotar uma nova estratégia para reabilitar o laço Estado-cidadão. Uma *nova* estratégia toda ela alicerçada sobre os destroços de uma *velha* ponte. Uma *nova* estratégia na qual se joga a *velha* legitimidade do Estado.

3. Relatos Mediáticos de um Colapso

A *Tragédia de Entre-os-Rios*, como ficou conhecido o colapso da Hintze Ribeiro, alterou para sempre o concelho de Castelo de Paiva, bem como as freguesias de Raiva, Sardoura, Paraíso, Bairros, S. Martinho de Sardoura e Fornos e todos os lugares que naquela noite perderam alguém para o Douro.[91] *Portugal ficou de luto* (Moreira *et al.*, 2001: 2) e a queda da Ponte Hintze Ribeiro, ao interromper o fluxo televisivo normal (Torres, 2006), tornou-se na Ponte mais vista do país (Marinho, 2004).[92] Como refere Ryoko Sekiguchi, a propósito de Fukushima, «todos os países podem fazer a manchete dos jornais, desde que seja na desgraça»[93] (Sekiguchi, 2011: 67). A sempiterna questão é a de saber de que forma o fazem ou de que forma o deveriam fazer.

A cobertura jornalística da *Tragédia de Entre-os-Rios* — em particular, a cobertura televisiva por parte da *SIC/SIC Notícias* e da *TVI*, em guerra aberta pelas audiências — suscitou duras críticas por parte de diversos comentadores, analistas, jornalistas, atores políticos, etc., tendo mesmo conduzido à emissão de dois

---

[91] Geograficamente, a queda da ponte Hintze Ribeiro atingiu pessoas de Castelo de Paiva, Penafiel, Cinfães e Gondomar, concentrando-se, porém, o seu maior número, em Castelo de Paiva e, mais precisamente, na freguesia de Raiva.

[92] Sandra Marinho, no final da sua comunicação, esclarece o título: «intitulámos o nosso trabalho "a ponte mais vista do país", recuperando a fórmula que foi então adoptada pela comunicação social para referir os acontecimentos, [já que] no dia 5 de Março de 2001, a informação não foi líder de audiências, mas sim uma telenovela: *Laços de Família*. Foi a novela e não os directos de Entre-os-Rios que deram à SIC a *pole-position* na corrida do dia» (Marinho, 2004: 578).

[93] Tradução livre do autor.

comunicados.[94] O comunicado de 8 de março da Alta Autoridade para a Comunicação Social (AACS) apelava

> à contenção e sentido profissional dos jornalistas e dos responsáveis editoriais envolvidos no noticiário sobre o acontecimento [e exortava-os] a fazerem uso do seu direito/dever de informar sem pôr em causa o respeito pelo direito à imagem de todos os envolvidos nesse desastre e sem esquecer a sua vinculação ao dever de atender às condições de serenidade, liberdade e responsabilidade das pessoas cujos depoimentos recolham (AACS, 2001).

O Conselho Deontológico do Sindicato dos Jornalistas, por sua vez, num comunicado de 12.03.2001, elegia como principal alvo o pacto de autorregulação entre os responsáveis pelas estações televisivas, considerado como «uma proposta de pacto de não agressão comercial — com a ética jornalística como refém» (CD-SJ, 2001).[95]

No cerne deste dois comunicados encontram-se as prolongadas transmissões em direto de Entre-os-Rios, que obrigaram os jornalistas no terreno a procurar informação que preenchesse o vazio das penosas operações de busca e resgate dos corpos (Marinho, 2004). Carlos Camponez (2004), resume desta forma os *deslizes* então cometidos no terreno:

> Entrevistas a crianças, interpelação de populares em visível estado de comoção, cobertura extensiva e em directo da tragédia, a

---

[94] A cobertura jornalística da queda da ponte Hintze Ribeiro foi, ainda durante as operações de resgate, objeto de um amplo debate e tornou-se, posteriormente, um estudo de caso sobre práticas jornalísticas a observar e a evitar em contextos de desastre (entre outros, Camponez, 2004; Marinho, 2004, 2007; Silva, 2008).

[95] Segundo Sandra Marinho, o pacto de autorregulação surge na sequência do apelo do Ministro da Educação de então, Guilherme d'Oliveira Martins, às televisões nacionais no sentido de usarem de contenção na cobertura noticiosa da tragédia (Marinho, 2004: 571).

folclorização mediática do evento e a degenerescência informativa sob o efeito da concorrência das estações televisivas em busca das audiências, são algumas das referências que podemos encontrar na crítica do Conselho Deontológico do Sindicato dos Jornalistas à cobertura do acontecimento. A exaustiva cobertura televisiva transformou o jornalista numa espécie de animador com a função de não deixar espaços em branco durante as emissões desse "Show da Morte", tentando trazer as famílias das vítimas para o palco das emoções para lhes perguntar: como se sente? (Camponez, 2004: 11).

Um familiar de uma vítima, por sua vez, foi mais duro relativamente ao que presenciou em Entre-os-Rios.

> Do ponto de vista jornalístico, eu acho que foi dos espetáculos mais degradantes a que se assistiu em Portugal. Foi realmente a transposição metafórica daquela imagem das aves necrófagas que, ainda antes dos animais morrerem, andam a pairar para ver quando é que morrem. Foi um pouco essa imagem. Os abutres, não é? Foi um pouco essa a imagem com que fiquei e creio que é também a imagem que muita gente tem em relação à comunicação social. Mas, lá está, também aqui é uma questão de falta de preparação. Não há história, não é normal no nosso país haver uma situação daquelas. [...] Normalmente, quando há um acidente qualquer, está nas notícias um ou dois dias. Ali, foi uma enormidade de dias sempre com novidades, com especulação, com reportagens... É uma situação que não é normal e os média não estiveram à altura... (Alberto Simões, familiar de vítima, entrevista, 15.05.2013).

Não é este o espaço para discutir se a cobertura noticiosa da queda da ponte de Entre-os-Rios privilegiou uma abordagem terapêutica (*therapy news*) (Mayes, 2000), cuja prioridade são as emoções e as vítimas, ou um jornalismo de informação (Carey, 1987), cuja prioridade são os factos e a objetividade, ou, mesmo, se oscilou entre estas duas tendências (Kitch, 2000). Como lembra Patrick Lagadec (1995: 6), a comunicação social abandonou, hoje, o seu lugar de observador exterior das crises para se tornar num dos seus atores diretos. O ponto de partida a partir do qual irei considerar a comunicação social no caso de Entre-os-Rios é, pois, o de que esta desempenhou um papel preponderante na produção e construção do acontecimento e, em particular, na afirmação do poder interpelativo do sofrimento e da morte que constitui, para a sociologia com desastres, um dos elementos capitais na definição de uma prática de governação de um território e de uma população afetados por um acontecimento extraordinário.

3.1. *Porque caiu a Ponte?* O *Especial Informação* da *SIC*

No quadro da construção do acontecimento pela comunicação social, o *Especial Informação* transmitido pelo canal televisivo *SIC* no dia 13 de março de 2001 é incontornável.[96] *Porque caiu a ponte?* Assim se intitula este *Especial Informação* apresentado por José Alberto Carvalho. Por essa altura, a ponte já não necessitava de especificação. A simples referência à *Ponte* era suficiente para identificar a Hintze Ribeiro.[97]

---

[96] O canal televisivo Sociedade Independente de Comunicação (*SIC*) inaugurou a sua emissão no dia 6 de outubro de 1992, um ano antes da inauguração da emissão da Televisão Independente (*TVI*). Uma das grandes apostas da *SIC* foi a informação, que, por atingir o dobro do tempo dispensado pelos outros canais portugueses representou uma inversão da tendência dominante na Europa (R. Santos, 2002: 94). Em três anos, o novo canal televisivo assumia a liderança do mercado das audiências, liderança que só viria a ser perturbada pela *TVI* a partir de 1999 e a acentuar-se nos dois anos seguintes. A *SIC Notícias*, por sua vez, começou a transmitir a 8 de janeiro de 2001 e é um canal temático exclusivamente dedicado à informação. A cobertura do colapso parcial da Hintze Ribeiro constituiu, pois, a primeira grande prova para o canal noticioso da *SIC*.

[97] Segundo a *Mediamonitor*, o programa foi visto por 4 383 800 espectadores. Em termos médios a audiência foi de 14,8% e o *share* — a percentagem de audiência

O programa estava dividido em duas partes. Uma primeira, com cerca de duas horas, que procurava responder à questão que dá o título ao programa, e uma segunda parte, com cerca de uma hora, na qual era feito um balanço da primeira semana de operações de deteção do autocarro e dos carros ligeiros levadas a cabo pelo Instituto Hidrográfico da Marinha Portuguesa.

O *Especial Informação*, transmitido em simultâneo na *SIC* e na *SIC Notícias*, abre com os destroços da Ponte Hintze Ribeiro acompanhada da pergunta que lhe dá o mote. José Alberto Carvalho explica que o programa resulta de uma investigação realizada por uma equipa de jornalistas, produtores e infografistas da *SIC* que, para dar resposta à pergunta de partida, procurou perceber se o pilar que ruiu era diferente dos outros, se alguém sabia que esse pilar era diferente, e, a ser assim, por que é que não se fez nada. A investigação da *SIC*, prossegue José Alberto Carvalho, encontrou respostas para algumas dessas perguntas e «as respostas revelam-se tão trágicas quanto a tragédia da noite de 4 de Março».[98]

Para além do abundante recurso à infografia, a mais-valia do programa constituiu, indubitavelmente, as imagens inéditas da inspeção subaquática realizada em dezembro de 1986, que, segundo José Alberto Carvalho, um leigo, revelam que o pilar P4 «já apresentava na altura um índice de erosão preocupante». Recorde-se que estas imagens haviam desaparecido do arquivo da JAE, pelo que a sua transmissão por um canal de televisão, volvida pouco mais de uma semana sobre o colapso parcial da ponte, se reveste de uma importância crucial. O verdadeiro poder das imagens da inspeção subaquática não se encontra, todavia, nas filmagens em si, na verdade, ininteligíveis e pouco elucidativas para um leigo,

---

de um canal/programa relativamente à audiência do total de televisão, para o mesmo período — de 41,2%.

[98] Todas as transcrições do programa resultam do meu visionamento do mesmo.

mas precisamente no facto de terem desaparecido do arquivo da JAE e de ser um canal de televisão a transmiti-las em exclusivo, o que contribui indubitavelmente para reforçar o ambiente de complô em torno das causas da queda parcial da Hintze Ribeiro.

Para auxiliar na leitura dessas imagens, nos estúdios da *SIC* encontravam-se alguns especialistas, que, segundo o apresentador, «ajudarão a encontrar as respostas possíveis da técnica e da ciência». O programa conta com as presenças do Professor Doutor António Heleno Cardoso, Catedrático do Instituto Superior Técnico da Universidade Técnica de Lisboa; do Engenheiro Armando Rito, engenheiro de pontes; do Engenheiro Jorge Pessoa Barreiros Cardoso, Engenheiro da JAE aposentado mas que se encontrava em funções na altura da inspeção subaquática,[99] e de João Maria Oliveira Martins, falecido em 2011, que foi Ministro das Obras Públicas, Transportes e Comunicações do X Governo Constitucional (Cavaco Silva, PSD, 1985-1987), Em direto de Entre-os-Rios, com os destroços da Ponte Hintze Ribeiro em pano de fundo, encontram-se Paulo Teixeira, Presidente da Câmara de Castelo de Paiva e, segundo José Alberto Carvalho, «porta-voz da indignação e das críticas e dos reparos feitos aos diversos governos e aos diversos responsáveis ao longo dos anos, tentando evitar aquilo que afinal acabou por acontecer»; e Vítor Oliveira, um funcionário da empresa Licínio e Leite, Lda., uma das sete empresas de extração de inertes a operar no Douro, neste caso, no aterro junto à ponte e ao pilar P5, na margem esquerda do rio.

Como se depreende do painel de convidados, as temáticas abordadas neste *Especial Informação* aproximam-se dos fatores explicativos avançados para explicar o colapso da ponte, quer pela CIM, cujos trabalhos decorriam por altura da transmissão deste programa, quer, posteriormente, pela Comissão de Inquérito

---

[99] O Engenheiro Jorge Pessoa Barreiros Cardoso, como já se referiu, viria a ser constituído arguido no processo-crime.

Parlamentar (CIP): a inspeção e manutenção da ponte e a extração de inertes no rio Douro.

De resto, mesmo depois de apresentadas as imagens da inspeção subaquática aos pilares P2, P3 e P4, as causas diretas para o colapso do pilar continuarão a fazer unanimidade entre os presentes no programa e a retomar os argumentos que vinham sendo sugeridos por diversos especialistas na comunicação social, a saber, o deslaçamento do pilar P4 por ação da atividade de extração de inertes, da redução da alimentação de caudal sólido provocada pela retenção de sedimentos nas albufeiras existentes no rio Douro e afluentes, e das severas condições de persistência de caudais elevados que se verificaram no rio Douro, no local da ponte, desde o início do ano hidrológico 2000/2001. De salientar, porém, que a tónica na extração de inertes foi menos acentuada do que aquela que foi dada à inspeção e manutenção da ponte e abordada apenas quando se tratou da questão dos efeitos de erosão no descalçamento do pilar.

Vítor Oliveira, da empresa Licínio e Leite, Lda., pouco solicitado ao longo de todo o programa, quando questionado sobre o volume de areia extraído, responderá de forma lacónica: «A quantidade de areia que é retirada é aquela que o IND nos autoriza a tirar». Na opinião de Vítor Oliveira, a responsabilidade pelo colapso da ponte deve ser procurada nas descargas realizadas pela barragem do Torrão, no Tâmega.[100] Por parte dos areeiros, não há, em suma, qualquer responsabilidade no colapso parcial da Hintze Ribeiro.

As imagens da inspeção subaquática reforçam, porém, o argumento que se irá reencontrar nos relatórios finais das comissões de

---

[100] Durante o *Especial Informação*, o presidente do INAG, Mineiro Aires, esclarecerá, por telefone, que as descargas realizadas pela barragem do Torrão no dia 4 de março não ultrapassaram os limites normais apesar de o «Douro ter sido martirizado por uma série de cheias» como não há memória. Igualmente por telefone, o autarca de Marco de Canavezes, Avelino Ferreira Torres, afirmará que a barragem do Torrão terá, efetivamente, realizado descargas muito acima do máximo para o qual está efetivamente preparada.

inquérito Ministerial e Parlamentar, relativo à existência de informação factual quanto ao estado dos pilares e à ausência de perceção do risco ou pelo menos da urgência de resolução dos problemas estruturais da ponte. É este aspeto que o Presidente da Câmara de Castelo de Paiva, que afirma desconhecer a inspeção subaquática e o subsequente relatório da ITS, realça quando questionado por José Alberto Carvalho sobre «o que sente» ao ver aquelas imagens:

> Eu estou verdadeiramente chocado com as imagens que acabo de ver. [Chocado com quê?] Fico horrorizado com este filme que, sendo de 1986, conforme ouvi, mostra que se poderia ter evitado esta tragédia. Estou profundamente chocado neste momento. [A quem é que lhe apetece pedir responsabilidades neste momento?] Não sendo técnico nesta matéria, com certeza que há pessoas mais abalizadas do que eu que não tenho qualquer formação nesta área, nem em engenharia tão pouco... Tantas vezes, tantas vezes desde 1998, desde que assumi o lugar de Presidente da Câmara de Castelo de Paiva, disse aos sucessivos governantes deste país que a ponte não tinha as mínimas condições de segurança. Está escrito! Foi dito na Assembleia da República por governantes deste país que não era necessário fazer uma ponte nova, que não era uma coisa premente. Está escrito no Diário da Assembleia da República! Fico triste quando existiam em departamentos do Estado informações que nos garantiam que a ponte não tinha condições de segurança, fico triste ao ver este filme... A população de Castelo de Paiva, o povo de Castelo de Paiva não merecia que tivessem deixado chegar a ponte ao estado que chegou. Efetivamente, alertámos em devido tempo. O último grande aviso foi a população que o deu no dia 9 de janeiro deste ano. [Mas deixe-me perguntar-lhe: os avisos foram sendo feitos sobretudo sobre o estado do tabuleiro que é o que as pessoas veem e utilizam. A primeira vez que se vê o estado das fundações é nestas imagens.] Se me permite, eu não sendo técnico

mas passando muitas e muitas vezes por cima desta ponte, sabendo exatamente algum desnível que havia entre os tabuleiros, porque os tabuleiros estavam permanentemente a ser reparados, em 5 de novembro de 1998 enviei uma carta [Mostra um documento] a um membro do Governo dizendo que a ponte de Entre-os-Rios não tinha as mínimas condições de segurança para quem nela transita. A ponte de Entre-os-Rios foi feita para um determinado volume de trânsito e tínhamos a sensação, aqui em Castelo de Paiva, que ela não tinha as mínimas condições de segurança e enviámos cartas a mais de doze entidades governamentais com responsabilidades.

A questão em debate passa, deste modo, a ser: o que sucedeu ao relatório elaborado pela empresa ITS na sequência da inspeção subaquática dos pilares. Mas, mais do que isso, por via do seguimento dado ao relatório da ITS pela JAE, opera-se uma reorientação no sentido da responsabilização pelo colapso da ponte, que, além e acima dos técnicos, aponta para os atores políticos.

É ao Engenheiro Jorge Pessoa Barreiros Cardoso que cabe responder a José Alberto Carvalho pelos trâmites seguidos pelo relatório da ITS, que, no último parágrafo exibido perante as câmaras da *SIC*, aconselhava, entre outras coisas, ao enrocamento do pilar P4 pelas entidades competentes.

> [Tem conhecimento desta inspeção?] Tenho. Fui eu mesmo que a requeri em 1986. Em 1986, por diretivas superiores, fui encarregado de fazer uma vistoria à ponte em causa para se proceder a um projeto de alargamento e reforço. [Diretivas superiores?] Foram do Diretor de Serviços [de Pontes] de então e do Engenheiro-Chefe da Divisão de Conservação. [E eram para...] Para se fazer um estudo para um eventual alargamento e uma melhoria das condições de segurança. O pavimento estava em muito mau estado. Havia buracos, isso é verdade, no próprio processo

da obra encontram-se fotografias que elucidam bem o estado do pavimento. [O pavimento seria reparado uns anos mais tarde.] Exatamente, essa sequência é que interessa seguir... [Mas em relação à essência da nossa discussão esta noite e que, infelizmente, esteve na origem da tragédia daquele domingo à noite, é o pilar número 4. O Sr. Engenheiro recorda-se deste relatório?] [Mostra o relatório.] Já lá vão dezasseis anos... Não, não... Por acaso sei que houve um relatório. [Mas lembra-se deste relatório?] Lembro-me perfeitamente. Esse relatório foi apresentado por essa firma especialista neste tipo de trabalhos... É evidente que, quando passei revista à obra, disse que não se podia fazer qualquer estudo de reforço e alargamento sem se saber as condições das fundações e fui contactado pela firma que iria proceder ao estudo, a ETEC, e achámos por bem fazer esta vistoria, que foi feita e eu vi o filme. Esse relatório deve ter dado origem... [José Alberto Carvalho interrompe para explicar a estrutura do relatório da ITS: quatro páginas com gráficos em anexo] [...] Esse relatório foi entregue em dezembro de 86 no serviço, eu devo ter feito uma informação com base nesse relatório que foi a instâncias superiores, portanto, ao Diretor de Serviços... [E a partir daí não sabe o que é que lhe aconteceu?] Não, claro que sei. Deve ter sido dado conhecimento à firma encarregada, à ETEC. O assunto só deixa de estar nas minhas mãos a partir de uma certa altura. A partir do... O relatório entra na Junta [JAE] em dezembro de 86, imediatamente em março de 87, portanto logo a seguir, foi solicitado oficialmente o estudo de reforço e alargamento da ponte. Ainda não se pensava, para já, fazer uma ponte nova. Era o reforço e o alargamento... [Esse reforço e alargamento passaria necessariamente pelas estruturas?] Exatamente. Por um reforço das fundações. Simplesmente... [Então por que é que as coisas não aconteceram?] Porque, entretanto, as coisas mudaram... [Tanto quanto sei não houve qualquer trabalho nas fundações.] Houve uma alteração nas diretivas... [Recorda-se quem é que fez essa alteração?] Não sei, isso foi superiormente e agora não sei qual foi a pessoa. Possivelmente, na altura, alguém de Castelo de Paiva queria uma ponte nova, possivelmente, e então, como queriam uma ponte nova, deixou-se de encarar a possibilidade de alargamento desta ponte e passou-se a encarar somente a beneficiação do pavimento. Essa beneficiação [decidida em 1988] foi feita por mim em 1990.

Na perspetiva do Engenheiro Barreiros Cardoso, as conclusões às quais chega o relatório da ITS não eram alarmantes. A mesma opinião tem o Engenheiro Armando Rito, para quem não se pode inferir do relatório que fosse urgente qualquer intervenção à ponte, nem mesmo determinar se o enrocamento do pilar P4 seria aconselhável ou se poderia ter evitado o colapso da ponte. «Era necessário levar a investigação mais além», afirma. Tal não veio a suceder — e é aqui que tudo se joga — devido a uma «alteração de política», à qual já aludira o Engenheiro Barreiros Cardoso com a referência a uma «alteração nas diretivas». Prossegue o Engenheiro Armando Rito: «Eu não diria que houve uma desvalorização dessa informação [relatório da ITS]. Houve uma mudança de opção». Sendo essa opção a construção de uma nova ponte em Entre-os-Rios. Este é o dado que tudo altera. Um dado, aliás, abordado pela CIP e reforçado pelos deputados do CDS-PP na sua declaração de voto: a opção política, primeiro, e o posterior protelamento da construção de uma nova ponte em Entre-os-Rios, por razões exclusivamente políticas, encontra-se na base da diminuição das preocupações com a manutenção da Ponte Hintze Ribeiro. Um dado que atenua, senão que exonera, os técnicos de responsabilidade.

Ainda Armando Rito:

> O que eu vejo é uma tentativa nítida, especialmente do poder político, de responsabilizar os técnicos. Esquecem-se que

os técnicos de uma instituição pública cumprem as ordens do Governo seja ele de que cor for. Se não lhes concedem os meios, se alteram permanentemente as políticas e as prioridades... [...] Se é muito mais importante cortar fitas de pontes novas do que reparar as velhas que não dão direito a cortar fitas, por amor de Deus, não crucifiquem os técnicos! Os técnicos têm muitas vezes responsabilidades, mas, acima de tudo, os políticos que pensem bem no que andam a fazer e no que obrigam os técnicos a fazer. Isso é importante que se diga!

Na mesma linha, um engenheiro da FCTUC por mim entrevistado:

Os técnicos trabalham com documentos concretos, com coisas que, mais tarde, é mais fácil de auditar. [...] Para a atividade política exige-se muito menos rigor do que para a atividade técnica. Portanto, não havendo uma exigência de rigor, diluem-se as responsabilidades. *A posteriori*, é praticamente impossível saber o que foi bem e o que foi mal feito pelos políticos. [...] Os técnicos trabalham com documentos concretos, escritos (Gaspar Martins, engenheiro da FCTUC, entrevista, 25.01.2013).

Aberto o debate à participação do público (telefónica e via correio eletrónico), acentuar-se-á o pendor na responsabilidade política pelo colapso. A frase de Jorge Coelho — *a culpa não pode morrer solteira* — servirá de mote para uma discussão que revolverá em torno de três eixos: a negligência, a responsabilização e a confiança. A negligência político-administrativa, a responsabilização de técnicos e políticos, e a reposição da confiança nas obras de arte e viadutos a cargo do Estado. Oliveira Martins resumirá:

Quando há um acidente como este, por um lado, a culpa não pode morrer solteira e, por outro lado, os mortos não podem ter morrido em vão. As causas têm que ser determinadas e as culpas têm que ser atribuídas.

Tendo em mente a conclusão da CIP, segundo a qual, «aparentemente» nem as imagens da inspeção subaquática nem o processo relativo a essa inspeção teria sido do conhecimento «dos sucessivos responsáveis intermédios, dos mais altos dirigentes da JAE e dos Institutos que lhe sucederam, nem dos responsáveis pela tutela política destes organismos» (CIP, 2001: 38), ressalto, primeiro, a participação telefónica de José Junqueiro (PS), Secretário de Estado da Administração Marítima e Portuária, que insiste na existência de «responsáveis concretos», na necessidade de apurar a verdade como forma de expressar respeito pelas vítimas e aliviar o sofrimento dos familiares, que reforça a urgência em devolver a confiança aos portugueses relativamente às obras de arte, e que acentua a responsabilidade política do PSD, no governo por altura da inspeção subaquática de 1986. Segundo José Junqueiro, as filmagens mostram claramente que era urgente «fazer alguma coisa» e que, obviamente, nada foi feito. Ressalto, em segundo lugar, a subsequente participação de Isaltino Morais (PSD), apresentado como o porta-voz do PSD para as questões das obras públicas e do equipamento, que, em resposta a José Junqueiro, transfere por sua vez a responsabilidade para o PS de António Guterres, no governo do país a partir de 1995:

> As imagens do vídeo indiciam que aquela ponte estava em dificuldades e que poderia efetivamente colapsar, tal como veio a acontecer quinze anos depois. O problema é este... Eu penso que, e isso perante afirmações que já me fizeram chegar de que haveria agora quem estivesse a tentar imputar responsabilidades a governos da época, eu devo dizer o seguinte: o governo do PSD, do Professor Cavaco Silva, providenciou a elaboração, justamente na sequência dessas imagens e perante a necessidade de resolver

este problema, providenciou a elaboração de projetos. Em 1994, esse projeto tinha o visto do Tribunal de Contas, foi adjudicado, sofreu algumas alterações e, em 1997, já com o governo socialista, estava pronto para ser aberto um concurso para a empreitada de uma ponte nova e o que acontece é que o Governo, à semelhança do que faz com muitas outras obras, meteu esse projeto na gaveta quando a obra possivelmente já poderia estar concluída. Portanto, as coisas têm o seu tempo para serem executadas. São necessários projetos, é necessária obra e é indiscutível que o governo da época, a partir do momento em que constatou uma situação de precariedade ou de risco dessa ponte, providenciou a execução de projeto e naturalmente providenciaria a obra. Se o projeto fica pronto em 97 e se o governo tinha consciência da situação em que a obra se encontrava, é óbvio que deveria ter providenciado a abertura de um concurso público para se construir uma nova ponte.

A melhor súmula para o que acontece em direto do palco erigido pela *SIC* para apresentar as inéditas imagens subaquáticas de 1986 encontra-se, no campo da comunicação social, num artigo do *Público*, da autoria de Pedro Garcias, significativamente intitulado *A verdade no fundo do rio*:

> Sabe-se agora que, do ponto de vista político, ninguém tem as mãos limpas. Os governos do PSD sabiam dos problemas da ponte e não fizeram nada. Os do PS também foram avisados e nada fizeram. [...] Por agora, toda a gente tenta sacudir a água do capote. Os empresários ligados à extracção de areias começam a ver o negócio ameaçado e culpam a barragem do Torrão, que terá feito descargas de água anormais. Os institutos sucedâneos da JAE culpam os areeiros, cuja actividade terá levado ao descalçamento dos pilares. Os técnicos responsabilizam os políticos. Os políticos

acusam-se entre eles. E a procissão ainda vai no adro. O país espera, pelo menos, que nada fique como dantes (Garcias, 2001b: 5).

De regresso ao *Especial Informação*, perante o que aconteceu com a Ponte Hintze Ribeiro, pergunta José Alberto Carvalho se os portugueses poderão ter confiança nas cerca de 3500 obras de arte e viadutos que se encontram sob a responsabilidade do Estado? Oliveira Martins tem sobre esta matéria uma palavra a dizer:

> De uma forma geral, naquilo que importa à segurança das pessoas e dos bens materiais, o Estado tem uma função insubstituível. Quando as estruturas do Estado se degradam, seja em situações como esta, seja nos navios que andam no mar ou nos aviões que andam no ar, seja em que situação for, quando os organismos que respondem pelo Estado e que são a voz do Estado na execução de todas essas ações se degradam, há alguma coisa que está a correr mal. Alguma coisa nos deve inquietar.

Em matéria de confiança, também um dos familiares das vítimas tem uma palavra a dizer:

> Haver um acidente com um autocarro e morrer toda a gente é uma coisa que não é normal. [Cair uma ponte também não é normal.] Exatamente. Até porque isso destrói os alicerces da confiança. Quando atravessamos uma ponte, temos de ter confiança de que foi bem feita e de que há alguém que cuida das coisas. Ali, pelos vistos, isso não acontecia. Daí que a confiança... (Alberto Simões, familiar de vítima, entrevista, 15.05.2013).

Armando Rito, profundamente cético relativamente à capacidade do Estado para fiscalizar as obras de arte, em tom profético, encerrará a questão e o debate:

Vai ver que vai sair uma inspeção às obras de arte todas, mas não é isso... Isso é atirar poeira para os olhos das pessoas.

Do *Especial Informação* da *SIC*, muito mais do que a extração de inertes, as cheias ou as barragens, sai acrescida a responsabilidade, por um lado, das entidades a cargo das quais se encontravam a inspeção e manutenção da Ponte Hintze Ribeiro e, por outro, a responsabilidade política a nível local e central: local pela concentração das atenções numa nova ponte e central pelo protelamento da construção de uma nova ponte.

A primeira parte do programa coloca a ênfase nas condições técnicas e políticas subjacentes ao colapso parcial da ponte. É na segunda parte que são abordados os efeitos humanos da tragédia, sendo a ênfase colocada nas operações de busca e resgate e de deteção dos veículos submersos. Até ao dia da emissão do programa, 13 de março de 2001, apenas nove dos cinquenta e nove corpos jazendo no Douro, ou algures no Atlântico, tinham sido resgatados e nenhum dos veículos tinha sido detetado.[101]

Tal como na primeira parte, o programa conta com convidados em estúdio e em direto de Entre-os-Rios.[102] O debate irá ser norteado por duas grandes questões: primeiro, se as metodologias e os equipamentos utilizados pelo Instituto Hidrográfico da Marinha Portuguesa são os mais adequados e, segundo, qual a validade e efetivo respeito das condições de segurança dos mergulhos até então

---

[101] Cf. Anexo 5.

[102] No estúdio encontravam-se: o Comandante Dias Martins (Diretor da Escola de Mergulho da Armada); o Comandante Ferreira Coelho (do Instituto Hidrográfico); o Tenente Vicente (responsável pelas operações de mergulho); João Neves (mergulhador profissional e instrutor de instrutores de mergulho); e um professor, cujo nome correto não é audível na gravação, apresentado como especialista em metais pesados. Em direto de Entre-os-Rios: o Comandante Augusto Ezequiel (Diretor Técnico do Instituto Hidrográfico da Marinha); o Coronel Pinto Henriques (da Proteção Civil); Paulo Teixeira (Presidente da Câmara Municipal de Castelo de Paiva); e Augusto Moreira (representante dos familiares das vítimas).

realizados. Mais lateralmente aparecerá a cooperação internacional, ou seja, o facto de se terem deslocado ao local forças estrangeiras (até à altura, Espanha, França e Itália, na medida em que só mais tarde participarão nas operações forças suecas e dinamarquesas).

O debate, à imagem do que tinha acontecido anteriormente, assume um pendor técnico, com a Marinha a explicar e a justificar as metodologias de deteção adotadas — e apoiadas pelas forças estrangeiras[103] — como sendo as adequadas face às condições extremamente adversas encontradas no terreno. A opção pelos mergulhos deriva, por sua vez, da situação extraordinária que apela a medidas extraordinárias mas sempre com o devido respeito pelas condições de segurança dos mergulhadores.

Um militar que participou nas operações, e que foi por mim entrevistado, esclarece:

> [A propósito do mergulho.] Agora diga-me uma coisa: se não se tivesse feito aquele mergulho, se só tivéssemos feito o mergulho dez ou quinze dias depois o que é que diria a comunicação social? "Não tentam!". Como tentámos o que é que disseram? "Estão a mostrar!".

---

[103] Leia-se o comunicado de imprensa da Marinha Portuguesa do dia 9 de março de 2001, relativo à colaboração com autoridades francesas nas operações: «Correspondendo a uma solicitação nacional lançada em 7 de Março, as autoridades francesas prontamente disponibilizaram uma equipa de especialistas da Protecção Civil e da Marinha Francesa, que chegou a Portugal no dia seguinte com diverso equipamento. Uma vez feita a apresentação da situação, as equipas portuguesas e francesas trabalharam conjuntamente no terreno no âmbito das buscas em curso. Constatou-se que os equipamentos, métodos e procedimentos de operação dos mergulhadores e técnicos de detecção de ambos os países têm idênticas características e capacidades. Esta oportunidade para o estabelecimento de contactos técnicos e de trabalho comum permitiu confirmar como adequado tudo o que vinha sendo feito e que se prevê realizar no futuro, face às condições de operação. Foi, assim, considerado de muita utilidade para os dois países que se mantivessem em Portugal, e integrados nas equipas da Marinha Portuguesa, dois técnicos da Marinha Francesa, especialistas na área de detecção. A restante equipa regressará a França no dia de amanhã. Esta cooperação luso-francesa confirmou o grande interesse que existe, para ambos os países, na condução comum deste tipo de acções, designadamente para fazer face a situações tão adversas, quer se verifiquem em Portugal ou em França». Uma espécie de *diplomacia dos desastres* (Kelman, 2011).

[...] [O resgate do autocarro pode ser considerado como um sucesso parcial?] Não. Para mim não há sucesso ou insucesso parcial. O que houve foi o resgate de um autocarro nas condições que eram as possíveis. [...] Para mim não se trata de sucesso ou insucesso. [...] As condições eram de tal maneira anormais que, nos contactos que foram feitos a nível internacional, todos perguntavam se se estava a mergulhar naquelas condições. Era impossível. Vieram e ficaram como observadores mergulhadores franceses e suecos. Eles viram perfeitamente que, naquelas condições, era impossível trabalhar. [Nem mergulhar.] Nem mergulhariam. Naquelas condições não mergulhariam. [Posso, então, perguntar-lhe por que é que nós mergulhámos?] Pode perguntar. Nada foi feito que fosse contra as normas de segurança. Houve um mergulho, que foi o primeiro mergulho, que toda a gente diz que foi para "inglês ver" ou para "português ver", mas não foi isso. Tentou-se de uma forma consciente ver se era possível mergulhar naquelas condições, sempre dentro das normas de segurança, e, de facto, viu-se que não era possível mergulhar. Não foi para mostrar a ninguém! [Uma das coisas que tenho ouvido é que o mergulho é um mergulho mais mediático e político do que militar.] Não. Não. Isso, eu posso garantir-lhe que não. [...] Se há uma coisa que os militares fazem é defender os seus homens. Ninguém iria correr um risco desnecessário, perder uma vida num mergulho que não iria adiantar nada. Quem esteve no local... Desde o início que foram envolvidos em todas as operações familiares e jornalistas e a razão para estarem envolvidos é que se sabia que iria ser muito difícil... Não haveria outra maneira de explicar às pessoas as dificuldades se não vendo. Todos os que estiveram envolvidos disseram que, de facto, estava a ser feito tudo o que era possível (Inácio Valente, militar, membro da equipa da operação de resgate, entrevista, 03.07.2013).

A nota emotiva, chamemos-lhe assim para a diferenciar do pendor técnico do debate, é dada por Paulo Teixeira e por Augusto

Moreira, que, embora reconhecendo o esforço desenvolvido pelos operacionais, salientam a morosidade das operações e a importância de que se reveste o resgate dos corpos. É difícil, porém, imaginar que as operações de busca e resgate e de deteção dos veículos desaparecidos fossem conduzidas somente com base numa pura racionalidade técnica. Assumindo-se que a gestão política de uma crise não é uma atividade exclusivamente racional, desapaixonada, calculada e calculista (Bell, 1978), e que políticos profissionais e funcionários técnicos não são imunes ao contexto moral, porque haveria de ser diferente com os operacionais a participar nas operações de busca e resgate e de deteção dos veículos? É o próprio Comandante Dias Martins quem responde a esta interrogação no *Especial Informação* da *SIC*:

> Os mergulhadores da Armada não são homens de ferro. São homens com sentimentos como todos os portugueses e claro que esta missão no Douro para nós foi o sentir de muitas famílias que tiveram entes queridos neste acidente. Devo-lhe dizer que, inclusivamente, o condutor do autocarro era primo de um dos nossos homens. Portanto, imagine o nosso sentimento. O nosso sentimento era cumprir a missão o mais rapidamente possível mas dentro das condições de segurança.

De resto, o livro que o Comandante Augusto Ezequiel haveria de escrever, em coautoria com António Vieira, *Missão em Castelo de Paiva* (2001), é um exemplo franco do poder interpelativo do sofrimento e da morte e, principalmente, do seu impacto, não apenas na ação política, mas igualmente nos operacionais no terreno.[104]

---

[104] Veja-se, igualmente, o livro de António Salazar Galhardo (2002), referido no ponto relativo ao relatório da Comissão de Inquérito Ministerial, e cujo tom, invertendo a metáfora de Pollak (1993: 166), *introduz quente onde só sopra o frio*.

Trata-se de um relato escrito a duas mãos sob a forma de um diário (5 de março a 8 de abril de 2001) que entrecruza os trâmites da operação da equipa de deteção dos veículos, chefiada pelo Comandante Augusto Ezequiel (Instituto Hidrográfico da Marinha), com comentários e observações do jornalista António Vieira, que acompanhou *in loco* o desenrolar das operações. De forma clara e concisa, num tom na fronteira do heroico, os autores abordam temas como a tecnicalidade complexa das operações, a força da natureza (a chuva e o rio Douro), a luta contra a natureza e a supremacia desta face à técnica, à ciência e à vontade humana. Abordam, ainda, a presença assídua dos políticos no palco das operações, as relações dos operacionais com a comunicação social, as relações com a população e, principalmente, as relações com os familiares das vítimas, perante quem é assumido o império da emoção face à razão.

É precisamente este império da emoção que queria abordar de seguida para conduzir a discussão no sentido do poder interpelativo do sofrimento e da morte. De facto, o meu enfoque não recai sobre as operações de busca e resgate, que dariam, por si só, azo a outro trabalho. Este desvio pareceu-me, todavia, fundamental para lançar a questão do poder interpelativo do sofrimento e da morte, que, por intermédio da comunicação social, se desprende do momento de compaixão criado pelo acontecimento.

Nesta senda, a título ilustrativo, recorrerei aos artigos de José Pacheco Pereira e de Eduardo Cintra Torres, ambos incluídos no número cinco da revista *Jornalismo e Jornalistas* (abril/junho de 2001), do Clube de Jornalistas, cujo tema central incide precisamente sobre a cobertura noticiosa da *Tragédia de Entre-os-Rios*.[105] Para

---

[105] Para refletir sobre esta questão, foi convidado um conjunto de jornalistas: Joaquim Fidalgo (*Público*), do Conselho Deontológico do Sindicato dos Jornalistas; Fernando Martins (*Jornal de Notícias*); Mário Mesquita (*Público*); J-M. Nobre Correia (*Expresso*); Júlio Magalhães (*TVI/Expresso*); João Carreira Bom (*Diário de Notícias*); Judite de Sousa (*RTP/Jornal de Notícias*); José Vítor Malheiros (*Público*); Augusto Seabra (*Público*); e Luís Proença (*SIC Notícias*, único diretor de informação que acedeu

ser preciso, talvez se devesse acrescentar que é este um número dedicado à cobertura televisiva, já que a imprensa escrita carece de um elemento fundamental para ter protagonismo nesse debate — o direto —, enquanto a cobertura radiofónica carece, por sua vez, igualmente de um elemento fundamental: a imagem, o principal catalisador da emoção (Tétu, 2004: 10).[106]

Na abordagem proposta pela sociologia com desastres, o poder interpelativo do sofrimento e da morte — associado ao acontecimento, à mediatização do acontecimento e à gestão política da crise —, desempenha uma função primordial na definição da prática de governação adotada pelo Governo de António Guterres. O meu argumento é o de que nos artigos de José Pacheco Pereira e de Eduardo Cintra Torres se encontram, desde logo, alguns dos elementos que regressarão mais adiante quando se abordar a questão das distintas materialidades assumidas por essa prática, ainda por classificar, para o Governo, para o território, e para os familiares das vítimas.

3.2. O *show* da morte

Dos argumentos avançados por José Pacheco Pereira para criticar o *show* televisivo e o comportamento dos políticos suscitados pela queda parcial da Ponte Hintze Ribeiro, retenho aquele que tem que ver com a capacidade transformadora dos desastres e que

---

ao convite para participar neste número especial); e também o comentador José Pacheco Pereira (*Público*) e o crítico de televisão Eduardo Cintra Torres (*Público*).

[106] Nesse mesmo número da *Jornalismo e Jornalistas*, Judite de Sousa salienta: «a propósito das tragédias que ciclicamente acontecem na África subsaariana, o Alto--Comissário da ONU para os Refugiados afirmou em 1996: "sem imagens não há compaixão e muito menos reacção política urgente"' [El País, 2 de novembro de 1996.]. Sobre Castelo de Paiva muito se tem escrito sobre os "perigos" do directo. A informação em tempo real é um facto. É inútil lutar contra a velocidade da informação» (2001: 19).

consiste em saber se o processo de aprendizagem se traduz efetivamente em medidas estruturais que permitam evitar a ocorrência de novos desastres. A resposta de Pacheco Pereira é perentória: o *show* televisivo gera surtos de má governação destinada exclusivamente a responder ao próprio *show* televisivo. «Todas as medidas de emergência destinam-se [...] a encher os olhos que espreitam por detrás das televisões [e a] responder à voracidade das câmaras» (J. P. Pereira, 2001: 9).

A urgência de agir perante as televisões que acompanham os desastres, mais do que perante os desafios suscitados pelos desastres, impelindo ao imediatismo.

> Ou me engano muito ou do desastre de Castelo de Paiva não vai sair nenhuma medida estrutural que evite outros desastres. Tudo o que se decide é pontual e imediato, enquanto as medidas de fundo são lentas, demoram tempo a dar efeitos e não cabem na televisão. Essas, ninguém é impelido a tomar, e por isso o país fica com este atraso endémico. O "show" é hoje um elemento central deste estado de coisas. Não melhora, engana; emociona, não faz pensar; favorece o frenesim dos políticos diante das câmaras, e penaliza a sociedade (J. P. Pereira, 2001: 9).

Como afirma Richard Zimler nos *Anagramas de Varsóvia*: «Às vezes precisamos de esperar muito tempo para sabermos o significado do que está a acontecer neste preciso instante» (2009: 354). Isto significa que, por um lado, José Pacheco Pereira é ele próprio vítima do imediatismo, ou seja, da urgência do escrever, que, neste sentido, partilha algumas similitudes com a urgência do agir. Pacheco Pereira profetiza *em cima do acontecimento* com base numa certa ideia dos «políticos que nos governam». O trabalho sociológico difere, porém, do trabalho jornalístico, as suas evidências emergindo retrospetivamente mais do que no imediato e por antecipação (Bensa e Fassin, 2002).[107] Por outro lado, reforça-se a pertinência de inscrever o acontecimento extraordinário num contínuo temporal longo.

A comunicação social desempenha, indubitavelmente, um papel fundamental na afirmação do poder interpelativo do sofrimento e da morte e na configuração da prática de governação dominante no tempo durante o desastre ou na urgência. A meu ver, o que o artigo de José Pacheco Pereira ilustra é que a influência dos meios de comunicação social se concentra exclusivamente no tempo da urgência, na medida em que o tempo do quase-silêncio do pós-desastre ou o longo prazo é, igualmente, um tempo de quase-silêncio por parte da comunicação social. A influência da comunicação social para o desassossego dos desastres faz-se, deste modo, igualmente sentir, desta feita por ausência, na quietude dos desastres.

3.3. As lágrimas politicamente incorretas

O artigo de Eduardo Cintra Torres (2001), com a devida crítica aos exageros da comunicação social em geral, toma a defesa da televisão e vê na emoção, na dor e nas lágrimas dos familiares das vítimas entrevistados um povo que «chora de raiva contra as elites do seu país» e uma «insuportável acusação» à incúria do poder. São lágrimas — não "domesticadas", duras e humanas — que incomodam pela crítica sem subterfúgio às elites.

> Quando se quer censurar as lágrimas politicamente incorrectas que vimos na TV quer censurar-se a liberdade da crítica que elas exprimiram. O que se pretende é calar o povo. Porque esta

---

[107] A abordagem dos resultados práticos do processo de aprendizagem para o Estado será, a este propósito, reveladora.

censura é a mesma que no princípio do século XX os intelectuais faziam aos tabloides e é a mesma que desde há décadas se faz à televisão: a TV não dá as notícias que as elites querem ver; dá outras! (Torres, 2001: 11).

Os desastres estimulam, de facto, por via da emoção, a emergência nos meios de comunicação social de um registo populista que, na definição de Umberto Eco, citado por Alain Minc, consiste num apelo «sentimental e direto a uma entidade imprecisa que não existe e à qual se chama povo, que se procura apanhar pelas tripas»[108] (Eco *apud* Minc, 2005: 15). Os desastres a confirmarem que *o povo* tem razão de desconfiar das *elites* políticas e administrativas (Minc, 2005). No artigo de Eduardo Cintra Torres, mais do que discutir se o registo é ou não efetivamente populista, interessa-me atender às emoções — reveladas ou exploradas, neste caso é irrelevante — trazidas a público pela comunicação social no contexto dos desastres. A base sob a qual irá assentar o meu argumento encontra-se perfeitamente resumida na interrogação que Susie Linfield levanta a propósito das polémicas fotografias de guerra de James Nachtwey:

> O que há de errado em revelar o sofrimento; o que há de correto em ocultá-lo? Por que é que se considera o narrador, em vez da narrativa, como obsceno — e, ademais, não serão algumas obscenidades deste mundo dignas da nossa atenção? (Linfield, 2010: 41).[109]

Pantti e Wahl-Jorgensen (2007), com base em seis episódios que pertencem ao cânone dos grandes desastres e acidentes coletivos

---

[108] Tradução livre do autor.
[109] Tradução livre do autor.

britânicos,[110] abordam duas questões intimamente relacionadas relativamente à cobertura mediática de desastres ancorada no paradigma das *therapy news*: os desastres como uma oportunidade para explorar o papel político do jornalismo e a cobertura jornalística dos desastres como um meio de empoderamento político das vítimas.

A luta pelo enquadramento da *Tragédia de Entre-os-Rios* e das lições a tirar do acontecimento é uma luta que se trava por via de palavras e de imagens e, necessariamente, por via das emoções que estas suscitam e dos valores aos quais estas apelam. Participando ativamente dessa luta, a comunicação social confere visibilidade a discursos e narrativas que se situam fora do enquadramento político, pericial e judicial. Discursos e narrativas que não apenas fornecem interpretações alternativas ao acontecimento como revelam, na sua nudez, o sofrimento provocado pelo acontecimento, o drama humano do acontecimento, conferindo às emoções um caráter politicamente subversivo e um papel orientador da ação no âmbito de um enquadramento claramente definido de injustiça (Jasper, 1998).

Em Entre-os-Rios, a resposta governamental resultou, no imediato, da *acumulação de desvantagens* por parte do Governo a diversos níveis: o facto de o desastre envolver uma estrutura pública, o caráter inédito do desastre, as dificuldades nas operações de busca e resgate, o caráter inédito do acompanhamento mediático, e a cristalização da opinião pública numa definição da injustiça favorável ao território e à população afetados. Uma *acumulação de desvantagens*, do ponto de vista da gestão política de crises, que resulta numa determinada prática de governação. Em Entre-os-Rios, o principal catalisador para a ação governamental não foi a reconhecida negligência político--institucional, de algum modo publicamente assumida no *mea culpa*

---

[110] Situados entre 1929 e 1999, os autores abordam dois incêndios (*Glen Cinema fire*, 1929, Moorgate, e *Bradford City football stadium fire*, 1985), três acidentes ferroviários (*Harrow and Wealdstone rail crash*, 1952; *tube crash*, 1975; e *Lanbroke Grove rail crash*, 1999) e um deslizamento de terras (*Aberfan landside disaster*, 1966).

político de Jorge Coelho, mas principalmente a exposição mediática do sofrimento e da morte. A mensagem é clara: à natureza excecional do acontecimento deve o Governo responder com exceção.

As lágrimas dos paivenses são, mais do que politicamente incorretas, politicamente perturbadoras, porque obrigam o político a afastar-se do seu quadro de funcionamento normal em relação a um território e a pessoas que, em tempos comuns, gravitariam longe da sua órbita. Os tempos são, porém, de desassossego. E as lágrimas do *povo* são politicamente perturbadoras porque evocam a possibilidade das vidas perdidas na Hintze Ribeiro serem vidas irrelevantes para o Estado, vidas que podem ser sacrificadas, vidas que, aparentemente, se encontravam fora da comunidade política, a mesma comunidade política na qual fazem, agora, subitamente irrupção porque ausentes e porque mortas. São lágrimas politicamente perturbadoras, finalmente, porque evocam a possibilidade futura dessa súbita pertença à comunidade política se dever exclusivamente a um acontecimento extraordinário e de se restringir, por essa razão, ao tempo da urgência, ao tempo do *Governo da exceção*. O que perturba, em suma, não são as lágrimas em si, mas o facto de estas adquirirem capacidade ou empoderamento político precisamente por serem lágrimas.

PARTE III

*J'ai traversé les ruines calcinées de Maruno.uchi.
Mais ce qui frappa mes yeux furent ces choses que même un
incendie déchaîné
ne peut réduire en cendres.*

Ryûnosuke Akutagawa (1999).

1. Prática de Governação de um Território e de uma População Afetados por um Acontecimento Extraordinário

Os capítulos anteriores, embora por vezes fastidiosos, eram fundamentais para conferir inteligibilidade aos objetivos deste livro, que consistem, primeiro, em identificar e caracterizar a prática de governação de um território e de uma população afetados por um acontecimento extraordinário que prevalece no momento da urgência, segundo, em assinalar as suas materialidades e, por último, em aferir do prolongamento dessas materialidades a longo prazo.

Regresso, deste modo, às linhas de trabalho traçadas no roteiro da investigação. Antes, porém, parece-me necessário reforçar que a sociologia com desastres aqui proposta, por um lado, assenta exclusivamente num caso particular e, por outro, é profundamente devedora de uma prática sociológica que visa a combinação entre trabalho de terreno e construção concreta de teoria (Kaufmann, 2008). Mais do que uma instância de verificação de uma problemática preestabelecida, o terreno constitui, portanto, o ponto a partir do qual, em diálogo com outras leituras e maneiras de pensar, se empreende a construção teórica. Uma construção teórica que, no contexto português, se quer ousada (B. S. Santos, 1994: 53).

Nesta sociologia com desastres, o acontecimento extraordinário é analisado a partir da sua inscrição num contínuo temporal balizado por três tempos abertos: o tempo anterior ao desastre, o tempo durante o desastre (a urgência) e o tempo do quase-silêncio do pós-desastre (o longo prazo). Parto da ideia de que estes três tempos formam um contínuo temporal construído como de indiferença para com o território e a população. Um contínuo de indiferença que se vê perturbado pelo acontecimento.

Durante a crise induzida pelo desastre, a resposta política não se esgota no processo de aprendizagem — que se traduz em reformas políticas e administrativas e que se faz acompanhar de um processo de responsabilização, à imagem da exploração política da crise, de baixa intensidade[111] —, mas igualmente em medidas excecionais. A resposta política inclui, de facto, uma responsabilização moral e reparatória relativamente ao território e à população afetados pelo acontecimento extraordinário, ou seja, neste caso, relativamente a Castelo de Paiva e aos familiares das vítimas da *Tragédia de Entre-os-Rios*. O ponto de ancoragem empírico para aferir dessas medidas corretivas reside na *legislação de exceção*.

O processo de aprendizagem começa a tomar forma no tempo durante o desastre, estabilizando-se alguns dos seus elementos no tempo do quase-silêncio do pós-desastre. O ponto de ancoragem empírico para aferir das medidas corretivas decorrentes do processo de aprendizagem reside na longevidade da *legislação de reforma* introduzida na ordem jurídico-institucional.

Enquanto na definição e aplicação da resposta prática a uma situação local e particular, os representantes políticos não assumem

---

[111] O processo de responsabilização em Entre-os-Rios saldou-se, em linhas muito gerais, na inédita *demissão de exceção* de Jorge Coelho. Um caso que Boin *et al.* (2008b, 2008c) definiriam, certamente, de impacto negativo na elite. Um impacto, porém, algo contrariado pelo percurso no setor privado por parte do ex-ministro e, mais importante, pelo regresso à cena política de Jorge Coelho por ocasião das eleições europeias de 2014.

uma atitude exclusivamente racional, na receção dessa resposta, território e familiares das vítimas não assumem uma atitude exclusivamente passiva. A forte mediatização do desastre favorece o poder interpelativo do sofrimento e da morte e, consequentemente, influencia os sentidos que assume a gestão política da crise e assegura que esta se desenrola nas fronteiras flexíveis e negociadas de um determinado enquadramento de injustiça. Quer o Governo de António Guterres, quer o território — na pessoa do, então, Presidente da Câmara Municipal de Castelo de Paiva — quer os familiares das vítimas — através dos seus representantes oficiosos, primeiro, e oficiais, posteriormente — serão influenciados e, simultaneamente, procurarão influenciar o processo de politização do sofrimento e da morte.[112]

Inserido o acontecimento numa temporalidade longa, o meu argumento é o de que, primeiro, o tempo da urgência, marcado por uma forte mediatização do acontecimento e pelos efeitos fortes do processo de politização do sofrimento e da morte, abre espaço a uma *prática de governação de expiação* produto de um *Governo de exceção*. Classifico este período de desassossego do desastre. A longo prazo, esta prática tende a esgotar-se, mais por inércia do que por intenção, continuando o acontecimento extraordinário inteligível nos resultados do *processo de aprendizagem* (as lições do desastre), na *normalização* (a interrupção dos extravasamentos ocorridos no tempo da urgência) e na *indiferença* (o retomar da gestão corrente da coisa pública), que visa *amortecer os efeitos*

---

[112] Duas notas: primeiro, nem o impacto do sofrimento e da morte no político nem a apropriação do político pelo sofrimento e pela morte são isentos de conflito e de negociação, nem a sua intensidade se mantém a longo prazo. Segundo, à apropriação do político por parte de Paulo Teixeira opor-se-á uma apropriação concorrente por parte dos familiares das vítimas, o primeiro ancorando-se na compensação/reparação, perante a indiferença do Estado para com o território, e os segundos na verdade/responsabilização, perante a responsabilidade do Estado para com as vítimas.

políticos e sociais do acontecimento. Classifico este período de quietude do desastre.

A prática de governação de expiação, num primeiro tempo, e a aprendizagem, normalização, e indiferença, num segundo, assumem materialidades distintas para o Governo, para o Estado, para o território e para os familiares das vítimas.

1. No período da urgência, a prática de governação de expiação do Governo de exceção encontra expressão:
   - no Governo: no processo de responsabilização que conduz a demissões de exceção;
   - em Castelo de Paiva: na legislação de exceção que conduz à assunção de compromissos materiais de exceção; e
   - nos familiares das vítimas: na legislação de exceção que conduz à atribuição de direitos de exceção.

2. A longo prazo, a aprendizagem/normalização/indiferença encontram expressão:
   - no Estado: no processo de aprendizagem que conduz a reformas legislativas relacionadas com o evento (*legislação de reforma*);
   - em Castelo de Paiva: na indiferença que conduz ao fim/incumprimento dos compromissos materiais de exceção; e
   - nos familiares das vítimas: na indiferença que conduz ao esgotamento dos direitos de exceção.

Na figura seguinte, sistematizo o argumento aqui avançado para a prática de governação de um território e de uma população afetados por um acontecimento extraordinário (Figura 2).

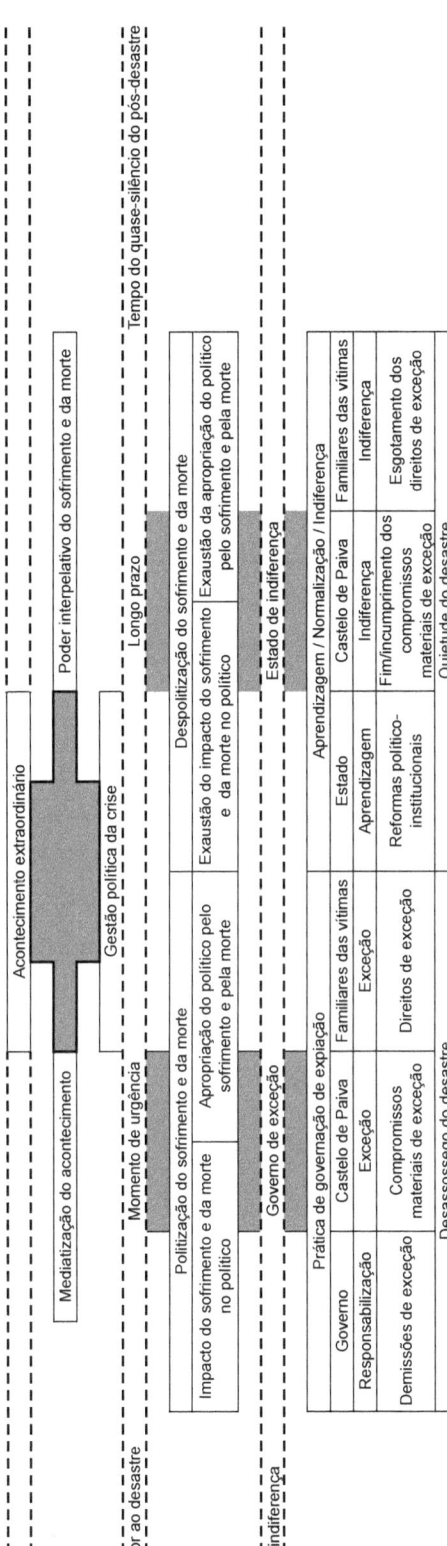

Figura 2. Prática de governação de um território e de uma população afetados por um acontecimento extraordinário
Fonte: Elaboração própria

Na sequência da queda parcial da Hintze Ribeiro, em Entre-os-
-Rios, poderíamos dizer que se instala uma espécie de regime do
estado de sítio ou de emergência não formalmente ou tecnicamente
declarado e que não coloca em causa o Estado de Direito.[113] Adoto
aqui a posição de Didier Fassin, que, refletindo sobre o estado
de exceção, propõe que este seja contemporaneamente pensado
como «uma condição matizada, e logo eufemizada, nas suas causas como nos seus efeitos»[114] (Fassin, 2010b: 238). Retomando
Jean-Pierre Dupuy, poderíamos dizer que, em Entre-os-Rios, estamos perante uma descontinuidade radical, a exceção, que se
produz sobre o fundo de uma dinâmica contínua de ausência
e de indiferença, esta última construída como uma insensibilidade histórica do centro político relativamente a um interior
habitado por vidas precárias e vulneráveis. Uma precariedade e
uma vulnerabilidade que a queda da ponte tornaram duramente
manifestas. O acontecimento extraordinário a perder, pois, algo
da sua excecionalidade para se revelar como uma condição (B.
S. Santos, 2009) inerente a um determinado território e a uma
determinada população. A urgência aparece, consequentemente,
por um lado, como uma condição temporal e, por outro, como
legitimadora de uma *prática de governação de expiação*, produto
de um *Governo de exceção*. Na sequência da queda parcial da
Hintze Ribeiro, abre-se um parêntese consensual no contínuo da
indiferença do centro relativamente ao território e à sua população e à concentração do poder de decisão no chefe do Governo,
António Guterres, com vista não à suspensão, mas à extensão,

---

[113] Inspiro-me aqui na análise de Didier Fassin (2010b) da *Tragedia* de 1999 na Venezuela. Para uma análise minuciosa deste desastre, cf. Revet (2006); Lezama (2007). Em grandes linhas, trata-se de um importante deslizamento de lamas que devastou o norte da Venezuela. São atribuídos à *Tragedia* cerca de 1000 vítimas mortais e mais de 200 000 desalojados.

[114] Tradução livre do autor.

se não mesmo à criação, de direitos para o território e para os familiares das vítimas.

No estudo de caso de Entre-os-Rios, assiste-se a uma instrumentalização do acontecimento pelo *Governo de exceção* destinada a assegurar a manutenção da legitimidade do Estado. Esta instrumentalização torna-se particularmente notória no caso do território e dos familiares das vítimas, no que revela ao nível do reconhecimento de direitos por via da exceção, que comprometem exclusivamente o Governo em funções e não o Estado: os compromissos materiais de exceção e a cidadania de exceção como um simulacro de reconhecimento de direitos por parte de um Estado protetor que retira da equação o Estado perpetrador.

O estado de emergência não constitui, no caso de Entre-os-Rios, nem um ato jurídico nem um estado de facto, representa antes um momento moral e político cuja legitimidade assenta no consenso perante uma situação excecional que demanda uma reparação excecional, que demanda expiação. É esta uma consensualidade na responsabilidade que atravessa ao mesmo tempo que implica Portugal como um todo, atravessado e implicado que este já estava pela ideia mediaticamente disseminada de que, perante o desastre, era *Portugal que estava de luto* (Moreira *et al.*, 2001: 2) e era a Portugal que incumbia uma responsabilização coletiva perante a sua irresponsabilidade coletiva.

> [Portugal] é o país do remedeio. É o país que gosta de ignorar a prevenção para poder lamentar os esquecimentos. [...] Olhemos para o silêncio imponente e trágico desta ponte. Ele é o melhor libelo acusatório da nossa irresponsabilidade coletiva (Praça, 2001: 54).

Classifico, deste modo, a resposta de António Guterres durante o tempo da urgência como relevando de uma *prática de governação de expiação*, produto de um *Governo de exceção* que encontra expressão num conjunto de ações governamentais excecionais. A obrigação de dar resposta decorrendo, pois, de uma responsabilidade moral que decorre, por sua vez, de uma responsabilidade causal por omissão (Boltanski, 2007: 39) ou por indiferença e que conduz à produção discricionária de exceção.

O *Governo de exceção* — relembro, assim classificado de forma impura, isto é, além de qualquer fundamentação jurídica ou mesmo de filiação teórica — traduz um momento histórico durante o qual o soberano, ou seja, neste caso, o chefe do Governo, António Guterres, faz um uso arbitrário e não violento dos poderes executivo e legislativo para responder excecionalmente ao excecional e, mais, para responder excecionalmente ao excecional fazendo prova de humanidade. "Prova" no sentido de demonstração palpável. "Humanidade" no sentido, primeiro, do conjunto de seres humanos que partilham uma idêntica condição — pertencer à humanidade, enquanto categoria descritiva e extensiva — e, segundo, como movimento afetivo dirigido para com os semelhantes — fazer prova de humanidade enquanto categoria moral e intensiva (Fassin, 2010b: 9; Audi, 2008: 196, 2011: 127). Mais à frente se verá se esta prova de humanidade resulta efetivamente no reconhecimento de um estatuto de vítima outorgante de direitos ou se no reconhecimento de uma condição de vítima que se salda na exceção.

O *Estado de indiferença*, o Estado anónimo e impessoal, ao qual alude Vital Moreira (2001) no artigo de opinião já referido, cessou de o ser — em Castelo de Paiva, pelo menos — no momento em que colapsou a Ponte Hintze Ribeiro. O *Estado de indiferença* cessou de o ser no momento em que a população de Castelo de Paiva — as suas vítimas, pelo menos — ganharam existência no face-a-face com representantes políticos e administrativos, ou seja, no momento em que ganharam existência na copresença. O corpo político perante os corpos mortos e ausentes que darão, por sua vez, existência política a vidas construídas como nuas. À difusão mediática das imagens e das palavras do sofrimento e da morte não podiam os políticos profissionais responder com indiferença e insensibilidade, a mesma indiferença e insensibilidade que provocaram o colapso parcial de uma ponte do interior. A situação exigia que os representantes políticos — e o chefe do Governo — se tornassem permeáveis à emoção, aos afetos e aos valores, aos sentimentos morais inerentes ao desastre. A situação exigia que se tornassem, em suma, mais humanos perante esta irrupção de humanidade. A situação exigia compaixão e expiação.

O *Estado de indiferença*, o Estado anónimo e impessoal voltará mais tarde — em Castelo de Paiva, certamente — com a gradual despolitização do sofrimento e da morte, a exaustão da exceção e o fim/incumprimento das promessas para o território, gradualmente esvaziadas de firmeza pelos sucessivos ciclos eleitorais. O *Estado de indiferença* voltará mais tarde — para os familiares das vítimas da *Tragédia de Entre-os-Rios*, certamente — igualmente com a gradual despolitização do sofrimento e da morte, igualmente com a exaustão da exceção e o esgotamento dos direitos de exceção. A longo prazo, no tempo longo do quase-silêncio do pós-desastre, será altura de o *Governo de exceção* dar novamente lugar ao *Estado de indiferença* e de o desastre se ver remetido para uma sua quietude.

2. TERRITÓRIO:
COMPROMISSOS MATERIAIS DE EXCEÇÃO

No dia 11 de março de 2001, António Guterres deslocou-se a Castelo de Paiva para assistir à missa do sétimo dia que se realizava nessa tarde. A receção ao Primeiro-Ministro é, nesse dia, diferente. Não se ouvem já apupos e assobios, nem a palavra «assassinos» como quando Guterres se deslocou pela primeira vez a Entre-os-Rios a 5 de março (Moreira *et al.*, 2001). O Primeiro-Ministro encarrega, então, o Presidente da Câmara Municipal de Castelo de Paiva, Paulo Teixeira, de apresentar uma lista das necessidades do concelho.

Uma vez mais, segundo a comunicação social, é o drama que serve de motor ao concelho de Castelo de Paiva (Garcias, 2003a). De facto, por ocasião do encerramento da fábrica de calçado *Clarks*, dois anos após a queda da ponte, Pedro Garcias (2003a), do jornal *Público*, irá referir-se ao encerramento das minas do Pejão como fundamental para a revitalização e diversificação industrial do concelho e, assim, *fazer a ponte* com o «drama tragicamente redentor» do colapso da Hintze Ribeiro. «Foi o seu sacrifício que fez despertar o Governo para a triste realidade de um concelho que, apesar de ficar à beira do Porto, parecia, como se disse na altura, mais próximo de África» (Garcias, 2003a: 23).

Em contexto de entrevista, um membro do Governo em 2001, exprime um idêntico sentimento:

Também não sei se aquele acidente não tivesse tido a dimensão humana que teve se essas mudanças teriam acontecido. Isto é um bocado dramático de dizer, mas se fosse só a ponte que tivesse caído sem que lá estivesse alguém a passar, será que se tinha investido? (Rogério Macedo, membro do Governo em 2001, entrevista, 15.05.2013).

Nos dias subsequentes à tragédia, o concelho será «visitado por seis ministros, outros tantos secretários de Estado e incontáveis assessores ministeriais, todos anunciando medidas de emergência» (Baptista, 2001a). Entre-os-Rios a tornar-se num inusitadamente animado ponto de interseção entre o nacional e o local, o ponto de encontro de dois níveis de administração, de interesses e de agendas, que, embora sintonizados pelo mesmo acontecimento, visarão objetivos distintos, o que, a longo prazo, redundará em resultados igualmente distintos para ambos. Porém, no imediato, o que é que este encontro representa em termos de financiamento para o concelho?

De 25 de Abril de 1974 até ao dia do acidente, 4 de Março de 2001, o Governo tinha investido 5,7 milhões de contos na região. Nos dias subsequentes à tragédia, foram anunciados 20 milhões de contos, cento e dez milhões de euros, para obras em todas as áreas de actividade [...]. (Santiago, 2006: 36).[115]

Num livro lançado em 2011, *A Ponte de Portugal*,[116] um relato dos acontecimentos contado pela voz de Paulo Teixeira, Presidente

---

[115] Segundo Paulo Teixeira (2011: 36), foram anunciados 21 076 000 contos.

[116] Dez anos após o colapso parcial da ponte Hintze Ribeiro, que, por altura do *Especial Informação* da *SIC*, não precisava de outra referência que não "a ponte", a Hintze Ribeiro torna-se a *Ponte de Portugal*, sem, todavia, que a esse estatuto de símbolo fique associado um significado unânime.

da Câmara Municipal de Castelo de Paiva aquando da queda da ponte, este explica como tudo aconteceu ou, como fará questão de repetir várias vezes ao longo do livro, como tudo *lhe* aconteceu:

> Até à tragédia de Entre-os-Rios, Castelo de Paiva era um concelho "esquecido" pelo Terreiro do Paço. As diligências e esforços que o Executivo Municipal por mim liderado desenvolvia, sistematicamente, junto do poder central revelavam-se inócuos, o que dificultava seriamente a actividade municipal e prejudicava decisivamente os mais legítimos anseios da população paivense.
>
> No final da missa do 7.º dia, e quando ia a entrar no carro que o ia levar a Lisboa, o Eng.º António Guterres perguntava-se se eu, até às 11 horas da manhã seguinte, lhe conseguia enviar uma listagem, Ministério a Ministério, do que faltava fazer em Castelo de Paiva.[117]
>
> Eu disse-lhe imediatamente que sim, ao que ele afirmou, já dentro do carro, "eu, depois, envio-lhe os membros do Governo, um a um, aqui ao concelho, e você vê com eles o que pode ser resolvido".
>
> Quando o Primeiro-Ministro me fez aquela pergunta, já estava sentado no carro, não tendo eu muito tempo para pensar, e lembrei-me, em milésimos de segundos, daquilo que foi a segunda guerra mundial na Alemanha. A reconstrução ajudou muito aquele país. Eu estava consciente que não tinha dinheiro nos cofres municipais para acompanhar os milhões de contos de investimentos estatais, mas Castelo de Paiva não podia perder esta oportunidade

---

[117] Na biografia de António Guterres da autoria de Adelino Cunha, nas poucas linhas dedicadas à ponte Hintze Ribeiro, esclarece o biógrafo que, perante a tragédia: «[António Guterres] [d]ecide tomar em mãos a liderança do processo de construção da nova ponte em Entre-os-Rios e impõe uma série de medidas para ajudar as populações locais a recuperarem da tragédia. Mais tarde, quando regressar ao mesmo local, será particularmente bem recebido pelos habitantes que reconheceram o seu empenhamento pessoal» (Cunha, 2013: 516).

de, através de uma "verdadeira regionalização", poder pensar e agir localmente.

Fui, nessa noite, para o meu gabinete, acompanhado pelo meu Vice-Presidente, Lino Pereira, pelo Vereador Rui César Castro e pelo Presidente da Assembleia Municipal, Lopes de Almeida. Preparámos esta lista que, no dia seguinte, conforme combinado, via fax, seguiu para Lisboa.

Foram mais de cinquenta e cinco obras solicitadas. Em todas as áreas: saúde, educação, área social, acessibilidades, desporto, cultura, ambiente...

E aí inicia-se um périplo de ministros e secretários de Estado: em apenas 23 dias, o concelho é visitado por 19 governantes, incluindo o Primeiro-Ministro.

Aos poucos a nossa terra é transformada num imenso estaleiro — com custos, também, naturalmente, para os cofres municipais — vendo-se surgir todas as mais significativas obras relativamente às quais, dantes, não se observava qualquer evolução. A ponte, um clamoroso exemplo...

Agora, e ainda com a dor bem presente, o concelho gritava bem alto as suas carências e a injustiça a que estivera votado, e a sua voz, dura e inquebrantável, era, finalmente, ouvida nos gabinetes ministeriais (Teixeira, 2011: 30).

Rui Baptista, jornalista do *Público*, explica como Castelo de Paiva chegou a este *estado de isolamento*. Um isolamento que contrasta com o fervilhar de atividade que o concelho virá a conhecer e que o irá transformar num *imenso estaleiro* (Teixeira, 2011):

Tentar perceber como foi possível que Castelo de Paiva (e o vizinho concelho de Cinfães) tenha chegado a este estado de isolamento obriga a recuar uns anos e analisar com atenção o relacionamento (ou, neste caso, a falta dele) entre a autarquia e a administração central. Encravado entre o Douro e a serra, com um número de eleitores reduzido, Castelo de Paiva ficou de fora do *boom* de investimento em infra-estruturas que se seguiu à adesão do país à Comunidade Europeia. Enquanto o Governo foi PSD, a câmara esteve nas mãos do PS [...]. Quando o Governo mudou para o PS, a câmara passou, pouco tempo depois, para o PSD (Baptista, 2001a).

Perante a tragédia, anula-se a importância das cores políticas, suplantadas pelo acontecimento e pela urgência do *Governo de exceção* em ostentar uma resposta política visível e inequívoca. Associar ao isolamento do concelho de Castelo de Paiva o *azar* de a cor política camarária não coincidir com a cor política dos governos e, mais importante, à parca influência do seu «número de eleitores reduzido» não será o mesmo que dizer que Castelo Paiva seria, antes do colapso da ponte, politicamente irrelevante? A morte e o desaparecimento dos seus habitantes a despedaçar as fronteiras e a redefinir as relações centro-território, a conferir relevância política aos corpos mortos e ausentes e a outorgar o direito aos seus habitantes, legitimado nesse sacrifício, de se tornarem objeto de uma consideração política de exceção, aparentemente, apoiada por uma condigna exceção orçamental. A excecionalidade do acontecimento a apelar, em suma, a medidas excecionais e pródigas,[118] que são, simultaneamente, uma homenagem ao sacrifício das vítimas por parte de um *Governo de exceção* em pleno processo de expiação. Segundo um membro do Governo na altura:

---

[118] A propósito do *Katrina*, Daniels, Kettl e Kunreuther (2006) referem-se à *nacionalização dos custos* para mostrar o modo como, perante um desastre, os custos inerentes às medidas de reparação pós-desastre não são suportados localmente mas, por via do Estado. Como se verá, no caso de Entre-os-Rios, esta *nacionalização dos custos* far-se-á de forma menos pacífica do que a ideia das comunidades altruístas pós-desastre, nas quais impera o consenso, a solidariedade e a empatia sustentadas por uma definição coletiva e partilhada da situação (Erikson, 2006), deixa supor.

A recuperação psicológica pode ser feita — eu não sou especialista, mas a experiência de vida veio dar-me alguma especialização nisso —, pode ser feita... Ali, tinha de ser feita de duas maneiras, que, nalgumas famílias, não pôde ser. Portanto, era o luto, a demonstração da dor... Aqueles que viram os seus familiares enterrados, tiveram essa parte do luto, mas aqueles que não puderam fazê-lo não podiam ficar eternamente no passado e nós tínhamos de os projetar para o futuro. Aquelas pessoas, para além de terem sido apoiadas, e acho que bem, passaram a ser... Por causa delas o concelho deu um salto do ponto de vista do desenvolvimento. Ou seja, há uma dor muito forte... Deixe-me dar-lhe uma imagem que não sei se é muito feliz mas pronto. Imagine que tem um pai que perde um filho em combate. Por um lado, tem a dor do filho que morre, mas, por outro lado, tem o orgulho do filho ter ajudado a ganhar uma batalha. Eu acho que foi essa a perceção que nós tivemos naquele momento... Não sei se "nós", mas eu tive pelo menos... Nós aqui precisamos de... Essas pessoas... As que não fizeram o luto já não fazem e, portanto, ou ficam eternamente amarradas ao passado e a olhar para o rio ou começam a pensar: "Tu morreste mas por causa de ti há uma ponte. Tu morreste mas por causa de ti há um acesso. Tu morreste mas por causa de ti há um investimento. A tua morte não foi em vão". Portanto, foi um pouco essa linha de superação do trauma que nós seguimos com consciência (Paulo Fonseca, membro do Governo em 2001, entrevista, 28.05.2013).

E a comunicação social fez eco desta ideia. *Chegou a hora de cuidar dos vivos*, diz Rui Baptista (2001a), do *Público*, num artigo que apresenta as «reclamações de Castelo de Paiva», a lista de necessidade à qual Paulo Teixeira se refere como um «caderno reivindicativo» (Baptista, 2001a). José Manuel Fernandes (2001), no editorial dessa mesma edição do *Público*, faz, por sua vez, eco de uma outra posição, muito na linha do artigo de José Pacheco Pereira (2001) referido anteriormente, que vinha chamando à atenção para o império e os perigos da emoção provocados pelo colapso da Hintze Ribeiro. A emoção que tolda os sentidos, a emoção que perturba a razão.

> Infelizmente, no entanto, nos últimos dias a emoção superficial tem substituído o raciocínio ponderado. A emoção é o que está a dar. Explorada de forma desavergonhada pelas televisões — com directos obsessivos que prolongam até à náusea —, abre um palco para os políticos. Primeiro foram as romarias ao local do desastre, agora é o corrupio dos ministros e os inacreditáveis "briefings" para o "prime-time" televisivo. Que importa que no concelho ao lado as carências sejam idênticas, se lá não há televisões? E que interessa se há outras notícias no país e no mundo, se lá não há directos com ministros nem ninguém a quem perguntar "o que sente..."?
>
> Alimentando-se mutuamente neste ciclo vicioso, saltando de explicação em explicação para o desastre da ponte, sem tempo para reflectir e desvalorizando a sensatez, atirando de um lado para o outro o ónus da culpa e da responsabilidade, esta engrenagem apenas agrava o mal nacional. Vive enquanto houver holofotes ligados. Depois, quando se apagarem, em Castelo de Paiva ou em Cinfães, em Mogadouro ou no Sabugal, em Barrancos ou em Aljezur, regressará a normalidade. E lá ficarão todos, de novo, "esquecidinhos" (Fernandes, 2001: 3).

Na mesma linha, Miguel Sousa Tavares (2001), num artigo de opinião para o *Público* do dia 16 de março de 2001:

> A opinião pública dominante forma-se na televisão, manifesta--se na televisão e pressiona através da televisão. [...] E, como a televisão funciona no domínio do efémero e do emocional, é assim que o Governo sente a pressão da opinião pública e lhe reage.

Governa-se, pois, de acordo com o tipo de exigências que a televisão e a imprensa sensacionalista [...] transmitem. Governa-se para a superfície das coisas, para o dia que passa, para o telejornal das 20h. [...] O país não vive de reflexão, mas de acontecimentos (M. S. Tavares, 2001: 5).

E ainda Gaspar Martins Pereira (2001), que, no dia 21 de março de 2001, reflete igualmente sobre um país governado ao sabor da conjuntura:

> A nação inteira parece unir-se nestes momentos de tragédia. Porém, ultrapassado o luto, Castelo de Paiva voltará, provavelmente, a sentir o abandono de sempre, semelhante ao de tantos outros lugares do nosso "país real". No interior ou nos dormitórios suburbanos, onde todos os dramas parecem ter o mesmo denominador comum: o esquecimento que traduz a distância dos cidadãos aos centros do país. [...] Em Castelo de Paiva, pressionado pela desgraça, o Governo irá atuar em várias frentes. Desde o apoio social à busca de alternativas de circulação. Erguer-se-á, rapidamente, outra ponte, mobilizando com imprevista facilidade, competências técnicas, vontade política e dinheiros públicos, evitando as delongas burocráticas do costume (G. M. Pereira, 2001: 8).

Os exemplos desta argumentação poderiam ser referidos à saciedade. Incontestável é que a comunicação social desempenhou um papel fundamental na politização do sofrimento e, logo, para o surgimento, no momento de urgência, de uma prática de governação do território cuja característica mais marcante é, indubitavelmente, a expiação e cujo resultado mais marcante é, indubitavelmente, a exceção.

Castelo de Paiva deixara de ser longínquo. Qual África mediática (Garcias, 2003a), irrompera do estado de esquecimento, abandono e isolamento ao qual havia sido votado pelo centro político, num movimento inverso ao da Ponte Hintze Ribeiro, infraestrutura pública que lhe deu visibilidade e existência. A meu ver, o problema não reside no sentimento moral da compaixão, subjacente à crítica dos *opinion makers* suprarreferidos, mas, outrossim, na exceção.

Parece-me, neste sentido, adequado que se contrabalancem as opiniões citadas acima com a opinião de Júlio Magalhães, o rosto da *TVI* em Castelo de Paiva, que se insurge contra os "heróis da palavra" que criticaram duramente a atuação dos jornalistas em Entre-os-Rios:

> Ouvimos vezes sem conta familiares, amigos, populares. Pois ouvimos. Incomoda ouvir o povo repetir que está a ser enganado pelos mesmos, os de sempre, por aqueles que estão no poder e por outros que já estiveram e agora escrevem artigos, depositam palavras — mas nada fizeram nem querem fazer pelas pessoas. Incomoda ouvir a voz do povo dizer vezes sem conta que as promessas fazem parte das campanhas eleitorais, que tudo aquilo era uma vergonha para os que gravitam no e à volta do poder central. O povo de Castelo de Paiva teve as suas horas de vã glória na televisão. Para isso precisou de uma tragédia que vitimou perto de 60 pessoas. [...] Foram as câmaras de televisão que nos primeiros dias deram voz aos familiares, amigos e populares de Castelo de Paiva — que nos procuraram para mostrar a revolta que lhes ia na alma. Foi a partir dessas imagens que o Governo se mobilizou e organizou naquela região (Magalhães, 2001: 17).

Uma opinião igualmente partilhada por Paulo Teixeira:

> A comunicação social. Foram dos primeiros a chegar e dos últimos a sair. Se não fosse a sua presença, os holofotes tinham-se apagado num ápice e não teríamos o apoio que, depois, tivemos.

A comunicação social mostrou ao país e ao mundo a debilidade do nosso Portugal (Teixeira, 2011: 34).

A narrativa de um território esquecido do poder central, que se torna, por isso, vulnerável (Teixeira, 2011) e que, concretizada essa vulnerabilidade, se torna *merecedor* de um tratamento excecional, é produzida pelo concurso de diversos elementos: a brutalidade inédita do acontecimento, as imagens chocantes do acontecimento, as palavras amargas e duras do acontecimento, as referências por parte da comunicação social a Castelo Paiva como um concelho mártir[119] (Garcias, 2001a; S. Pacheco, 2003), a reatualização por parte do poder local das assimetrias regionais e, consequentemente, da regionalização.[120]

Refém do acontecimento, o Governo de António Guterres vê-se perante a contingência de responder às exigências de um autarca apostado em *não perder a oportunidade* aberta pelo desastre, pela indignação nacional que este provoca e pelo enquadramento de injustiça — bem como de reparação — que Paulo Teixeira irá construindo no seu esforço de apropriação do político por via do sofrimento e da morte.

A propósito do Presidente da Câmara Municipal de Castelo de Paiva, diz António Salazar Galhardo: «Aproveitou o corrupio dos políticos para interesse do seu concelho. Diz o povo que *no aproveitar está o ganho*. Conseguiu dos políticos que muitas obras, algumas já perspectivadas, se fizessem mais rapidamente» (2002: 94).

---

[119] O sacrifício das vítimas a conferir aos mortos o estatuto de *heróis concelhios*: «bem se pode dizer [...] serem as infelizes vítimas da queda da ponte além disso também heróis concelhios porquanto foi, feito o sacrífico supremo, que a sua agora conhecida terra saiu do anonimato a que sempre a votaram os políticos, todos os políticos e de todos os tempos, deste país!» (Pinto, 2002: 53).

[120] O comentário de José Queirós, no *Público* do dia 15 de março de 2001, é disto um exemplo claro: «a tragédia de Entre-os-Rios tem servido de pretexto para enumerar todos os pecados do Estado português. Pois junte-se à lista, como é devido, essa cultura da arrogância e do desperdício que dá pelo nome de centralismo. O velho e estúpido centralismo português» (2001a: 5).

Na edição de 6 de março do *Público*, Paulo Teixeira será, se possível, ainda mais transparente: «Já houve quem aprovasse um Orçamento em troca de um queijo limiano; a água do Douro vai ser o nosso queijo» (Baptista, 2001b). A referência ao *Queijo Limiano* não é fortuita. Recorde-se que Daniel Campelo — deputado e Presidente da Câmara Municipal de Ponte de Lima eleito pelo CDS/PP, durante o mandato de um Governo socialista sem maioria absoluta na AR — viabilizou dois Orçamentos de Estado (2001 e 2002) a troco de vários investimentos públicos (Julião, 2005).[121] De Daniel Campelo a Paulo Teixeira, o que fica a nu são as regras tácitas subjacentes às relações labirínticas entre poder central e poder local em Portugal (Ruivo, 2000), cujos resultados se pautam, o mais das vezes, pela produção discricionária de exceção. No caso de Entre-os-Rios, essa produção discricionária de exceção parece, de resto, ter ocorrido sem muita preocupação pela discrição. O imperativo da urgência a sobrepor-se ao imperativo dos segredos do labirinto.

> [A propósito do debate sobre a interioridade e do papel do Presidente da Câmara, Paulo Teixeira, no exacerbar desse debate.]
> É indiscutível que o Presidente da Câmara, pela sua personalidade e capacidade de intervenção, teve um papel muito forte na forma como tudo foi mediatizado e caracterizado o problema. Eu tenho alguma dificuldade... Eu julgo que estar a associar aquela situação aos fenómenos da interioridade é claramente excessivo. Era perfeitamente possível que um drama daquela natureza ocorresse, com consequências sociais tão dramáticas ou mais do que aquelas, na periferia de uma qualquer área metropolitana. Não me parece que a ausência de investimentos seja típica de uma

---

[121] Na biografia não autorizada de Jorge Coelho, da autoria de Fernando Esteves, é interessante assinalar a referência à lista de condições apresentadas por Daniel Campelo como um "caderno reivindicativo" (Esteves, 2014: 202).

oposição litoral-interior. Penso que essa oposição é uma oposição que é feita de forma excessivamente primária em Portugal. [...] Eu penso que o Estado tem a obrigação de, quando há uma ferida que se abre numa comunidade, reforçar os recursos e, às vezes, até se for um pouco mais é muito natural porque contribui para o sentimento de segurança das pessoas no seu todo. Sabem que aquele comportamento que o Estado teve com determinada comunidade terá com outra. Portanto, eu acho que as pessoas entenderam isso. Não senti...sinceramente não senti que se tenha chegado à tal fase... Acho que dentro do dramatismo da situação, esta foi gerida com alguma tranquilidade, com a possível, com a possível...e foi reposta, no tempo possível, a normalidade que poderia ser reposta. Aquela que não podia, infelizmente... (Rogério Macedo, membro do Governo em 2001, entrevista, 15.05.2013).

O Governo estava fragilizado perante a tragédia e era necessário dar algo ao concelho para o tentar levantar da tragédia. Era necessário fazer algo por Castelo de Paiva. [Compensar?] Compensar. Mas compensar nunca compensa. Isto de fazer obras só porque houve uma tragédia é muito complicado. Isto nunca deveria acontecer. De qualquer modo, foram feitas muitas visitas ao concelho porque o Presidente da Câmara [Paulo Teixeira] disse na comunicação social que não ia a Lisboa tratar de nada com o Governo, o Governo é que tinha de vir a Castelo de Paiva. A partir daí, o Primeiro-Ministro [António Guterres] começou a mandar os ministros a Castelo de Paiva para se reunirem com o Presidente da Câmara e começar a fazer um levantamento das necessidades do concelho para que o Governo começasse a despachar a compensação ao concelho (Manuel Rocha, político local, entrevista, 08.05.2012).

O Paulo Teixeira dizia: "Eu quero!" e o Guterres dizia: "Eu dou!". A culpa não é só do Paulo Teixeira. O Governo é que não soube lidar com isto. Cai uma ponte e o Governo fica à toa a perguntar: "E agora?" O Governo... Isto foi uma bomba! Mas havia algum Governo preparado para isto? Nenhum! [...] A gestão política por parte do Governo foi absurda porque o Governo não sabia o que havia de fazer. A gestão municipal foi absurda porque a Câmara não sabia o que havia de fazer. Foi ridículo! [...] O Estado sentiu-se culpado. Sentiu-se envergonhado com Castelo de Paiva. E as pessoas que estavam cá decidiram que podiam pedir tudo e mais alguma coisa. Pediram tudo menos o que deveria ter sido pedido. Aliás, nem deveria ter sido pedido, deveria ter sido exigido. Mas exigido sustentadamente. Houve uma Comissão de Acompanhamento dos Investimentos que reuniu lá [perto da Hintze Ribeiro] numa casa que o Governo arrendou a um emigrante. Isso faz sentido? Porquê lá? Tinha de ser ali? Não havia qualquer presença de espírito (Ricardo Campos, comunicação social local, entrevista, 08.05.2013).

Durante esse período, Paulo Teixeira torna-se o rosto da *causa* e da *luta* de Castelo de Paiva ou, talvez, de *um certo Castelo de Paiva pós-desastre*.[122] Nas entrevistas por mim realizadas não há unanimidade relativamente à ação do autarca, com as posições a oscilarem, todavia, mais para uma visão negativa do *aproveitamento* individual da tragédia do que para uma visão positiva do *aproveitamento* coletivo da tragédia.[123]

---

[122] Tal parece ter-lhe valido a reeleição à Câmara Municipal de Castelo de Paiva, em 2005, com 5318 votos (47,10%) contra os 5258 votos (46,57%) do candidato do PS. Em 2009, de novo candidato à autarquia, virá a perder, com 5489 votos (46,58%), para o candidato do PS, que recolhe 5511 votos (46,76%) (fonte: <http://eleicoes.cne.pt/>, acedido a 08.04.2014).

[123] Também a nível nacional a ação de Paulo Teixeira não faz unanimidade. Por exemplo, num artigo de 29 de março de 2001, a jornalista do *Público* Helena Pereira (2001) dá conta da posição de José Mota, então presidente da Federação Distrital de Aveiro do PS, relativamente a Paulo Teixeira: «sobre o autarca Paulo Teixeira, o socialista considera que "tem feito um aproveitamento político partidário" à volta da tragédia de Entre-os-Rios, depois de ter tido uma postura "irresponsável", quando "diz que a ponte estava a cair e não tomou medidas para evitar que isso

Em relação ao que ele [Presidente da Câmara Municipal de Castelo de Paiva, Paulo Teixeira] fez quando foi o acidente, não tenho nada a dizer. Foi impecável. Não estou a falar de nada. Foi o apoio, a maneira como ele falava com as pessoas. Mesmo quando dava uma entrevista falava de uma maneira... Era diferente. Nesse aspeto, acho que ele foi impecável. Eu não gosto dele por outras razões, por coisas que aconteceram depois. Mas, em relação a isto, foi impecável. Há pessoas que dizem mal dele por causa dos partidos. Acredito que ele tenha feito algumas coisas que as pessoas não gostaram, mas não tenho razão de queixa (Andreia Oliveira, familiar de vítima, entrevista, 08.05.2013).

O Paulo Teixeira não o fez, mas houve algumas pessoas em Castelo de Paiva que se tentaram aproveitar politicamente daquela situação e essas pessoas magoaram-me bastante porque, ainda por cima, veio de pessoas de quem eu não esperava. E não foram do PS. Por acaso, foram do PSD, mas eu não esperava que o tivessem feito. Mas também lhe digo, passou o tempo e, há pouco tempo, estive em Castelo de Paiva, percebi como é que era o mapa político e essas pessoas desapareceram. Portanto, o crime não compensou! (Paulo Fonseca, membro do Governo em 2001, entrevista, 28.05.2013).

[A propósito da lista de necessidades do concelho de Castelo de Paiva entregue pelo Presidente da Câmara Municipal, Paulo Teixeira, ao Primeiro-Ministro, António Guterres, a pedido deste último.] Ele [Presidente da Câmara] foi muito rápido a fazer isso e o problema foi esse. O concelho foi pensado? Não foi. Pensou-se em alguma coisa?

---

acontecesse" e quando dá o dito por não-dito sobre os areeiros. "Um dia garante que não havia extracção de areias e no dia seguinte já diz o contrário". Mota estranha ainda a aliança entre o autarca do PSD e o Governo. "Parece que neste momento quem comanda a política de investimentos deste país é o Presidente da Câmara Municipal de Castelo de Paiva", acrescentou» (H. Pereira, 2001: 12).

Não! Pensou-se numa reforma administrativa do concelho, numa zona industrial em condições, em não fazer aquela ponte absurda ali mas em Pedorido para servir a zona industrial que está à entrada do concelho? Não se pensou no concelho. Não se pensou rigorosamente em nada. Foi um enunciado de coisas e disparar para a frente, mais nada! [...] Alguém se lembra de mais alguém do Executivo para além do Paulo Teixeira? Não. Porquê? Porque aquilo foi um *one man show*. Houve alguma presença de espírito para constituir uma equipa de trabalho? O Paulo Teixeira só tinha de dizer que queria uma equipa interministerial com os melhores, juntar o Executivo Municipal e discutir os principais dossiês de Castelo de Paiva: acessibilidades, emprego, saúde e educação. Quatro áreas. Era tão fácil! Se calhar, o Governo tinha gasto menos dinheiro ou investido menos dinheiro e, se calhar, Castelo de Paiva estava hoje muito mais à frente (Ricardo Campos, comunicação social local, entrevista, 08.05.2013).

[O Paulo Teixeira] tinha sempre umas declarações muito indignadas quando estavam familiares e depois outras declarações à imprensa e acabámos por perceber que o grande objetivo dele foi a troca de silêncio por obra e não a luta pela justiça que era o que mais me preocupava.
[...]
Eu acho que muitas famílias se sentiram usadas pelos jornalistas, pela imagem que passou das pessoas. Não foi só serem usadas, mas foi aquela perspetiva da malta atrasada e tal. [O concelho mártir?] Exatamente. E eu acho que o Paulo Teixeira, aí, ajudou a construir essa imagem. Essa é uma das críticas que lhe faço. Eu acho que ele gostava disso e que foi verdadeiramente a imagem que, inicialmente, ele quis passar. Depois, tenho a sensação de que se arrependeu, mas foi essa a imagem que ele deu. Até porque ele tem jeito para isso. Do ponto de vista político ele fez isso várias vezes: a ideia da vítima (Alberto Simões, familiar de vítima, entrevista, 15.05.2013).

O colapso parcial da Hintze Ribeiro obrigou o Governo a assumir um conjunto de *compromissos materiais de exceção* para com Castelo de Paiva, que não eram concebíveis anteriormente e que se atenuam, ou mesmo interrompem, no final do ciclo eleitoral do XIV Governo Constitucional de António Guterres. O desastre abre, pois, o campo político à entrada de novos atores na disputa pelo acesso aos recursos, principalmente materiais, do Estado, cuja força motriz resulta da interação entre o impacto do sofrimento e da morte no político e a apropriação do político pelo sofrimento e pela morte. Talvez, então, não se possa falar em "novos atores", mas em atores políticos locais que, devido ao desastre, adquirem rosto e relevância a nível central, legitimidade pela pertença ao território afetado, e proximidade ao poder. Um fenómeno vizinho daquele que é descrito por Boaventura de Sousa Santos (1994: 62) como a *privatização do Estado*, ou seja, os recursos estatais postos ao serviço de grupos de indivíduos para a prossecução de interesses particulares, cuja alavanca não é, aqui, o clientelismo mas, sim, a expiação, mas cujo principal resultado é idêntico: a intimidade entre o Estado e o grupo com poder para a mobilizar. O desastre a perturbar as relações entre poder central e território, facto que se torna tanto mais notório quanto era amplo o distanciamento anterior.

«As pessoas lembram-se de Santa Bárbara quando chove e lembram-se do Estado quando há crise» (Paulo Fonseca, membro do Governo em 2001, entrevista, 28.05.2013). Não será precisamente o inverso: não será o Estado que se lembra das pessoas quando o presente fica de tal forma contraído que nele apenas cabe presente, urgência, expiação e exceção? Quando se rompe a indiferença?

> Recordo-me perfeitamente do nível político ter insistido sobre a necessidade de haver uma resposta visível. [...] Era necessário dar rosto ao Estado e isso foi uma orientação política definida ao mais alto nível. [...] O Governo assumiu o controlo de tudo e

tentou antecipar-se a tudo com respostas e despejando ministros lá para cima, uns atrás dos outros. [...] Do ponto de vista político, é sempre necessário dar visibilidade ao que se está a fazer para acalmar as pessoas e para mostrar que se está a responder a uma crise que, neste caso, era de facto grande. [...] A resposta foi real. Tenho a consciência muito tranquila em relação a isso. Houve um trabalho que foi feito que é real. A outra parte foi gestão mediática da crise.

[...]

Temos o Guterres, ao mais alto nível, que, desde esse domingo, está a companhar. O Guterres estava altamente preocupado. É uma pessoa com uma grande intuição política que percebeu logo o que o Luís Parreirão [Secretário de Estado das Obras Públicas] não tinha percebido e que o Jorge Coelho [Ministro do Equipamento] — não sei se em articulação com o Guterres — também percebeu, ou seja, que dali ia haver consequências políticas. Lembro-me do [Ministro em 2001] me ter dito: "Isto vai ser a nossa Ponte 25 de Abril!". Como sabe, o cavaquismo caiu com o bloqueio da ponte e isto ia ser o nosso fim. Como havia esta consciência política, houve necessidade, como talvez até aí nunca tivesse havido, de gerir isto politicamente. [...] Nas principais figuras políticas houve a intuição de que a queda da ponte dera origem a uma crise política e que, como tal, era necessário dar uma resposta imediata.

[...]

O Estado, como nunca aconteceu antes, aprovou uma bateria de medidas excecionais ministério a ministério. Este é um caso único. Houve aqui um estado de exceção que justificou essas medidas.

[...]

[A propósito da lista de necessidades do concelho de Castelo de Paiva entregue pelo Presidente da Câmara Municipal, Paulo Teixeira, ao Primeiro-Ministro, António Guterres, a pedido deste último.] Isso faz parte da gestão política. Havia uma decisão que era: "responder e calar, entre aspas, Castelo de Paiva", "vai fazer-se tudo o que eles querem". Isto é irracional! Quer dizer, depois disso toda a gente ia querer que caísse uma ponte no seu concelho! Não faz sentido... É gestão política! [...] Em Castelo de Paiva foram cometidas muitas irracionalidades. Na gestão política da crise, eu percebo que assim seja (Luís Coelho, membro do Governo em 2001, entrevista, 30.11.2012).

[A propósito da presença do Estado no terreno.] Julgo que era absolutamente imprescindível. Foi uma coisa... Não foi uma coisa pensada... Naquelas alturas é difícil... Até visualmente era uma coisa brutal. As televisões estavam continuamente a mostrar a ponte. Depois, houve a situação dos corpos, o tempo que tudo demorou. Tudo isso foi muito dramático. Era uma situação de emergência e nessas situações dá-se a resposta que se consegue. Não creio que houvesse aí outro tipo de reflexão [estratégica, do ponto de vista da presença do Estado]. Tinha de se dar resposta. Se não se desse resposta seria insustentável, seria incompreensível. O país nunca compreenderia, e bem, que numa situação daquele dramatismo não houvesse uma concentração extraordinária de esforços e foi isso que se procurou fazer.
[...]
[A propósito da lista de necessidades ou do "caderno reivindicativo" para o concelho enviado por Paulo Teixeira a António Guterres.] Há ali uma intervenção que é dupla, que é a do Presidente da Câmara e da Associação de Familiares [das Vítimas da Tragédia de Entre-os-Rios], uma intervenção que nem sempre é coincidente. Há um patamar de reivindicações, que são as mais óbvias, e que têm a ver com o apoio aos familiares e depois há as outras reivindicações que aparecem um pouco como uma compensação pelos danos e que são intervenções em vários planos:

no plano rodoviário, que é central e que abrange mais do que o concelho de Castelo de Paiva. Até porque aquelas estradas...
(Rogério Macedo, membro do Governo em 2001, entrevista, 15.05.2013).

[A propósito das medidas excecionais.] Eu acho que na altura tinha de ser e apoiei fortemente porque, perante um trauma em relação ao passado, é preciso criar esperança em relação ao futuro (Paulo Fonseca, membro do Governo em 2001, entrevista, 28.05.2013).

[A propósito das referências ao concelho mártir.] O próprio Presidente da Câmara vendeu essa imagem. Quis vendê-la. [O sofrimento e a compaixão...] É exatamente aquilo que os paivenses não são. É um povo de luta, de trabalho, forte. Um povo que luta no duro. Que soube recuperar do encerramento das minas do Pejão. Veio para cá uma fábrica inglesa de sapatos e ninguém sabia trabalhar com sapatos. A fábrica chegou a empregar 600 e tal pessoas. O concelho desenvolveu-se outra vez. Quer dizer... Vamos superar as dificuldades! Mas quando cai a ponte já não? Somos isto, somos aquilo, somos uma merda. Nós não somos merda nenhuma, foda-se! Toda a gente passa por adversidades. A história de Portugal é feita de superar adversidades. Levantar e continuar! [...] Essa compaixão veio ao encontro de Castelo de Paiva, não foi de Castelo de Paiva para lá, à exceção de um agente político que nunca representou a população. Claro que, depois, a população deu-lhe uma grande vitória mas, a partir daí, foi sempre a descer! Quer dizer, se não ganhasse aquelas eleições, nunca ganharia nada na vida, não é? Aquilo foi de tal maneira potente! Mas, a partir daí, foi sempre a decrescer até ao ponto onde está hoje, que é zero! [...] Eu acho que da parte do Governo houve um sentimento de culpa para com Castelo de Paiva. Mas não é o Castelo de Paiva concelho, é o Castelo de Paiva que não está na faixa litoral. [...] Se uma merda destas acontecesse em Alfândega da Fé, o Governo ia sentir-se tão culpado quanto se sentiu aqui... Se calhar o Governo não é a expressão correta... O Estado Português... O nosso modelo de desenvolvimento que não dá benefícios a quem está no interior, que não apoia as micro, pequenas e médias empresas que fixam pessoas nas vilas, que quer tirar tribunais, que quer concentrar tudo e retirar tudo do interior... Foi esse Portugal que sentiu vergonha de si mesmo! Que viu que havia concidadãos a morrer porque ninguém cuidou de uma ponte... Uma ponte é uma bagatela num orçamento de Estado! Foram 59 pessoas que morreram! (Ricardo Campos, comunicação social local, entrevista, 08.05.2013).

O rosto de uns e a relevância de outros é, porém, passageira e profundamente dependente da comunicação social para que se preserve ativo o efeito de choque do desastre. A comunicação social revela-se, de facto, o suporte privilegiado para a apropriação do político pelo sofrimento e pela morte por parte do Presidente da Câmara Municipal de Castelo de Paiva, que irá procurar orientar a injustiça do desastre no sentido de obter uma reparação e uma compensação traduzidos em *compromissos materiais de exceção*. E a palavra-chave aqui é *exceção*.

Significa isto que as relações de poder entre Estado e território afetado, entre poder central e poder local, sob as quais se tece a prática de expiação, não se alteram na sua essência e o campo político tende a fechar-se novamente a esses atores quando finda o momento da urgência, se desvia a atenção mediática, se extenua o impacto do sofrimento e da morte no político e se exaure a possibilidade de dar continuidade à apropriação do político pelo sofrimento e pela morte. E isso porque estas relações se tecem sob o fundo de uma dinâmica contínua de indiferença, apenas perturbada por um acontecimento que compele à emergência de um *Governo de exceção*.

E isso porque a exceção não favorece a dissipação das assimetrias nas relações de poder entre Estado e território. Perturba-as mas não as anula. Como lembra o familiar de uma das vítimas: «as tragédias têm um prazo, um prazo muito limitado» (Carlos Andrade, familiar de vítima e membro da direção da AFVTER, entrevista, 08.05.2012). Findo esse prazo, é tempo de colocar um ponto final nos extravasamentos materiais decorrentes do acontecimento.

2.1. *As tragédias têm um prazo, um prazo muito limitado...*: a fadiga do passado e o fim dos compromissos materiais de exceção

Seis de fevereiro de 2004, dia de inauguração da Nova Ponte sobre o Rio Douro. Cerca de três anos passaram sobre o colapso parcial da Hintze Ribeiro e pouco menos de dois anos sobre a inauguração da Nova Ponte Hintze Ribeiro (4 de maio de 2002).[124] Todavia, essa inauguração da Nova Ponte Hintze Ribeiro não se pode apelidar de "inauguração" na verdadeira aceção da palavra. Foi, antes, um ato simbólico ensombrado ainda pela *tragédia*, «sem foguetes, sem fanfarra, sem pompa e circunstância», mas que representou «um admirável mundo novo de mimos do poder central» para com o concelho e que anuncia «um futuro de costas voltadas para o isolamento e a interioridade» (Nadais, 2002). O desastre, cessando de contrair o presente, expande-se num futuro que se afigura brilhante.

---

[124] Recorde-se que, desde abril de 2001, a travessia do Douro era assegurada por um serviço de *ferries*. Num artigo de opinião de 15 de março, José Queirós diz: «soube-se agora que, para garantir uma das travessias do Douro em "ferry-boat" prometidas às gentes de Castelo de Paiva, o Estado vai alugar um barco comprado logo a seguir ao desastre por um membro proeminente desta ativa comunidade industrial [areeiros]. Recompensa assim o invulgar espírito de iniciativa manifestado pelo empresário que não se furtou a explicar que andava há muito de olho no "ferry", "porque a ponte de Entre-os-Rios já não oferecia grande segurança", mas decidira aguardar a oportunidade de "um negócio mais favorável" para se "chegar à frente com um cheque maior"» (Queirós, 2001b: 10).

Aquando da inauguração da Nova Ponte sobre o Rio Douro, agora, sim, com honras de Estado, o novo Primeiro-Ministro, Durão Barroso (PSD),[125] acompanhado por «uma grande maioria do Executivo» (Barros, 2004a), mantém a tónica no simbólico: «Castelo de Paiva, para Portugal, tem o valor de um símbolo, o símbolo de vencer a adversidade, de não desistir na tragédia» (Barros, 2004a).

Em declarações à comunicação social, Horácio Moreira, então Presidente da Associação dos Familiares das Vítimas da Tragédia de Entre-os-Rios (AFVTER) declarava: «Castelo de Paiva está hoje irreconhecível, pela positiva, tudo se devendo, na nossa opinião, ao colapso da ponte», que «pelo menos contribuiu para o desenvolvimento do concelho» (Barros, 2004b).[126]

Simbolismos à parte, a inauguração da Nova Ponte sobre o Rio Douro marca o início do fim dos compromissos de exceção para o território. As tragédias possuem efetivamente um prazo. Um prazo que não resiste aos ciclos eleitorais. De facto, embora seja possível encontrar traços indeléveis do desastre nalguns domínios institucionais, as promessas do *Governo de exceção* resistem dificilmente aos ciclos eleitorais, conservando os representantes políticos do acontecimento e da crise apenas uma memória estratégica, isto é, reativada apenas em função de objetivos específicos da prática política e em determinados períodos. Como já tive ocasião de referir, no caso de Entre-os-Rios, a dilação no tempo da origem do desastre e a consequente repartição das responsabilidades políticas pelo desastre entre PS e PSD, tornou a queda da Ponte Hintze Ribeiro num argumento, ou numa arma política, de manejo perigoso para ambas as partes e, por isso, tacitamente silencioso e silenciado.

---

[125] XV Governo Constitucional, 2002-2004.

[126] Esta declaração do representante dos familiares das vítimas indicia já uma tendência, à qual voltarei adiante, de passagem de uma afirmação dos objetivos da AFVTER, inicialmente ancorados na defesa dos interesses particulares dos familiares das vítimas, para uma defesa dos interesses generalizados do concelho.

Quatro de março de 2011. Passaram dez anos sobre o colapso da Hintze Ribeiro. Para a comunicação social é esta uma boa altura para interromper o *período mudo* do acontecimento (Chateauraynaud e Torny, 2005) e propor um balanço. Entre-os-Rios volta, deste modo, a ganhar um semblante de direito de capa no jornal *Público*: uma breve referência numa caixa, sem direito a foto.

Imagem 3. Capa do *Público* do dia 4 de março de 2011

Nos dez anos desde a queda parcial da Ponte Hintze Ribeiro, António Guterres (PS) foi substituído no Executivo por Durão Barroso (XV Governo Constitucional, 2002-2004, PSD). Barroso, tentado pela aventura europeia, cedeu o lugar a Santana Lopes (XVI Governo Constitucional, 2004-2005, PSD), tendo o Governo deste sido destituído em 2005. Nas eleições antecipadas que daí resultaram, Santana Lopes deu, por sua vez, o lugar a José Sócrates (XVII Governo Constitucional, 2005-2009 e XVIII Governo Constitucional, 2009-2011, PS). Volvidos quatro Governos Constitucionais sobre o colapso parcial da Hintze Ribeiro, onde se encontram as promessas para Castelo de Paiva? «Depois, o Partido Socialista saiu do Governo e levou com ele as promessas» (Pedro Ribeiro, familiar de vítima, entrevista, 10.05.2012).

Os compromissos materiais de exceção assumidos pelo *Governo de exceção* para *o* Castelo de Paiva do momento da urgência esvanecem-se na sucessão de ciclos eleitorais e na gradual reinstalação do *Estado de indiferença*. O Estado que opera, não apenas em Entre-os-Rios, não apenas devido ao implacável passar do tempo, mas sempre que impera o quase-silêncio, sempre que se impõe a quietude dos desastres. O *Governo de exceção*, tal como indica a sua classificação, revela-se apenas mediante a força da interpelação — mediática mais do que cidadã[127] — e, neste sentido, não deve ser interpretado como um sinal de fraqueza. É, pelo contrário, nos momentos de exposição das suas fraquezas e falências que o Governo se deve mostrar mais forte e mais fortemente reativo e que revela a sua força através de uma ação toda ela sustentada pela produção discricionária de exceção. A exceção, porém, não cria direitos. É neste sentido que o Estado se revela sempre *longe de mais*. É neste sentido que a exceção reforça a distância dos cidadãos em relação ao Estado.

Uma década depois as promessas permanecem no papel. Título do artigo do *Público*, de 4 de março de 2011, da autoria de Natália Faria (2011a). A Nova Ponte sobre o Rio Douro continua, todavia, a manter o seu estatuto de símbolo, desta feita, pela negativa: «Um

---

[127] Para a análise de um acontecimento extraordinário incapaz de adquirir grandeza, nomeadamente pelo facto de as vítimas não terem adquirido presença mediática no espaço público, consulte-se o artigo de José Manuel Mendes (2010) sobre a onda de calor de 2003 em Portugal. Em contraponto, as remoções de materiais com amianto que, de 2012 para 2013, passaram de 120 para 471. Uma situação que, segundo o Inspetor-Geral das Condições de Trabalho, se deve ao «pânico que se instalou na sociedade ao serem divulgados alguns casos de morte associados aos efeitos provocados por este material» (Espadinha, 2014). Num tom mais drástico ao adotado na notícia de Maria João Espadinha, a parangona na primeira página dessa edição do *Diário de Notícias*: «pânico do amianto quadruplica limpeza do material tóxico».

triste lembrete a mostrar que as promessas feitas no rescaldo da tragédia perderam validade assim que os microfones mediáticos apontaram noutra direcção» (*Idem*).

Ao registo de euforia da inauguração da Nova Ponte Hintze Ribeiro sucede-se a desilusão perante a evidência de que muitos dos compromissos do *Governo de exceção* de António Guterres não se desprenderam do «papel... de jornal» (Carvalho, 2011).[128] A exceção também se produz pelo recurso a promessas que podem ficar por cumprir. Ou será esta a regra? As entrevistas por mim realizadas oscilam, neste particular, entre um *pessimismo realista*[129] relativamente às promessas e um desapontamento relativamente à vanidade, no final de contas, do sacrifício das vítimas, sendo este último aspeto mais marcado, claro está, nos familiares das vítimas.

> Houve ali uma fase, talvez dois ou três anos, durante a qual não era preciso ir a Lisboa porque eles vinham cá. Essa foi a grande mais-valia, entre aspas, que aquele acidente trouxe. A visibilidade de um pequeno concelho do país... O Terreiro do Paço ficou mais perto! Depois voltou tudo ao normal. Quando se apagaram os holofotes, voltou tudo ao normal... (Afonso Dias, político local, entrevista, 08.05.2012).

O que aprendi foi que a maior parte dos políticos portugueses vão para a política com o objetivo de singrar, de atingir objetivos pessoais sem se preocuparem com quem os colocou nos lugares. Fiquei muito dececionado... Com a tragédia vieram muitos

---

[128] Veja-se, ainda, os títulos dos artigos do *Jornal de Notícias*, da edição de 4 de março de 2011: «pontes sem saída para o desenvolvimento» (Amorim, 2011a), «Castelo de Paiva é o retrato do país a duas velocidades» (Amorim, 2011b), ou da *Visão*, da edição de 24 de fevereiro de 2011: «uma ponte longe de mais» e «onde param as promessas» (Carvalho, 2011).

[129] A expressão é de João Freire (2000) e reporta-se a uma disposição atitudinal da população portuguesa em relação à economia e ao mercado de emprego.

compromissos e temos uma classe política que não cumpre com aquilo que assume. Para eles, a tragédia já não lhes diz nada. Nós somos de Castelo de Paiva e não nos esquecemos!

[...]

Os políticos servem-se e esquecem-se das pessoas. E isto aqui foi um bocado nessa linha. Tudo o que se disse relativamente ao que se ia fazer no concelho deu em nada. O que é que o concelho ganhou? Perdeu vidas! Perdeu vidas e não ganhou nada!

[...]

A queda da ponte prejudicou muito o concelho. O concelho ficou muito marcado, e ficará marcado para toda a vida, e não houve benefícios. Não, não houve benefícios... (Manuel Rocha, político local, entrevista, 08.05.2012).

Nós fomos tão expostos. Nós fomos tão exibidos para o mundo. Com um Presidente da Câmara que aparecia sempre sem a barba desfeita, de manhã à noite com o mesmo casaco durante não sei quantos dias. Que dizia que não dormia. Ele não estava lá a fazer nada! Não tinha competências, quanto a isso não se pode fazer nada. Estava preocupado? É legítimo. Precisava de estar informado? Legítimo. Mas a preocupação deveria ser outra e ele foi alertado para isso. Deveria ter-se perguntado pelo que era Castelo de Paiva antes da queda da ponte. Saber como iria recuperar as famílias e tratar da sua dor. Bater-se por elas e saber como projetar Castelo de Paiva daí para a frente. Ele esteve mal nisso tudo. Não esteve bem em nada disso. Por isso é que muitos paivenses se envergonharam de ser paivenses. As gentes de Castelo de Paiva são gentes humildes mas com muito orgulho. É inadmissível que alguém chegue para tratar de alguma coisa no Porto, que diga que é de Castelo de Paiva e que passe à frente de toda a gente! Pronto, era o coitadinho de Castelo de Paiva. Isso aconteceu! [...] As pessoas começaram a sentir-se mal por serem de Castelo de Paiva. Quase como culpados de serem atrasados. É que não era um país do terceiro mundo! Era uma terra do terceiro mundo, com gente do terceiro mundo e com um Presidente da Câmara com um coração enorme e a cuidar dos coitadinhos de Castelo de Paiva!

[...]

O que é que Castelo de Paiva beneficiou com a queda da ponte, perguntamos nós? Não sei. Objetivamente, não vejo nada. Um IC-35 que não existe? O abastecimento de água que já estava feito? A reconstrução da Hintze Ribeiro? Aquilo nem é uma restauração porque é tudo novo e feito com base num concurso internacional viciado. A Biblioteca Municipal? Ótimo! A renovação do edifício dos Paços do Concelho? Muito bem! E então? Puseram um dentista no Centro de Saúde? Puseram mas já não temos! Puseram um psicólogo? Puseram mas já não temos! Quer dizer... Se começamos a olhar como deve ser, estamos a definhar. Não evoluímos!

[...]

Um concelho pequeno que se vê a braços com uma situação daquelas não tirou lição nenhuma. Não estabeleceu laços entre os paivenses. As coisas mantiveram-se como eram. Não houve coesão municipal. [Era uma oportunidade para tornar a comunidade mais coesa?] Tantos milhões que vieram para Castelo de Paiva deveriam ter servido para estabelecer uma maior coesão municipal em vários domínios. O concelho deveria ter sido pensado para o futuro. O dinheiro deveria ter sido aplicado de modo a que o concelho pudesse crescer e revitalizar-se. Mas não! O concelho definhou, não evoluiu. Portanto, para a coesão municipal interessou zero. Para criar alicerces para o concelho? Zero! Isso é o que deveria ter acontecido. Se algum português pensa que Castelo de Paiva aproveitou alguma coisa com a queda da ponte... Não aproveitou nada. Nada! (Ricardo Campos, comunicação social local, entrevista, 08.05.2013).

Se olharmos para a resposta política, temos a demissão de um ministro, comissões de inquérito sem grandes resultados e o deitar dinheiro para um concelho sem se saber muito bem o que se estava a fazer. Claro que fizeram coisas que são necessárias mas a pergunta é: será que tudo isso não foi atirar dinheiro para tentar esconder o problema? Eu acho que a resposta é sim. Tudo o que fizeram eram coisas necessárias, a questão é saber se eram prioritárias, saber se eram as respostas adequadas ao momento. Creio que não. Havia matérias mais relevantes, como, por exemplo, o apoio às famílias, que não foram tidas em conta. O apoio psicológico foi muito reduzido face àquilo que era necessário. Há muitas pessoas que ainda hoje sofrem de problemas psicológicos por causa da ponte e, no entanto, já há muito tempo que o apoio psicológico desapareceu. Depois, o concelho nunca foi pensado numa perspetiva de futuro. Temos agora o paradoxo de, do ponto de vista interno, termos bons eixos viários que, depois, não têm ligação a lado nenhum. Isso demonstra bem como não houve uma resposta ao concelho que dissesse: «Pronto, nós tivemos culpa em relação àquilo que aconteceu, por isso agora vamos fazer aquilo que vai ajudar a que Castelo de Paiva tenha futuro». Isso não aconteceu. A lógica foi: «Bom, vocês estão a culpar-nos, nós tivemos culpa, por isso tomem lá isso e pronto». O resultado foi que Castelo de Paiva, passados todos estes anos, não é um espaço que tenha mudado assim tanto. Do ponto de vista de futuro para as pessoas. [...] Não há perspetivas de emprego a não ser na Câmara Municipal ou nas IPSS. [...] Castelo de Paiva não mudou para melhor do ponto de vista de responder ao futuro das pessoas. Eu creio que essa era a resposta. A partir do momento em que se rouba às pessoas o seu futuro — que foi o que aconteceu às pessoas que morreram e aos seus familiares — deveriam ter dado uma resposta que oferecesse futuro. Isso não foi feito. [...] A lógica foi resolver rapidamente o problema. Do ponto de vista governamental, foi resolver rapidamente e dizer: «Não me chateiem mais a cabeça!» (Alberto Simões, familiar de vítima, entrevista, 15.05.2013).

Tudo isto foi um rebuçadinho que nos deram. Todas as obras que se fizeram em Castelo de Paiva foi um rebuçado. Agora está tudo parado. Durante o acontecimento andaram por cá numa azáfama mas agora está a ver-se que foi só fachada.
[...]
Foi preciso uma tragédia para mudar alguma coisa. Nós estamos aqui metidos num buraco. Agora melhorou um bocadinho, embora já se esteja outra vez a esquecer. Nos primeiros cinco ou seis meses, melhorou um bocadinho. Agora está tudo parado. Esqueceu-se! Parece que o Governo precisa de mais uma tragédia para se lembrar outra vez que Castelo de Paiva existe. [...] É preciso que aconteça uma tragédia para isto se desenvolver um bocadinho. Isto é ridículo! E o pior é que não acontece só em Castelo de Paiva... Há muita terra esquecida (Rui Lopes, familiar de vítima, entrevista, 09.05.2012).

O *Governo de exceção* de António Guterres respondeu à politização do sofrimento e da morte recorrendo a um conjunto de *alterações legislativas de exceção* que sustentaram um conjunto de medidas extraordinárias para o território. A meu ver, a *legislação de exceção* revela o modo como a estrutura jurídico-institucional do Estado funciona com um recurso a ser usado nos momentos em que se torna oficialmente necessário transgredir o oficial (Santos, 1990).[130]

---

[130] A título de exemplo, veja-se: i) as recomendações ao Governo contidas na Resolução da Assembleia da República n.º 28/2001, aprovada a 5 de março de 2001, que visam criar um programa especial de apoio aos municípios de Castelo de Paiva e Penafiel destinado a fazer face às despesas, encargos e prejuízos decorrentes da queda da Ponte Hintze Ribeiro; ii) a Lei n.º 4-A/2001, de 12 de março, que simplifica os mecanismos de adjudicação e de fiscalização prévia dos atos e contratos relativos

O fim, tanto quanto o incumprimento das promessas assumidas na urgência, revela, por sua vez, o alcance temporal limitado do acontecimento, apenas extensível ao tempo do Governo que se vê na contingência de lidar com ele, ao mesmo tempo que a força do *Estado de indiferença* se permite negar a sua continuidade. A indiferença que — findas a urgência, a expiação e a exceção — reveste Castelo de Paiva a pôr definitivamente cobro à relação privilegiada entre poder central e território e, consequentemente, aos extravasamentos materiais decorrentes do acontecimento. O fim/incumprimento dos compromissos materiais de exceção a anular o desassossego do desastre.

às obras de reparação, construção e reconstrução da rede viária, pontes, viadutos e aquedutos nacionais e municipais dos concelhos de Castelo de Paiva e de Penafiel; iii) os Despachos Ministeriais números 7636/2001 e 7898/2001, de 13 de março, que atribuem aos familiares das vítimas e aos habitantes de Castelo de Paiva subsídios de natureza temporária e excecional financiados através do Fundo de Socorro Social. Este Fundo foi objeto de uma alteração legislativa pelo Decreto-Lei n.º 102/2012, de 11 de maio, permanecendo, porém, nas suas finalidades a prestação de auxílio em situações de alerta, contingência ou calamidade conforme tipificadas na Lei de Bases da Proteção Civil (Lei n.º 27/2006); e iv) o Decreto-Lei n.º 172-A, de 28 de maio de 2001, que cria um regime excecional para a execução, em regime de empreitada, das seguintes obras: construção da nova ponte sobre o rio Douro em Entre-os-Rios, a reconstrução da Ponte Hintze Ribeiro e a beneficiação da EN 222.

3. FAMILIARES DAS VÍTIMAS: DIREITOS DE EXCEÇÃO

A Resolução do Conselho de Ministros n.º 29-A/2001, publicada a 9 de março, recai diretamente no âmbito da produção discricionária de exceção. Desta feita, porém, não é o território o objeto de uma especial atenção por parte do Governo mas, sim, os familiares das vítimas. Familiares das vítimas que não necessitam de recorrer à súplica (Fassin, 2000) para apelar ao Governo, na medida em que o sofrimento e a morte se tornaram na fonte principal da sua legitimidade. Legitimidade para suscitar compaixão ou legitimidade para reclamar justiça? Não residirá nesta interrogação a ambiguidade do corpo da vítima ao mesmo tempo que a limitação da *súplica mediatizada*?

Tal como para o território, também para os familiares das vítimas o *Governo de exceção* continua a manter *a prática de governação de expiação*, uma expiação movida pelos mesmos sentimentos morais que associam emoções e valores como a compaixão e a solidariedade. Sentimentos morais que, embora participando da vulnerabilidade e da precariedade construída para o território no processo de politização do sofrimento, se focalizam agora nos familiares das vítimas, sujeitos políticos hiperbolizados porque objeto de compaixão. Uma compaixão que apela à ação política urgente e, mais do que isso, que consensualiza um julgamento de valor: solidariedade relativamente às vítimas *versus* indignação relativamente à incúria do Estado.

É neste sentido que irei abordar os efeitos a nível local do processo indemnizatório, para, num segundo tempo, discutir, por um lado, a atribuição de *direitos de exceção* com base numa obrigação moral e, por outro, a ideia da «arrogância do esquecimento», avançada por Boaventura de Sousa Santos (2001) para caracterizar a distância à qual são votados pelo Estado determinados territórios, nomeadamente do interior, e que resulta em subidentidades. Falar em subidentidades é reconhecer que a cidadania é uma tarefa coletiva sempre inacabada, mas acima de tudo que existem cidadãos e cidadãs que padecem do não reconhecimento a participar plenamente num coletivo, que padecem, pois, de uma subcidadania.

A iniciativa pelo processo indemnizatório dos familiares das vítimas deve-se, uma vez mais, ao Primeiro-Ministro António Guterres. Como se viu, a mediatização do acontecimento — e, mesmo, a sua *sobremediatização* (Revault d'Allones, 2008: 92) e ampliação por via do *efeito emocional da comunicação social* (Charaudeau, 2002) — instala a ação governamental no «tempo real» da urgência (Revault d'Allones, 2008: 92) que será administrada/gerida por intermédio de uma *prática de governação de expiação*. O processo indemnizatório não releva, todavia, da apropriação do político pelo sofrimento e pela morte mas exclusivamente do impacto do sofrimento e da morte no político.

> Em relação ao valor das indemnizações, não houve, por parte das famílias, capacidade para lutar por mais. [Tendo em conta a rapidez com que foram dadas, parece-me um bocado normal, não?] Mas isso é mais um exemplo do Estado a atirar dinheiro para resolver o problema. O Estado disse imediatamente e de livre vontade: «Nós vamos dar estas indemnizações». Não houve qualquer processo de reivindicação das famílias... É certo que isso iria acabar por acontecer, mas o Estado antecipou-se e assumiu o compromisso. Pressão pública, pressão dos meios de comunicação

social... O Estado quis mostrar que era a tal pessoa de bem que não fica de mal com ninguém. Foi o Estado que assumiu o compromisso (Alberto Simões, familiar de vítima, entrevista, 15.05.2013).

Assumida, de facto, a responsabilidade pelo Governo em nome do Estado é ao primeiro que cabe oferecer reparação. De facto, no preâmbulo da Resolução do Conselho de Ministros n.º 29-A/2001 (RCM, 2001) é possível ler que:

> Na sequência da trágica queda da ponte que ligava as margens do rio Douro em Entre-os-Rios e Castelo de Paiva, de que resultou um elevado número de vítimas, o Estado entendeu dever chamar a si a responsabilidade da indemnização dos respectivos familiares.
> Para o efeito, foi elaborado um plano de acção que permitirá ao Estado facultar aos particulares atingidos um procedimento extrajudicial célere e alternativo, para que possam obter indemnização pelas perdas e danos, morais e materiais, verificados, sem prejuízo de o Estado proceder ao apuramento da responsabilidade civil e criminal eventualmente existente e do correspondente exercício do direito de regresso (RCM, 2001: 1374-(4)).

Uma exceção motivada pela compaixão, devendo esta última ser entendida em função do seu uso contemporâneo que exprime uma capacidade para *sofrer com* (Revault d'Allones, 2008: 10), para reagir à paixão do outro (Arendt, 2012: 121). O acontecimento extraordinário atinge o outro que poderia ser eu, um igual, alguém que comunga de uma idêntica humanidade e que, consequentemente, se afigura merecedor de um tratamento norteado por uma idêntica humanidade (Audi, 2011). Para Didier Fassin:

> A compaixão traduz a forma mais completa dessa combinação paradoxal entre coração e razão: é a simpatia que se sente perante

o sofrimento de outrem que produz a indignação moral suscetível de gerar uma ação cujo objetivo consiste em pôr cobro a esse sofrimento[131] (Fassin, 2010b: 8).

Um sentimento que, na sua tradução prática, confirma a humanidade do Governo perante um próximo tornado demasiado próximo pela comunicação social, um humano tornado plenamente humano pelo sofrimento e pela morte. O processo indemnizatório é um ato burocrático com origem e efeitos que suplantam a lógica racional que lhe subjaz. Um ato burocrático que, diferentemente, do encadeamento de atos e omissões burocráticas que rodeiam o colapso da Hintze Ribeiro, não tem nada de *banal* (Arendt, 2013). Um momento de desordem na fronteira entre Estado perpetrador e Estado protetor.

Caberá a Henrique Nascimento Rodrigues, mais do que na simples qualidade de Provedor de Justiça, a missão de apresentar e fundamentar juridicamente os critérios no cálculo das indemnizações a pagar pelo Estado aos herdeiros das vítimas da *Tragédia de Entre-os-Rios*, de acordo com o princípio da equidade, ou seja, a missão de articular razão com emoção. Missão que Henrique Nascimento Rodrigues cumpre tendo por «exigência ética ponderar [...] as particulares e muito dolorosas circunstâncias em que ocorreu a tragédia» (Rodrigues, 2001: 2).[132] Ao caráter inédito do acontecimento e às «condições horríveis em que teve lugar» (*Idem*), associa-se um facto ou, melhor, uma emoção: «o sentimento geral do País — e, particularmente, o dos familiares das vítimas — foi de verdadeira e muito viva indignação face ao que presume ter sido incúria do Estado na fiscalização da ponte de Entre-os-Rios» (Rodrigues, 2001: 3).

---

[131] Tradução livre do autor.

[132] No anexo 6, pode ser consultado o mapa resumo com os critérios apresentados pelo Provedor de Justiça para indemnização dos danos causados pela derrocada da ponte de Entre-os-Rios (Rodrigues, 2001).

Ao chamar a si a responsabilidade pelo pagamento das indemnizações, o Estado revela-se consciente de que se lhe impõe moralmente «uma reparação ajustada» (Rodrigues, 2001: 3) que passa pelo

> ressarcimento de três espécies diversas de danos, a saber:
> a) os danos não patrimoniais da vítima, que compreendem a morte e o sofrimento que a antecedeu;
> b) os danos não patrimoniais dos familiares da vítima [...];
> c) os danos patrimoniais sofridos por terceiros pela morte da vítima (Rodrigues, 2001: 4-5).

É o valor da vida, «valor supremo» (Fassin, 2010b: 320), que está aqui em causa, mas igualmente o valor do sofrimento e o valor da morte. Um sofrimento incomensurável e uma morte evitável provocados pelo desperdício da vida por parte do *Estado de indiferença*. Diz o Provedor de Justiça:

> Considero bastante verosímil admitir que as vítimas tenham tido consciência da morte iminente e com isso tido um muito intenso e angustiante, ainda que eventualmente breve, sofrimento (Rodrigues, 2001: 13).

O Provedor de Justiça não se limita a estabelecer critérios para a reparação com base na «experiência anterior do Provedor de Justiça, bem como dos ensinamentos [...] da jurisprudência» (Rodrigues, 2001: 5). A experiência anterior não é, de resto, muito extensa e recai exclusivamente sobre situações individuais: a morte de um cidadão num posto da GNR, com posterior decapitação e ocultação de cadáver; a morte de um cidadão emigrante em acidente durante a colaboração graciosa com a representação consular portuguesa; e a morte de um guarda-florestal no exercício das suas funções. O Provedor de Justiça não se limita a aplicar um direito estabelecido de reparação em caso de acidentes coletivos, antes procura definir um direito à reparação perante uma «situação com contornos sem precedentes» (Rodrigues, 2001: 2). Na definição da reparação, considera ainda o Provedor de Justiça que, pela «via civil da indemnização civil, seja prevenida a repetição de situações paralelas» (Rodrigues, 2001: 14). A indemnização aos familiares das vítimas de Entre-os-Rios tem, deste modo, uma dupla finalidade: reparar os danos causados pela derrocada da Ponte Hintze Ribeiro e sancionar o Estado. Expiar e castigar. O caráter inovador e, mesmo, algo inédito dos *Critérios apresentados pelo Provedor de Justiça para indemnização dos danos causados pela derrocada da ponte de Entre-os-Rios* (Rodrigues, 2001), reside precisamente no facto de estas assumirem um cariz sancionatório em vez de, como é regra geral, unicamente reparatório. Uma prova mais de humanidade. Do valor da morte e do preço das lágrimas.

Considere-se, a título ilustrativo, a indemnização devida pela morte de cada vítima e a indemnização devida por danos não patrimoniais sofridos por cada vítima[133]:

> 24. Os montantes médios mais recentes fixados pela jurisprudência para reparação do dano-morte (entre 5.000 a 6.000 contos) e os que se estimaram também como valor médio mais actual, resultantes de decisões judiciais, quanto à reparação do dano não patrimonial sofrido pelas próprias vítimas (2.000 a 2.500 contos) foram, como se impunha, devidamente ponderados nesta decisão.
> 25. Contudo, estes montantes médios afiguram-se-me **inaderentes à equidade na situação concreta**, porque, como logo ao início referi, é notório estar-se perante um acontecimento de natureza excepcional e que se espera não ver repetido no futuro.

---

[133] No anexo 6, podem ser consultados os danos não patrimoniais e patrimoniais de terceiros que não as próprias vítimas.

Deverá, pois, o Provedor de Justiça relevar tal condicionalismo, até para que, também de algum modo pela via civil da indemnização, seja prevenida a repetição de situações paralelas.

26. Ninguém duvidará de que é extremamente falível este juízo, porque a vida de cada homem não tem preço e o preço do sofrimento de cada um, se preço tem, só cada um o saberá. Mas o Provedor de Justiça deve fixá-los, por muito que custe fazê-lo.

27. Afigurando-se adequado neste caso, pelas razões atrás descritas, estabelecer um quantitativo total, que englobe o dano-morte e os danos não patrimoniais próprios de cada vítima, **decido fixá-lo em dez milhões de escudos (10.000 contos) por cada uma** (Rodrigues, 2001: 14).[134]

Num ofício dirigido ao Chefe do Gabinete do Procurador-Geral da República, a Secretaria-Geral do Ministério das Finanças (SGMF) informará ter sido pago, «a título de indemnização, aos herdeiros de vítimas da queda da Ponte Hintze Ribeiro (Entre-os-Rios/Castelo de Paiva) o montante global de (5 820 971,73€) cinco milhões oitocentos vinte mil novecentos setenta e um euros e três cêntimos» (SGMF, *apud* TJCCP, 2001f: 17431) repartidos por 47 processos. No ato da entrega do cheque com os valores das indemnizações, assinavam os indemnizados um documento de quitação no qual declaravam que: «[c]om o recebimento da referida quantia indemnizatória, [o assinante] se considera completamente ressarcido de todos os danos sofridos, nada mais pretendendo do Estado Português, dando por tal a correspondente quitação» (SGMF, *apud* TJCCP, 2001f: 17445). É este um documento que desincentiva, senão que impede, a abertura de processos individuais de responsabilidade civil extracontratual contra o Estado.

Terá havido intenção que assim fosse? Refletindo sobre as indemnizações, um membro do Governo de António Guterres

---

[134] Negrito no original.

em 2001 destaca, precisamente, o caráter estratégico associado às indemnizações:

> Se houve uma não observação das normas técnicas isto daria uma ação de indemnização contra o Estado. Mas o Estado assumiu logo a culpa quando deu as indemnizações. As indemnizações são um reconhecimento de culpa do Estado e não foram um mero ato político. É claro que as pessoas estavam numa situação de vulnerabilidade e, por isso, podemos considerar que isto foi uma esperteza por parte do Estado que, ao dar as indemnizações, estava a evitar que houvesse um processo mais tarde. O Ministro da Justiça [à data, António Costa], ao avançar com as indemnizações, quis evitar que houvesse um processo de indemnização cível contra o Estado. Com o pretexto de acelerar as indemnizações quis evitar que houvesse uma longa ação contra o Estado. [...] Ao aceitarem estas indemnizações, as pessoas limitaram as suas possibilidades de discutir em tribunal. Ficaram só com a parte criminal e a parte criminal era mais difícil de provar (Luís Coelho, membro do Governo em 2001, entrevista, 30.11.2012).

Segundo Henrique Melo e António Mendes (2006: 326), no caso de Entre-os-Rios, a clara assunção de responsabilidade pelo Governo levou a que este adotasse uma estratégia de gestão da crise do tipo *acomodativo*. É esta estratégia composta por dois tipos de resposta: o *pedido de desculpas*, através do qual se aceita a responsabilidade e se pede perdão; e as *ações corretivas*, que incidem sobre a reparação de danos, podendo estas ser divididas em *remediação* (oferecer uma compensação às vítimas), *reparação* (regressar às condições iniciais anteriores à crise), e *retificação* (tomar medidas para prevenir a recorrência de crises similares) (A. M. Mendes, 2006: 130). No entanto, António Marques Mendes (2006) deixa claro que tanto o "pedido de desculpas" como a "acção correctiva" são recomendadas para maximizar a preocupação para com as vítimas. No entanto, certos compromissos podem comprometer a organização e não permitir que esta assuma toda a responsabilidade pelos seus actos. A organização pode, no entanto, demonstrar sempre preocupação sem por isso ter de sofrer danos (A. M. Mendes, 2006: 132).

Em Entre-os-Rios, a *remediação* traduzida nas indemnizações é, porém, uma *ação corretiva* cuja materialidade e efeitos vão muito para além do mero gesto simbólico vazio de consequências de um *pedido de desculpas*, tal como é pragmaticamente sugerido por António Marques Mendes (2006).

De facto, o processo indemnizatório dos familiares das vítimas, que só ficará concluído em finais de novembro de 2001 (*Público*, 2001c), será sujeito a um escrutínio tenaz, por um lado, por parte da comunicação social — centrado nos atrasos no pagamento das indemnizações — e, por outro, a nível local — com a exceção do tratamento do qual são objeto os familiares das vítimas a suscitar localmente outras emoções, que não a compaixão, e outros valores, que não a solidariedade. A materialização da exceção a abrir caminho ao social, a desfazer a ilusão, momentânea e mediática, de uma unanimidade nacional na solidariedade perante a *Tragédia de Entre-os-Rios*.

Se a *Tragédia de Entre-os-Rios* enceta um momento privilegiado de manifestação da solidariedade, de omissão das desigualdades e de suspensão dos conflitos (Fassin, 2010b: 232), o processo indemnizatório terá um efeito muito claro no fendimento desse parêntese consensual. Significa isto que, além do efeito já referido de desincentivo à abertura de processos individuais de responsabilidade civil extracontratual contra o Estado, as indemnizações revelam-se o fator que maior tensão introduz na relação entre familiares das vítimas e comunidade local. Os excertos abaixo não poderiam ser mais perentórios.

[As indemnizações tiveram um impacto na forma como a comunidade em geral passou a olhar para os familiares?] Claro que sim. Inveja. Porque fulano ou sicrano não gostava do avô e o avô morreu e ele recebeu umas coroas que gastou num carro novo... A inveja é mesmo assim. Quando alguém recebe dinheiro, há sempre alguém que tem inveja. Eu acho que não será difícil acreditar que haja pessoas que digam: «Sicrano só quis a massa. Anda aí, não veste roupa escura, não vai a funerais, a missas, etc.» Houve muita gente a olhar para isto assim. Houve muita gente a olhar com inveja (Ricardo Campos, comunicação social local, entrevista, 08.05.2013).

Ainda hoje eu acho que há uma certa vergonha nos familiares quando se fala das indemnizações. Todos nós, não sou só eu, todos nós nos sentimos mal quando se fala das indemnizações porque parece que, naquele cheque, nos entregaram a vida das pessoas que faleceram (Tiago Santos, familiar de vítima e membro da direção da AFVTER, entrevista, 03.03.2012).

Quando me deram o cheque, senti uma revolta muito grande. Uma revolta muito grande. Foi tudo assim, em cima da hora! Parece que foi tudo premeditado... Então, não havia dinheiro e, de repente, aparece dinheiro para pontes, estradas, monumentos, indemnizações! Andam a brincar! (Rui Lopes, familiar de vítima, entrevista, 09.05.2012).

Em relação ao dinheiro... É um dinheiro que, até hoje, não consegui gastar e só tenciono gastá-lo quando precisar para os meus filhos... É como se fosse uma prenda da avó [falecida no colapso parcial da Hintze Ribeiro] para os netos. Para mim... Comigo não consigo. Na altura nós não pensávamos em dinheiro. Acho que foi uma maneira das pessoas acalmarem e também de... não sei... calar as pessoas. Há tantos acidentes e as pessoas ficam anos e anos para verem as coisas resolvidas e nós foi... Na altura pensei o que ainda penso hoje: as pessoas andavam muito revoltadas e isso foi uma maneira de sossegar. Eu não acredito que as pessoas ficassem satisfeitas com o dinheiro. Não acredito e eu não consegui ficar. Mas que veio acalmar os ânimos, veio. Até mesmo para a consciência deles. Não sei o que lhes ia na alma, mas acho que eles sabiam que a culpa passava por eles. Havia tantas provas de que a ponte não estava em condições que eles deviam estar com a consciência... (Isabel Correia, familiar de vítima, entrevista, 10.05.2012).

Nessa questão [das indemnizações], o Estado foi célere e percebeu que tinha de ser célere para calar as pessoas e a comunicação social. Interessava ao Estado que as indemnizações fossem rápidas. Muitas vezes, as pessoas pensam que o dinheiro cala. Era uma forma de compensar e a comunicação social estava sempre a perguntar se já tinham sido pagas e, para o Estado, era importante que se deixasse de falar nisso (Carlos Andrade, familiar de vítima e membro da direção da AFVTER, entrevista, 08.05.2012).

Houve, de facto, um bocadinho de inveja. Para mim, foi isso. A partir das indemnizações, as pessoas começaram a olhar de forma diferente para nós. «Pronto, estão ricos!» Também houve pessoas que não utilizaram bem o dinheiro, mas isso... Cada um é senhor de si, não é? Cada um é que sabe o que deve fazer. Isto é uma aldeia, não é? As aldeias são mesmo assim. Se uma pessoa tem uma camisa mais engomada é logo... As aldeias são assim e não podemos fugir a isto. Agora que o dinheiro não paga uma vida, isso não paga. Isso não! (Pedro Ribeiro, familiar de vítima, entrevista, 10.05.2012).

Antes de a gente receber as indemnizações, as pessoas apoiavam-nos muito... Umas indemnizações que não prestavam para nada! Se fosse hoje... Naquela altura nós ficámo-nos porque não nos interessava para nada, mas se fosse hoje as coisas não ficavam assim! Hoje, iria ser diferente. Antes das indemnizações, algumas pessoas de Castelo de Paiva apoiaram-nos muito mas, depois, não. Eu ia lá para a médica e elas começavam... Eu ia mas depois desisti. Hoje sinto-me doente... tenho medo de tudo... [Por que é que não se sentia bem?] Não sentia porque achava que as pessoas nos criticavam por termos recebido uma indemnização. Por exemplo, uma vez fui à cabeleireira... Eu desmazelei-me muito... Poderia ter ido a médicos e tudo mas desmazelei-me muito... Ouvi uma senhora a dizer: «Vou à casa de banho que os da ponte nem tiveram tempo de ir à casa de banho!». Essas coisas matavam-me! As pessoas faziam essas graças e eu não dizia nada. Mas hoje respondo! Hoje, as coisas já estão diferentes... Mas naquela altura... Hoje já não atacam tanto as pessoas. Nós tínhamos amigos, amigos que não eram amigos, que nos viraram as costas por causa disto. O dinheiro não vale nada! O dinheiro não vale nada! O dinheiro não presta para nada! (Maria Figueira, familiar de vítima, entrevista, 09.05.2012).

Nós fomos acarinhados até ao dia em que recebemos as indemnizações. Depois de sermos indemnizados, deixámos de ser os coitadinhos, não é? Eu não gosto muito... Acho que se critica muito as outras pessoas... Mas, sim, houve uma quebra... O dinheiro mexe muito com as pessoas. Dizem que o dinheiro não traz felicidade mas sem ele ninguém é feliz. A partir do momento em que recebemos as indemnizações, as pessoas pensaram «Pronto, já têm dinheiro, estão bem» e deixaram de olhar... É estranho que se falar com algumas pessoas em Castelo de Paiva acerca dos familiares, as pessoas vão dizer: «Estão todos bem, estão ricos!» Foi essa a ideia que ficou nas pessoas (Joana Vasconcelos, familiar de vítima, entrevista, 10.05.2012).

3.1. *E deixaram de olhar...*: a fadiga da compaixão e o fim dos direitos de exceção

O olhar da compaixão é sempre um olhar de superioridade e implica sempre uma relação de poder assimétrica que se tece sob o fundo de uma humanidade partilhada (Eideliman, 2012: 382). A nível local, os familiares das vítimas são dignos de compaixão e, consequentemente de simpatia e de solidariedade, desde que o sofrimento e a morte dos seus familiares, bem como o seu próprio sofrimento, permaneçam numa espécie de estado puro, imaculado. O grau de implicação emocional e de indignação está, de facto, diretamente relacionado com a *qualidade* de vítima muito para além da *quantidade* (Fragnon, 2006; Boltanski, 2007). E o que poderia perturbar essa pureza e macular o sofrimento e a morte? O dinheiro das indemnizações. «O dinheiro não vale nada! O dinheiro não presta para nada!» (Maria Figueira, familiar de vítima, entrevista, 09.05.2012). Estrategicamente ou não, as indemnizações pagas tão prontamente pelo *Governo de exceção* de António Guterres fomentaram a emergência de corrosividade (Adeola e Picou, 2012), ou seja, tiveram como efeito desestabilizar os laços sociais locais pelo simples facto de substituírem a simpatia pela inveja. A inveja a colocar em suspensão a dinâmica local de solidariedade até aí dominante. Como refere José Gil: «[a] inveja, enquanto sentimento, tende imediatamente a agir sobre o invejado» (Gil, 2004: 94). No caso dos familiares das vítimas, a inveja revelou-se particularmente eficaz, não porque encontrou pessoas num *estado de recetividade inconsciente* ou de *vulnerabilidade particular* (Gil, 2004: 95), mas porque é um sentimento que atravessa facilmente as finas defesas da *condição de vítima*. Ou seja, de uma vítima desprovida de estatuto, que pode ser objeto de compaixão e de exceção, mas não sujeito de direitos e deveres.

O *dinheiro do rio* (Maria Figueira, familiar de vítima, entrevista, 09.05.2012), assim apelidado localmente, é um dinheiro sujo e não desejado. Justo, é certo, mas sujo e não desejado. O principal efeito das indemnizações é o de quebrar o frágil «círculo da compaixão» (Audi, 2008: 190) no centro do qual se encontravam os familiares das vítimas na sequência do desastre e de esvaziar os familiares das vítimas do capital de solidariedade local de que eram portadores. Por via das indemnizações, colapsa uma outra ponte: a *ponte* entre familiares das vítimas e comunidade local. Neste particular, os donativos angariados em nome e para os familiares das vítimas da *Tragédia de Entre-os-Rios* talvez não tenham feito mais do que exacerbar esse efeito.[135]

Existe, porém, uma diferença entre os donativos e as indemnizações. Enquanto os donativos relevam de um gesto humano de solidariedade que se exerce à distância e que decorre da mediatização do sofrimento e da morte, as indemnizações relevam de um gesto burocrático — que se quer humano — que decorre do impacto do sofrimento e da morte no político. As indemnizações aparecem como um simulacro de *direito*. Um *direito* que, traduzido num cheque, primeiro, circunscreve a responsabilidade do *Governo de exceção* pelo

---

[135] «João Rui de Almeida, Secretário de Estado das Comunidades Portuguesas, desloca-se terça-feira a Castelo de Paiva para entregar às famílias das vítimas da queda da ponte de Entre-os-Rios um donativo de cerca de seis mil e quinhentos contos. O donativo foi angariado durante um almoço organizado pelo Virginia Portuguese Community Center, Manassas, e o seu valor em moeda norte-americana, 30 mil dólares, foi entregue no final do mês de Março a João Rui de Almeida por José Morais, conselheiro comunitário e membro daquela associação portuguesa nos Estados Unidos da América. Conforme desejo da sociedade comunitária, o cheque do montante será entregue, numa cerimónia simples, à comissão alargada que gere o fundo destinado a apoiar os familiares das vítimas do desastre da ponte de Castelo de Paiva. A cerimónia terá lugar pelas 11:30 na Câmara de Castelo de Paiva e, segundo soube a Lusa, será seguida de uma breve visita ao que resta da ponte de Entre-os-Rios. Uma das vertentes do Virginia Portuguese Community Center, passa pelo apoio social e humanitário e, ainda recentemente, protagonizou um caso de ajuda a uma criança de seis anos vítima de cancro. A associação promoveu então um almoço, tendo na altura recolhido 50 mil dólares (cerca de nove mil contos) destinados a ajudar aquela criança portuguesa radicada nos EUA» (TSF, 2001b).

desastre ao momento da urgência, ao mesmo tempo que procura apagar a responsabilidade do *Estado de indiferença* pelo desastre. Um *direito* que, em segundo lugar, retira alguma da atenção mediática votada aos familiares das vítimas, restituindo o *seu* sofrimento e as *suas* mortes ao espaço privado e a *sua* vivência ao contexto social de pertença. Vivência que inclui, necessariamente, as eventuais fendas que as indemnizações possam ter criado nas relações sociais.

> Pagar a morte, não há nada que pague a morte. Mas, uma vez que tínhamos esse direito [à indemnização], nós aceitámos ... Mas não há nada no mundo que pague a morte (Carla Pinto, familiar de vítima, entrevista, 07.05.2013).

> As indemnizações pecaram por serem muito baixas. Esta tragédia tem uma particularidade que, depois de todo este tempo, ainda se nota e que é o dano moral. Isso deveria ter sido cuidado de outra forma porque era previsível que esta tragédia se alongasse no tempo, era previsível que as pessoas sentissem muita dificuldade em superar isto e tudo isso tem um valor! Tem um valor e as indemnizações tiveram em conta o momento e não o futuro! (Tiago Santos, familiar de vítima e membro da direção da AFVTER, entrevista, 03.03.2012).

Para além da dor e do luto, o que poderia estar contido no futuro ao qual se refere o entrevistado?[136] A queda parcial da Hintze Ribeiro saldou-se, para o *Governo de exceção* de António Guterres, na concessão de *direitos de exceção* para os familiares das vítimas outorgados com base numa obrigação de assistência. Um momento

---

[136] Na esteira de Cristiane Ferreira (2006), um estudo de Lúcia Ferreira (2012) dá igualmente conta da permanência de uma elevada incidência de luto traumático e luto complicado nos familiares das vítimas da *Tragédia de Entre-os-Rios*. Vide, ainda, Faria (2011b).

que torna inteligível a produção de sujeitos políticos hiperbolizados, porque humanamente hipervalorizados e relativamente aos quais se cria uma relação de obrigação moral. Uma hipervalorização de sujeitos particulares que deriva do facto da relação Estado-cidadão ter sido perturbada pelo acontecimento, da relação Estado-cidadão se estabelecer fora do quadro normal de governação, fora do *Estado de indiferença*, e tendo por fundamento a expiação. E a expiação, no que produz de exceção, nunca é uma base sólida para o reconhecimento de direitos. Tal como para o território, também para os familiares das vítimas a relação que se estabelece é entre um Governo de exceção e cidadãos de exceção e não entre um Estado de Direito e um território e uma população afetados por um desastre.

Recorde-se as palavras de Pedro Garcias: «Foi o seu sacrifício [vítimas mortais] que fez despertar o Governo para a triste realidade de um concelho que, apesar de ficar à beira do Porto, parecia, como se disse na altura, mais próximo de África» (2003a). E, por isso, talvez, suscetível de ser objeto de uma ação humanitária que, segundo Didier Fassin, possui, entre outros traços distintivos, uma temporalidade definida muito limitada que é a da urgência (Fassin, 2010b: 242).

Levando a reflexão mais longe, o problema contido nos *direitos de exceção* outorgados individualmente a cada familiar de vítima — e que se materializam no acesso justo ao direito a uma indemnização pecuniária —, pode ser estendido a três problemas, que, enquanto coletivo representativo dos familiares, a Associação dos Familiares das Vítimas da Tragédia de Entre-os-Rios (AFVTER) veio a enfrentar. O problema da resistência a uma apropriação do *seu* sofrimento e das *suas* mortes por parte do Presidente da Câmara Municipal de Castelo de Paiva em prol do território; o problema da minimização local do *seu* sofrimento e das *suas* mortes por efeito das indemnizações; e o problema da necessidade de prosseguir os seus próprios interesses. Interesses estes negativamente identificados como corporativos, no sentido de exclusivos de um determinado grupo, e que, para continuar a beneficiar de legitimidade local bem como nacional, se devem, à semelhança do território, *abrir* à comunidade. Problemas que um dos membros da direção da AFVTER resume da seguinte forma:

> A minha maior motivação [para se envolver na AFVTER], para ser sincero, foi — quando vou à zona da tragédia dois dias depois — perceber a grande injustiça que foi a morte dos meus familiares. Isso deu-me uma grande revolta. [...] Que Estado é este? Que país é este que é capaz de deixar que isto aconteça? Que precisa que morra tanta gente para fazer alguma coisa? Depois, foi também ver alguns políticos que, mesmo perante uma tragédia, continuam a ser capazes de ter determinados comportamentos... São desumanos. Eu pensei: «Isto não fica assim. Vou fazer todos os possíveis para que isto não caia em saco roto. Vou fazer tudo!» Eu tinha o dever de dignificar a morte dos meus familiares. Os responsáveis tinham de ser punidos!
>
> [...]
>
> Rapidamente percebemos que só unidos poderíamos ter alguma força e rapidamente percebemos que as instituições não percebiam as necessidades dos familiares. As nossas reuniões [da AFVTER] eram muito gratificantes porque as pessoas falavam, desabafavam, exprimiam-se e trocavam experiências. Era uma forma de terapia que era importante para nós. Depois, havia a questão das reivindicações, reivindicações que eram só nossas.
>
> [...]
>
> Nós [AFVTER] estamos sempre ligados a um acontecimento. Isso é inevitável. Em tempos, propôs-se a mudança do nome da associação... Há a questão das vítimas. Sempre que vamos a algum lado somos a "associação das vítimas". Nós somos uma associação de familiares! Eu gosto mais da parte positiva! Tentam fazer de nós

vítimas e nós não somos... Fomos vítimas de uma situação mas gostamos de mostrar que somos vítimas mas temos capacidades. Claro que prefiro que se refiram a nós como "a associação de familiares" do que das "vítimas". Porque, muitas vezes, o sentido que as pessoas querem dar é o de "coitadinhos" quando nós demonstrámos que temos capacidade de agir! (Carlos Andrade, Familiar de vítima e membro da direção da AFVTER, Entrevista, 08.05.2012).

Num primeiro tempo, a recusa dos familiares em serem transformados em meros espetadores do seu sofrimento e objetos passivos da compaixão, por um lado, e a resistência a uma apropriação do político pelo sofrimento e pela morte que lhes é estranha, por outro, releva um movimento de fechamento dos familiares das vítimas sobre si mesmos que visa garantir a prossecução dos seus interesses. Num segundo tempo, a transfiguração dos seus objetivos enquanto associação — com a passagem a IPSS[137] — revela um movimento oposto de abertura à comunidade que visa reconquistar legitimidade local, ao mesmo tempo que pretende responder com reciprocidade à solidariedade nacional cuja erosão é menos manifesta. É neste sentido que interpreto o percurso da AFVTER.

O problema dos familiares, à exceção de uma ou outra família, não estava no dinheiro, mas no facto de terem perdido quatro ou cinco familiares, de poderem voltar a ter estabilidade emocional, de poderem ajudar as suas famílias. As pessoas não percebiam isso. Aqui o grande problema foi termos sido indemnizados. Tivemos de provar às pessoas a nossa disponibilidade para criar

---

[137] A AFVTER é, hoje, uma IPSS, um centro de acolhimento temporário para crianças e jovens em risco — Crescer a Cores — inaugurado em fevereiro de 2009. A constituição da IPSS é, de resto, responsável pela introdução de algum dissenso entre os familiares das vítimas e representa, nesse sentido, um elemento mais na desestabilização do *laço aglutinador* dos familiares das vítimas (Prince, 1920: 63).

um projeto social [CAT-Crescer a Cores]. Para além de ser esta a nossa vontade, esse era um dos objetivos (Carlos Andrade, familiar de vítima e membro da direção da AFVTER, entrevista, 08.05.2012).

[Hoje as pessoas continuam a criticar as indemnizações?] Agora já nem tanto. Depois de termos feito o centro para as crianças, eles viram que nós pusemos muito dinheiro para fazer aquele centro e já acalmaram. Mas antes disso havia críticas a tudo. Tudo! A gente sentia-se mal. Nós já estávamos magoados e ainda por cima... [...] Depois havia bocas: «o dinheiro do rio», «isto foi à custa do dinheiro do rio», e mais isto e mais aquilo (Maria Figueira, familiar de vítima, entrevista, 09.05.2012).

[A constituição da Associação de Familiares altera alguma coisa?] Alterou muito e eles foram extraordinariamente corretos, foram muito corretos em todo o processo e foram extraordinários. Foram pessoas... Aliás, os paivenses, no geral, foram extraordinários. [...] Em geral, foram extraordinários e os familiares das vítimas foram extraordinários e foram extraordinários num sentido muito claro. Obviamente que defenderam os interesses das famílias mas nunca puseram os interesses das famílias acima dos interesses do concelho e é muito fácil numa situação destas de haver aquela coisa de: «Dêem-nos mais a nós e esqueçam o resto!» Não. Houve sempre a preocupação... Houve sempre a preocupação de dizer: «Os nossos familiares não morreram em vão.» Essa foi a questão chave (Paulo Fonseca, membro do Governo em 2001, entrevista, 28.05.2013).

Para concluir, a partir do caso dos familiares das vítimas e da AFVTER, interessa-me discutir as possibilidades de a atribuição de *direitos de exceção* poder efetivamente ir para além da compaixão, ultrapassar o sofrimento e a morte em si e furtar-se a uma ação urgente, direta, rápida e excecional, que, no final, mais não faz do que evitar «os processos de persuasão, de negociação e de compromissos intermináveis e fastidiosos que são os do direito e da política»[138] (Arendt, 2012: 129). Numa interpretação muito livre das palavras de Hannah Arendt, diria que a compaixão despolitiza as vítimas ao mesmo tempo que despolitiza os familiares das vítimas, no sentido de os tornar politicamente irrelevantes a longo prazo, porque *muda*, porque incapaz de produzir política ou, como é o caso em Entre-os-Rios, de produzir uma reparação que não se esgote em si mesma, ou seja, na exceção. Os *direitos de exceção* a exercerem, nessa medida, um efeito de despolitização dos seus detentores. Uma compaixão *muda*, em suma, porque, desde o início, apenas sustentada pela eloquência efémera dos corpos mortos e dos corpos ausentes. O problema não reside, todavia, na compaixão que conduz à expiação, mas na expiação que conduz à exceção. A compaixão a poder, ao contrário da exceção, funcionar como uma *ponte para a justiça* (Nussbaum, 1996: 37).

Os *direitos de exceção* outorgados na base de uma obrigação moral de assistência revelam, ademais, a «arrogância do esquecimento» (Santos, 2001) à qual são votadas pelo *Estado de indiferença* determinadas populações. Uma arrogância do esquecimento — ou, talvez, uma *normalidade da indiferença* — que resulta em subidentidades, ou seja, em cidadãos e cidadãs que padecem do não reconhecimento a participar plenamente num coletivo, que padecem de uma subcidadania. Os *direitos de exceção* concedidos por um *Governo de exceção* serão uma expressão, por excesso, de um défice de reconhecimento do direito das vítimas? A longo prazo, a prática de governação de territórios e populações afetados por acontecimentos extraordinários, cuja principal caraterística é a expiação e os principais resultados a exceção, parece conduzir a uma forma de não-existência das vítimas. Não das vítimas hiperbolizadas e hipervalorizadas por um qualquer *Governo de exceção*, mas das

---

[138] Tradução livre do autor.

vítimas que vivem e continuam a viver na sombra da comunicação social, à sombra do *Estado de indiferença* e ensombradas pelo não-reconhecimento do seu estatuto mais do que da sua condição.

No dia 20 de maio de 2011, durante um exercício realizado no Regimento da Serra do Pilar no âmbito do Dia da Defesa Nacional,[139] partiu-se o cabo do slide em que deslizava Ana Rita, estudante de Direito de 18 anos. Ana Rita caiu de uma altura de seis metros e acabou por falecer no Hospital de Santo António, no Porto. Em nota de imprensa, o porta-voz do exército, Tenente-Coronel Hélder Perdigão, dizia então:

> O Exército confirma o falecimento da cidadã Ana Rita dos Santos Silva Lucas que se encontrava a cumprir as obrigações decorrentes da Lei, relativa à participação nas atividades decorrentes do Dia da Defesa Nacional, no Regimento de Artilharia n.º 5, em Vila Nova de Gaia (*Lusa*, 2011).

Três anos volvidos sobre o acontecimento, a agência *Lusa* noticiou que os pais de Ana Rita continuam à espera que se apurem as responsabilidades pelo sucedido e que arranque o julgamento que chegou a estar marcado para abril de 2013, mas que acabou suspenso por falta de uma peritagem pedida por um dos militares acusados de homicídio por negligência grosseira.

---

[139] Como informa a página oficial da Direção-Geral de Pessoal e Recrutamento Militar: «a comparência ao Dia da Defesa Nacional é um dever militar para todos os cidadãos portugueses, de ambos os sexos, que completam 18 anos de idade, conforme previsto na Lei do Serviço Militar e respetivo Regulamento. Para cumprirem com este dever os jovens devem, em primeiro lugar, consultar os editais de convocação (afixados nas câmaras municipais, juntas de freguesia, postos consulares e também publicados aqui) e, em segundo lugar, comparecer no Centro ou Núcleo de Divulgação do Dia da Defesa Nacional para o qual foram convocados. Durante o Dia da Defesa Nacional são desenvolvidos um conjunto de atividades destinadas a sensibilizar os jovens para a importância da Defesa Nacional e para o papel e missão das Forças Armadas Portuguesas» (<http://www.dgprm.pt/areas-de-atuacao/dsrasm/dia-da-defesa-nacional/informacoes-ddn.html>, acedido: 05.06.2014).

Em outubro de 2012, o Ministério Público (MP) acusou quatro militares (um sargento, um primeiro cabo e dois soldados) envolvidos na montagem e vigilância do equipamento de slide pela morte da jovem, considerando que a queda fatal ocorreu por desleixo dos mesmos.

Um dos arguidos acabou porém por pedir uma peritagem ao cabo usado na atividade de slide, para averiguar o motivo da sua alegada rutura, mas só em abril [de 2014] o LNEC (Laboratório Nacional de Engenharia Civil) aceitou efetuar a mesma, isto depois de três universidades (Aveiro, Coimbra e Porto) terem rejeitado fazê-lo ainda em 2013.

"As coisas estão sempre empatadas", lamentou o pai da jovem que, queixando-se de "falta de profissionalismo", quer do tribunal, quer dos vários peritos solicitados, espera que o resultado do LNEC chegue até ao dia 15 de junho [de 2014] (data estipulada) para que possa mais uma vez ser marcado o início do julgamento.

Ainda que na altura do acidente o Exército tenha expressado à família o seu "profundo pesar" pelo sucedido, e anunciado a abertura de um inquérito, "nunca mais" contactou os pais da jovem, assinalou Marco Lucas para quem também "o Estado não quer saber de nada" (*Lusa*, 2014).

Ainda os pais de Ana Rita:

"A minha filha morreu há três anos e está tudo como se nada tivesse acontecido", criticou Marco Lucas, pai de Ana Rita.
[...] "Na nossa perspetiva, criou-se um dia de Defesa Nacional sem sequer se ter o cuidado de perceber se havia condições para que os miúdos pudessem participar com a devida segurança. Logo, há que imputar a responsabilidade a quem o criou, que foi o Estado, através de Paulo Portas" (*Lusa*, 2014).

Perante um idêntico perpetrador, o Estado português, que diferenças existem entre a cidadã Ana Rita dos Santos Silva Lucas e as cidadãs e cidadãos vítimas da *Tragédia de Entre-os-Rios*? Porque não existe equivalência entre a morte da primeira e as mortes dos segundos? Porque não existe idêntica consideração pelo sofrimento? Porque não existe uma *equivalência* de vítimas? A resposta a estas interrogações estará na *quantidade* de vítimas, que apenas pela força dos números e da visibilidade mediática se revelam capazes de interpelar fortemente um Governo e de suscitar uma resposta igualmente forte?

Para responder a estas interrogações necessito, uma vez mais, de recorrer a um exemplo que emergiu de um estudo comparativo entre Portugal e França e na base do qual se propôs uma distinção entre *vítimas atomizadas* e *vítimas institucionalizadas*. Em grandes linhas, as primeiras referem-se a pessoas (vítimas individuais ou familiares de vítimas) que não participam em qualquer dispositivo de apoio às vítimas, enquanto as segundas se situam numa posição diametralmente oposta e referem-se a pessoas (vítimas individuais ou familiares de vítimas) que integram associações de vítimas resultantes de um acontecimento particular.[140]

O exemplo acabado do processo dinâmico de institucionalização das vítimas encontra-se, em França, na *Fédération National des Victimes d'Attentats et d'Accidents Collectifs* — FENVAC (Federação Nacional das Vítimas de Atentados e Acidentes Coletivos). Esta federação, que congrega as vítimas de mais de 70 acidentes coletivos e catástrofes diversas, deve a sua fundação à *Association de Soutien aux Victimes de la Gare de Lyon* — ASVL (Associação

---

[140] A distinção entre vítimas atomizadas e vítimas institucionalizadas decorreu da análise comparativa de associações de vítimas em Portugal e em França realizada no âmbito do projeto «TRAUMA — vítimas, trauma e processos institucionais: para além de uma ética da vítima», projeto financiado pela Fundação para a Ciência e a Tecnologia e que decorreu no Centro de Estudos Sociais da Universidade de Coimbra, sob a coordenação de José Manuel Mendes (PTDC/CS-SOC/111366/2009).

de Apoio às Vítimas da Gare de Lyon), criada na sequência do acidente ferroviário na Gare de Lyon (Paris), em 1988, que provocou 56 vítimas mortais e fez 57 feridos. Como se pode ler na página oficial da FENVAC: «A qualidade do trabalho desta associação [ASVL] de pouco serviu e tornou-se claro que, para serem ouvidas, para que as preocupações das vítimas e dos seus familiares pudessem ser consideradas, era necessário que as associações de vítimas se agrupassem».[141]

Em 1994, nasceu a FENVAC, inicialmente composta por oito associações de vítimas de catástrofes ocorridas entre 1982 e 1993. A FENVAC, que tem por principais objetivos a entreajuda, a solidariedade, a verdade, a justiça e a segurança para todos, define-se a si mesma do seguinte modo:

> Apolítica e não confessional, a FENVAC é estatuariamente animada e dirigida única e exclusivamente por vítimas que possuem em comum o facto de se terem confrontado com o horror, a aflição, a incompreensão e as dificuldades resultantes de um acidente coletivo.[142]

A legitimidade da FENVAC funda-se, antes de mais, no facto de os seus dirigentes e funcionários partilharem a *qualidade* de vítimas ou de familiares de vítimas. A força da FENVAC, por sua vez, encontra clara expressão no facto, primeiro, de esta ter obtido a possibilidade de as associações que representa se constituírem como partes civis em processos decorrentes de acidentes coletivos e, uma década depois, de ela própria, enquanto federação, se poder constituir como parte civil nesses processos.

---

[141] Tradução livre do autor. Todas as informações sobre a FENVAC aqui coligidas podem ser consultadas na página oficial da Federação (<www.fenvac.com>, acedida a 22.05.2014).

[142] Tradução livre do autor.

Subjacente ao trabalho da FENVAC encontra-se a ideia de que não é somente com a exposição do seu sofrimento e das suas mortes que as vítimas devem procurar obter os *favores do rei* (Roux, 2000) — leia-se os *favores* dos governos — mas como cidadãos que, nessa qualidade, devem interpelar o Estado, a partir de fora, organizados em coletivos, tanto quanto a partir de dentro, representados em dispositivos que operem no seio da estrutura estatal. Subjacente ao trabalho da FENVAC encontra-se uma forma de resistência à ideia admiravelmente sintetizada por Mervi Pantti e Karin Wahl-Jorgensen: «as pessoas comuns são empoderadas (*empowered*) por e através da sua condição de vítima em vez de o serem enquanto cidadãos»[143] (Pantti e Wahl-Jorgensen, 2007: 22). Subjacente ao trabalho da FENVAC não se encontra a ideia de que é necessário abandonar a compaixão para abrir espaço à razão, mas antes, à maneira de Martha Nussbaum (1996), a reivindicação da não negação do lugar da compaixão na estrutura legal e nas instituições políticas. Na FENVAC, o poder interpelativo do sofrimento e da morte aparece como um recurso emocional e político usado, simultaneamente, no exterior, no mundo social, visando a indignação (Boltanski, 2000), e no interior da estrutura estatal, visando o reconhecimento.

A apropriação do político pelo sofrimento e pela morte pela FENVAC tem vindo, neste sentido, a orientar-se para a afirmação do valor da vítima e, compreensivelmente, a colocar a federação no cerne do debate ocidental sobre o lugar e o poder das vítimas na sociedade e no sistema judiciário. Um debate que oscila entre a *preocupante emergência das vítimas* (Salas, 2004) *e o medo das vítimas* (Cario, 2004). Um debate que, no contexto português, poderá parecer algo paradoxal.

De facto, em Portugal, na sequência de acidentes coletivos, embora se tenha vindo a assistir à reivindicação e à presença assídua de

---

[143] Tradução livre do autor.

dispositivos de enquadramento das vítimas consubstanciados exclusivamente no apoio psicológico, o caso de Ana Rita, por defeito, e o de Entre-os-Rios, por excesso, revelam uma tendência indiciadora ou de uma incapacidade das vítimas se constituírem como atores políticos ou, na relação com sucessivos governos, em particular, e com o Estado, em geral, de uma sua progressiva despolitização. A *hipervalorização por exceção* das vítimas de Entre-os-Rios apareceria como o reverso da medalha de uma tendência para uma *hiperdesvalorização universalizada* das vítimas.

Retomando as palavras de Qian Zhongshu (1984), não há dúvida de que dispositivos de apoio e de representação das vítimas similares à FENVAC tendem a tornar as vozes dos perturbados *espessas* e *pesadas*. Todavia, a julgar pelos contornos que o debate em torno do valor das vítimas tem vindo a assumir em França — um debate que vai dos perigos associados ao império da emoção, que passa pela afirmação desigual de uma condição de vítima geradora de hierarquias de humanidade, pela singularização do reconhecimento *a direitos* em vez da universalização do reconhecimento *de direitos*, e que acaba, na sua forma mais radical, na crítica à mercadorização das vítimas pela sua apropriação estandardizada por dispositivos de representação orientados quase exclusivamente para a reparação (o mais das vezes pecuniária) — não há igualmente dúvidas de que o modelo da FENVAC, mais associado a esta última crítica, revela que as vítimas representam uma categoria problemática, social e juridicamente, enquanto condição tanto quanto enquanto estatuto.

Em Portugal, as vítimas têm vindo a ocupar o centro da discussão penal e o debate a orientar-se para os meios que devem ser colocados à sua disposição para lidar com o cidadão-perpetrador, ou seja, para as situações em que o Estado aparece como Estado protetor — a violência doméstica sendo, talvez, o exemplo mais representativo. Porém, casos similares ao de Ana Rita Lucas e ao de Entre-os-Rios, em que o Estado aparece, já não como protetor, mas como perpetrador, por ação indireta ou omissão, continuam envoltos em silêncio. *Quem tem medo das vítimas?*, pergunta Robert Cario (2004). Diria que é o Estado que tem medo das vítimas. Das suas vítimas. E, porém são estas vítimas que, parafraseando Leonel Moura (1996: 12), se tornam gradualmente transparentes porque incapazes de adquirir espessura política ou porque vão perdendo a espessura política adquirida por exceção.

A alteração do enfoque do debate sobre o lugar das vítimas no direito penal para o lugar das vítimas no direito civil conduziria a uma outra ordem de questionamentos. Quais os meios de que dispõem as vítimas para substituir a sua condição de objetos passivos da expiação, ou de objetos passivos *tout court*, à de agentes ativos do reconhecimento do seu estatuto? Quais os meios de que dispõem as vítimas para irem para além da produção discricionária de exceção estatal ou da indiferença estatal? Que alternativas existem para projetar estas vítimas para fora da relação, prenhe de consequências, entre fatalismo, paternalismo e exceção, apanágio de um *Estado de indiferença*, que, mesmo quando procura a aproximação, permanece sempre longe de mais? Nestas interrogações fica contida toda uma outra agenda de investigação.

4. ESTADO: APRENDIZAGEM, NORMALIZAÇÃO E INDIFERENÇA

Apesar de variáveis na sua intensidade, os efeitos que podem ser atribuídos aos desastres possuem uma característica comum: a de colocarem na agenda política, através de uma plataforma de visibilidade pública mais vasta, questões até então confinadas a círculos mais restritos (Birkland, 2006). Na sequência de um desastre e da crise política que este possa desencadear, o excesso de visibilidade de determinadas questões torna-se, pois, momentaneamente, inversamente proporcional ao excesso de invisibilidade ao qual eram votadas anteriormente.

Refletindo sobre o 11 de Setembro, Thomas Birkland (2004) retoma a ideia de «*alarmed discovery*», de Anthony Downs (1972), para questionar, por um lado, a permanência do acontecimento na agenda pública e, por outro, as alterações político-institucionais efetivamente desencadeadas para além da retórica subjacente à gestão da crise. Considero que se pode aplicar um idêntico raciocínio à queda parcial da Hintze Ribeiro e, concretamente, a dois domínios cujas fragilidades foram reveladas pelo desastre: a inspeção e manutenção de obras de arte e a regulação da extração fluvial de inertes. Dois domínios que não voltarão, pelo menos ao nível do seu enquadramento legislativo, ao que eram antes do colapso da Hintze Ribeiro. A ressalva da reforma legislativa é, como se verá, muito importante.

Na sequência da queda da ponte de Entre-os-Rios, uma crise por má gestão, sem nunca terem entrado no domínio da viragem paradigmática — o nível mais radical de alterações subsequentes a crises —, as alterações políticas e institucionais oscilaram entre o afinamento *nas* políticas e instituições e a reforma *das* políticas e instituições, ou seja, entre alterações elementares nas políticas e instituições e alterações de natureza mais substancial nos princípios orientadores das políticas e dos valores institucionais. Os sinais precursores da aprendizagem começam a ganhar saliência ainda durante o processo de responsabilização, mas só adquirem consistência a longo prazo. Embora Entre-os-Rios tenha vindo progressivamente a desertar das agendas pública e política, a longo prazo o desastre continuou a projetar a sua sombra (Boin *et al.*, 2008c: 289) em, pelo menos, dois domínios: a gestão de obras de arte e a regulação da atividade de extração de inertes. Porém, apesar dessas reformas serem claramente discerníveis enquanto *reformas legislativas relacionadas com o acontecimento*, tal não significa que se traduzam mecanicamente em práticas distintas àquelas que se verificavam antes do desastre. É aqui que se encontra a ressalva.

O prolongamento da análise do desastre no tempo do quase-silêncio do pós-desastre remete para a possibilidade de se manterem as condições que, inicialmente, conduziram ao próprio desastre. A ideia de que, apesar de se poderem vislumbrar efeitos positivos do processo de aprendizagem, esses efeitos poderem ser acompanhados por «forças conservadoras» que asseguram que tudo se mantem em funcionamento com um mínimo de alteração (Glowezewski e Soucaille, 2011: 12). Tal significa que o ímpeto reformador de que o desastre é portador ver-se-ia, se não travado, pelo menos refreado por uma *inércia conservadora* apostada em assegurar a manutenção do *statu quo* (Glowezewski e Soucaille, 2011). A perspetiva pode oscilar aqui entre um reconhecimento positivo e otimista das alterações decorrentes do processo de aprendizagem ao nível das reformas políticas e institucionais, que contrasta com uma identificação negativa e pessimista ao nível das práticas políticas e institucionais.

É com esta ideia em mente que parto para a leitura do impacto do desastre na gestão das obras de arte em Portugal e na regulamentação da extração fluvial de inertes, nomeadamente no Douro.[144]

4.1. O sistema de gestão de obras de arte: uma nova normalidade?

No dia 2 de março de 2011, a Estradas de Portugal, S.A. (EP) organizou um seminário cujo principal objetivo foi a divulgação das atividades relativas à conservação do património de obras de arte a seu cargo. Passaram dez anos sobre a queda parcial da Ponte Hintze Ribeiro e é este o momento escolhido pela EP para realizar um balanço das atividades desenvolvidas em matéria de obras de arte e de revelar as ações corretivas e reguladoras (Chateauraynaud e Torny, 2005) adotadas na sequência do colapso parcial da obra de arte. A apresentação dessas ações ficou a cargo do Vice-Presidente da EP, Engenheiro Eduardo Gomes, que, segundo se pode ler nas conclusões finais do seminário:

> Revelou a alteração profunda do modelo de organização, seus conceitos, normas e procedimentos, que ocorreram desde 2001, que fizeram tornar completamente irreconhecível o panorama actual face àquele que se verificava à data do trágico acidente (EP, 2011a 2).

---

[144] Impõe-se aqui uma chamada de atenção para o facto de não serem objeto de análise as alterações desencadeadas pelo colapso parcial da Hintze Ribeiro nas culturas de perceção e gestão do risco do sistema de gestão de obras de arte ou da atividade de extração de inertes do Douro. O efeito diferenciado do acontecimento nas práticas será aqui exclusivamente analisado à luz das entrevistas com alguns atores privilegiados. No entanto, devo referir que não foram entrevistados quaisquer areeiros a operar no Douro ou responsáveis pela regulação dessa atividade, pelo que os resultados devem ser lidos com a devida reserva.

A apresentação de Eduardo Gomes segue uma linha cronológica, de 2001 a 2011, e realça as principais alterações ao nível, por um lado, da organização e, por outro, da atuação. O Vice-Presidente começa por traçar, em grandes linhas, a história da JAE e da criação dos institutos rodoviários que lhe sucederam até chegar ao momento de viragem que situa, precisamente, no colapso parcial da Ponte Hintze Ribeiro. Segundo o Vice-Presidente, o acontecimento encontra os Núcleos de Obras de Arte, integrados no ICERR, num momento de fragilidade por duas razões principais: 1) A carência de recursos humanos provocada pela saída de técnicos experientes da Direção dos Serviços de Pontes da JAE ou a sua requisição para o ICOR; e 2) A inexistência de quaisquer metodologias organizadas e sistematizadas no domínio da inspeção de obras de arte (Gomes, 2011).

Para além do efeito de inscrição da gestão da conservação das obras de arte na agenda pública e política, o colapso da Hintze Ribeiro motiva uma reação imediata que se pauta pela execução de uma campanha de emergência de 349 inspeções e 35 inspeções subaquáticas a obras de arte, da qual resulta a restrição do tráfego em 56 obras de arte, a interdição de circulação em 3, e a decisão de desenvolvimento de projeto em 60 (Gomes, 2011). Na sequência desta primeira intervenção, que se pode classificar de reativa ou *ad hoc*, suscitada pelo alerta lançado pelo acontecimento e pela pressão da urgência, ao longo da década seguinte, o SGOA começou a ganhar forma e a complexificar-se.

Numa comunicação apresentada ao 7.º Congresso Rodoviário Português, *Novos Desafios para a Atividade Rodoviária* (realizado no LNEC, de 10 a 12 de abril de 2013), os engenheiros Carlos Santinho Horta e Luís Freire, da Estradas de Portugal (Direção de Construção e Manutenção), esclarecem:

> O Sistema de Gestão de Obras de Arte (SGOA), da empresa Estradas de Portugal, S.A. (EP), tem como vetor principal a

realização periódica e programada de Inspeções Principais às obras de arte, intercaladas por Inspeções de Rotina mais frequentes. Tal como definido, o SGOA assenta fundamentalmente nas avaliações efetuadas pelos técnicos envolvidos no processo da gestão da conservação, dependendo a sua fiabilidade, em grande medida, da qualidade destas avaliações.

O Sistema de Gestão, nomeadamente a aplicação informática de base de dados, os manuais e por inerência os seus pressupostos, foi contratado pela Estradas de Portugal no final de 2003. A execução efetiva, de acordo com os pressupostos base do Sistema de Gestão de Conservação de Obras de Arte, apenas foi possível em 2007, com a conclusão do Inventário (incluindo dados de constituição) e o início de campanhas de inspeção. Estas campanhas foram planeadas, de acordo com esses mesmos pressupostos, com periodicidades de 1 a 2 anos nas Inspeções de Rotina, e um máximo de 5 anos nas Inspeções Principais e Subaquáticas (Horta e Freire, 2013: 1).

O SGOA, cujos contornos se começaram a delinear nas lições para o futuro sintetizadas no binómio segurança dos cidadãos-confiança no Estado, avançado por António Guterres ainda durante o processo de responsabilização, é um exemplo clássico de concretização do processo de aprendizagem em domínios cuja fragilidade se torna notória por via dos desastres (Birkland, 2006) e, além disso, de preservação da memória institucional dos desastres. De facto, na sequência da queda parcial da Hintze Ribeiro, as obras de arte tornaram-se um *domínio quente*, na medida em que possuem provas dadas relativamente aos danos políticos, institucionais, individuais e judiciais que as suas eventuais falências podem provocar.[145] Um dado, aliás, igualmente

---

[145] Caso o colapso parcial da Hintze Ribeiro não tivesse sido suficiente, a queda de uma passagem de peões no IC 19, ocorrida a 7 de setembro de 2003 e que fez quatro feridos, virá estabelecer definitivamente o potencial de destruição política das obras de arte. De facto, o, então, Ministro das Obras Públicas, Carmona Rodrigues, apontará

salientado por um professor de engenharia da FCTUC por mim entrevistado no âmbito dos relatórios periciais.

> A grande lição [da queda parcial da Ponte Hintze Ribeiro] é esta: obras importantes têm de ter um acompanhamento regular. Do ponto de vista político, a lição é que têm de ser dadas condições para que o acompanhamento seja feito. O principal problema dos políticos é pensar em como é que vão ser eleitos nas próximas eleições, mas há coisas que têm de ser pensadas a longo prazo. Há muito a tendência para cortar em coisas cujos efeitos só mais tarde se fazem sentir. Se uma sociedade não tiver um pensamento de longo prazo... (Gaspar Martins, engenheiro da FCTUC, entrevista, 25.01.2013).

Nas palavras de um representante da Estradas de Portugal:

> Houve uma reorganização da casa [Estradas de Portugal] no sentido de colmatar... [Hesita] lacunas... Não lhe queria chamar lacunas, mas talvez a organização não fosse a mais adequada. Se calhar a estrutura não estava dimensionada para uma realidade que teria de ter outro cabimento. Seguramente que o acidente [colapso parcial da Hintze Ribeiro], que, com o acidente, acabámos por nos reestruturar e com sucesso. Claro que sucesso é uma palavra... Digamos que temos mais eficácia. Acho que na área da conservação de pontes se deram passos muito significativos acima de tudo por termos um sistema de gestão a funcionar (Rodrigo Mendes, Estradas de Portugal, entrevista, 26.11.2012).

---

a falta de verbas, de recursos e de meios como as principais causas para o *estado de coisas* neste domínio. Nessa sequência, irão surgir as inspeções a outras passagens pedonais, o afastamento do presidente do IEP, Ribeiro dos Santos, e a sua substituição por João Sousa Marques, as comissões de inquérito, a troca de acusações entre PS e PSD, ou seja, uma sucessão de acontecimentos que fazem lembrar as repercussões do colapso parcial da Hintze Ribeiro, embora com muito menor intensidade.

A memória institucional expressa-se, como se vê, de modo cauteloso.

Apesar de se manter a permeabilidade das chefias da Estradas de Portugal aos ciclos eleitorais, o domínio das obras de arte constitui um domínio relativamente salvaguardado, nomeadamente ao nível da sua dotação orçamental.[146]

> [A propósito da Estradas de Portugal] Com as diferentes administrações e com as diferentes... nós já sofremos várias transformações. Eu estou cá já há algum tempo e, não tenho a certeza, mas acho que vamos na quinta ou sexta administração. Isso é fruto das alterações políticas, infelizmente. Embora aqui no nosso caso [área da conservação das obras de arte], fruto da pressão e do ónus que caiu sobre nós, foi dada alguma garantia de continuidade e ainda hoje se olha para a conservação de obras de arte como uma estrutura que é necessária e que... digamos que não pode ser menosprezada... Verificou-se nos anos 70 e 80 que se construiu muito sem olhar para a conservação e quando se deu o acidente [de Entre-os-Rios] começou a ver-se as coisas de outra maneira e chegou-se à conclusão, e muito bem, que era preciso olhar para a parte da conservação que estava esquecida (Rodrigo Mendes, Estradas de Portugal, entrevista, 26.11.2012).

---

[146] Em novembro de 2011, na sequência do colapso parcial do tabuleiro da ponte que ligava as freguesias de Macinhata do Vouga a Lamas do Vouga (concelho de Águeda), que, apesar de vedada ao trânsito, fez um ferido, a Estradas de Portugal (EP) previa, para 2012, intervir em 140 obras de arte com um orçamento de cerca de 54 milhões de euros, um orçamento praticamente igual ao de 2011 para uma intervenção em 125 obras de arte. Num comunicado de imprensa a EP adiantava ainda que: «entre 2001 e 2010 foram realizadas 10697 inspecções de rotina (manutenção) e 5008 inspecções principais (conservação)» e que «em 2010 foram também realizadas 85 inspecções subaquáticas, de um total de 269 na última década» (Fontes, 2011), tudo graças ao sistema de gestão de obras de arte que «permite à empresa agir de forma proactiva e preventiva» (*idem*).

O tom é, assim, de otimismo. Apesar de se terem registado acidentes de percurso, esse otimismo aparece sustentado por um balanço das atividades do SGOA que, na mesma linha do Vice--Presidente da EP, Carlos Horta e Luís Freire (2013) classificam muito positivamente:

> Da análise de 11 anos de experiência na implementação e desenvolvimento, na EP, do Sistema de Gestão de Conservação de Obras de Arte, conclui-se que o conhecimento sistematizado deste património específico, com a implementação de metodologias, ao nível de toda a empresa, que organizam todos os procedimentos, do inventário à inspeção, associada a uma estratégia de gestão que privilegia a intervenção preventiva ao invés de reativa, tem como resultado uma melhoria continuada da segurança estrutural das obras de arte, com reflexo evidente na qualidade do serviço prestado aos utentes.
>
> Mais se realça que a EP mantém a aposta no seu *know-how* interno, em parceria com entidades privadas e públicas de reconhecida credibilidade, tendo em vista o aprofundamento dos seus métodos de trabalho, por forma a melhorar continuamente o desenvolvimento e fiabilidade do seu SGOA (Horta e Freire, 2013: 11).

Resta apurar se as alterações desencadeadas pelo robustecimento do SGOA se estenderam às regras técnicas, cuja ambiguidade, como se viu, se revelaram decisivas no processo-crime. Resta apurar se se verificou, tal como é enunciado no acórdão de absolvição dos seis arguidos do processo-crime de Entre-os-Rios, a passagem de um conjunto de «constatações, princípios genéricos, procedimentos de senso comum que devem ser observados pelos engenheiros» (TJCCP, 2006) para um conjunto de normas de ação concretas dirigidas a engenheiros, que, perante uma situação concreta, lhes imponha condutas determinadas, «comandos que, no agir técnico concreto, indicam o modo concreto de agir, prevêem um certo comportamento e não outro, subtraindo ao agente a discricionariedade para solucionar um determinado problema» (*Idem*).

Recorde-se que, em dezembro de 1985, a JAE havia celebrado com o LNEC um protocolo de acordo de colaboração, o qual abrangia três grandes domínios de atividade do LNEC: vias de comunicação, geotecnia e estruturas (pontes). De acordo com o acórdão de absolvição do processo-crime de Entre-os-Rios:

> Tal protocolo, no campo das pontes, previa uma colaboração de carácter geral correspondente a uma assessoria global principalmente dirigida aos domínios da patologia e da gestão de pontes, nele se referindo como acções cobertas pelo protocolo, no ponto 4 a "preparação de manuais de inspecção de pontes e realização de cursos de inspecção para técnicos da JAE e para projectistas" e no ponto 5 a colaboração na aquisição pela Direcção dos Serviços de Pontes de equipamento de inspecção.
>
> [...]
>
> Apesar da celebração do protocolo entre o LNEC e a JAE em 1985, nunca foi elaborado um manual de inspecção das obras de arte a cargo da JAE (TJCCP, 2006).

Segundo Horta e Freire (2013), esta situação estaria agora ultrapassada:[147]

> Atenta à responsabilidade e complexidade do SGOA, a EP decidiu envolver o LNEC desenvolvendo parcerias com vista à validação dos mecanismos do SGOA, através da revisão dos seus

---

[147] No final da comunicação, os autores referem três manuais de 2011, documentos internos da EP: *Manual de Inventário de Obras de Arte*; *Manual de Inspeções de Rotina*; e *Manual de Inspeções Principais* (Horta e Freire, 2013: 12).

Manuais e a um processo de auditoria ao modo como são efetuadas as inspeções e atribuídos os Estados de Conservação.

Por fim, importa referir que o modelo de Manual de Inspeção Principal integrante do SGOA, o qual está definido para as designadas Obras de Arte correntes, será objeto de uma Adenda Técnica, tendo em vista adequá-lo a estruturas de maior complexidade, denominadas Obras de Arte Especiais, processo este decorrente de uma parceria com o LNEC, presentemente a ser concretizado.

No corrente ano de 2013, encontra-se em desenvolvimento um novo procedimento com o LNEC e mais cinco especialistas em obras de arte, com o objetivo de integrar no SGOA Guias para o Diagnóstico dos diferentes tipos de estruturas, que tipifiquem, por tipo de estrutura, os danos possíveis e suas causas prováveis. Estes documentos visam o reforço da fiabilidade das Inspeções Principais efetuadas, bem como a sua uniformização, atendendo a que, atualmente, estas são realizadas por 8 equipas operacionais, coordenadas e supervisionadas por 3 Técnicos Seniores.

Por último, indica-se que o documento intitulado Manual de Inspeções Subaquáticas foi elaborado, tendo sido desenvolvido internamente na EP com a supervisão do LNEC. Este documento estabelece um conjunto de procedimentos que visam garantir a qualidade das avaliações efetuadas no âmbito de Inspeções Subaquáticas, bem como pretende constituir um auxiliar para a compreensão das diferentes atividades envolvidas, desde o mergulho à análise e reporte da condição das estruturas observadas (Horta e Freire, 2013: 3).

Tudo indica que, do ponto de vista da aprendizagem, o SGOA representa efetivamente uma resposta sustentada desencadeada pelo colapso da Hintze Ribeiro. Uma resposta que começa a ganhar forma durante o momento de urgência, com o *Governo de exceção* de António Guterres, e solidez na década seguinte. Pontuado por acontecimentos que não lograram adquirir a grandeza de Entre-os-Rios, o desenvolvimento do SGOA foi no sentido de reforçar a importância da conservação das obras de arte a nível técnico e de proteger a relevância da conservação das obras de arte a nível político. Estando sempre presentes as consequências de Entre-os-Rios para os agentes políticos e para os agentes técnicos, o desenvolvimento do SGOA foi no sentido de limitar a *ausência de perceção do risco*, o principal fundamento da argumentação técnica e política que perpassa as causas do desastre. Foi no sentido de reafirmar, no quadro assumido de um paradigma do controlo, uma nova *eficácia*. Uma nova normalidade.

4.2. Extração de inertes no rio Douro: regresso à normalidade?

Partindo da ideia de Birkland (2006), segundo a qual uma das formas de analisar as alterações nas políticas desencadeadas por um determinado acontecimento se prende com a legislação, propus uma distinção entre *legislação de exceção* e *legislação de reforma*. No caso da regulação da extração de inertes, tal como no caso do SGOA, estamos perante claras *alterações legislativas de reforma*.

Atendendo ao SGOA, é indubitável que o colapso parcial da Hintze Ribeiro passou a estar inscrito na memória político-institucional e a influenciar os princípios orientadores e valores, o que protege o domínio das obras de arte, não tanto dos ciclos eleitorais, mas claramente de eventuais quebras nas dotações orçamentais e humanas às quais estava anteriormente sujeito. É neste sentido que pode ser interpretada a afirmação do Vice-Presidente da Estradas de Portugal, que, quase uma década volvida, questionado pela comunicação social acerca da problemática que envolveu o desabamento da ponte de Entre-os-Rios, respondeu haver, na altura, um *compromisso* da Estradas de Portugal para que situações semelhantes não tornem a ocorrer (*apud* Mamede, 2010).

A inscrição do desastre numa temporalidade longa tornou possível observar o modo como o SGOA foi gradualmente ganhando consistência e solidez, ultrapassando as inspeções às obras de arte pós-desastre imediatamente desencadeadas numa lógica reativa em vez de preventiva. Relativamente à extração de inertes, a medida de exceção que levou à imediata interrupção da atividade na sequência do colapso da Hintze Ribeiro irá, a longo prazo, assumir contornos distintos. Assim, para tratar da regulação da atividade de extração de inertes no Douro, optei por uma abordagem centrada no processo de retoma da atividade. Subjacente a esta opção encontra-se o facto de, no momento da urgência, o *Governo de exceção* de António Guterres ter assumido um *compromisso* em relação à extração de inertes que implicou o não envolvimento dos areeiros. O que procurarei mostrar é a ação dos areeiros no sentido de firmar um *novo compromisso* com um *novo Governo*, cujo fundamento, potencialmente nocivo, não é já a *Tragédia de Entre-os-Rios* mas, sim, o *drama do desemprego*, um fundamento potencialmente benéfico. Embora as *alterações legislativas de reforma* estejam claramente presentes no enquadramento legislativo e nos mecanismos de controlo que passaram a regular essa atividade, perturbado o regime de exceção através do qual operavam os areeiros no Douro, o que se verá é o modo como estes procuraram negociar e impor um compromisso concorrente ao compromisso assumido pelo Governo de Guterres para com o território e para com os familiares das vítimas.

Uma das primeiras consequências do colapso parcial da Hintze Ribeiro para os areeiros a operar no Douro foi a imediata interrupção da atividade por ordem governamental (*Público*, 2002). Note-se que as operações de busca e resgate começaram logo no dia seguinte ao desastre e se prologaram até ao início de abril, numa primeira fase, para serem concluídas em meados do mês de junho, numa segunda (Anexo 5). Ademais, o Governo havia prontamente assumido o compromisso de interromper a extração de inertes no Douro até março de 2004. Do ponto de vista dos familiares das vítimas, a interrupção da extração de areias no Douro — em particular, a jusante da Ponte Hintze Ribeiro — justifica-se, acima de tudo, pela possibilidade de alguns dos corpos não resgatados poderem estar soterrados no leito do Douro. A ausência dos corpos no espaço digno do cemitério faz do local da tragédia uma sepultura simbólica, pelo que regressar à extração de areias nesse local equivaleria a uma profanação.

Outra posição têm, necessariamente, os areeiros. Uma posição ancorada num outro fundamento moral, que é o da preservação do emprego numa zona claramente dependente dessa atividade. A prolongar-se a interdição de extração de inertes para os sete areeiros a operar no Douro, à *Tragédia de Entre-os-Rios* viria somar-se a *tragédia do desemprego*. É neste sentido que interpreto a pressão, num primeiro tempo, por parte da Associação das Empresas de Dragagens do Norte (ADRAG) e, num segundo, por parte da Comissão de Trabalhadores das Empresas de Extração de Areias do Rio Douro.

Em novembro de 2001, após ter sido recebida pelo grupo parlamentar do PP e antes de se encontrar com o grupo parlamentar do PSD, a ADRAG, na pessoa do seu porta-voz, Amadeu Silva, exigia que as entidades oficiais se pronunciassem sobre o futuro da atividade de extração de inertes, pusessem fim à indefinição em que viviam as três centenas de trabalhadores afetos ao setor e o recomeço «pleno e urgente» da atividade de dragagem no rio Douro, suspensa após a queda da Ponte Hintze Ribeiro (*Público*, 2001d).

> «Sendo a extracção de inertes uma actividade económica legítima e indispensável ao país, a ADRAG exige respostas quanto ao futuro das empresas de dragagem e dos seus 304 trabalhadores directos, de que também dependem muitas dezenas de pequenas empresas da região cuja actividade está estritamente ligada à das sete empresas que integram a associação», referiu o porta-voz da associação dos areeiros, Amadeu Silva, citado pela Lusa. «Se o

Governo disser que não há mais dragagens comerciais no rio Douro as empresas têm de fechar as portas. Precisamos de uma resposta urgente», frisou o representante da ADRAG. Amadeu Silva salientou que a ADRAG concorda em não dragar entre o local da ponte que caiu em Março deste ano e a barragem de Crestuma, por respeito aos familiares das vítimas, mas argumenta que há outros pontos onde a extracção de inertes é possível e até desejável «para manter navegável o rio». «Podem ser feitas dragagens a montante de Entre-os-Rios até à barragem do Carrapatelo ou mesmo a montante desta», referiu o representante da ADRAG (*Público*, 2001d).

No dia 25 de agosto de 2002, já com Durão Barroso como Primeiro-Ministro, o *Público* noticia que a ADRAG, desta feita na pessoa do seu Presidente, Fernando Jorge, vai exigir ao Governo que «reautorize a extracção de areias a montante de Entre-os-Rios e a jusante da barragem de Crestuma-Lever, sob pena de sete empresas do sector falirem, despedindo os seus 304 trabalhadores» (*Lusa*, 2002). Por essa altura, aproximava-se, de facto, o fim do prazo de 30 de agosto de 2002 concedido pelo Governo, para que as empresas dragassem o canal navegável do Douro de modo a evitar a paralisação total do setor. Paulo Teixeira afirmava, então, a «intenção de se solidarizar com as pretensões da ADRAG» (*Lusa*, 2002).

> "Depois disso [30 de agosto], as sete empresas e os seus 304 trabalhadores estarão condenados à inatividade, provocando uma situação social complicada na região, já que mil pessoas dependem dos rendimentos de trabalho no sector numa região onde as alternativas de emprego escasseiam", lamentou Fernando Jorge (*Lusa*, 2002).

A 2 de setembro de 2002, nova investida no *Público*, que divulga os resultados dum estudo do LNEC sobre o trânsito sedimentar e a evolução morfológica do rio Douro (Garcias, 2002).[148] No mesmo dia, o *Barómetro Público* dá conta dos resultados de uma sondagem segundo a qual 74% dos respondentes não concorda com a extração de areias no Douro. Isso, saliente-se, numa altura em que decorria ainda o processo criminal a cargo do Ministério Público e em que não se encontrava afastada «a hipótese de as empresas de dragagens virem a ser responsabilizadas criminalmente» (Garcias, 2002).

A 28 de setembro de 2002, o *Público* noticia a intenção do Governo de Durão Barroso em manter até 2004 a interdição de extração de areias decidida por António Guterres. Segundo a notícia do *Público*:

> A extracção de areias no Douro é um dos pontos da ordem de trabalhos que os deputados municipais de Castelo de Paiva debatem segunda-feira, mas "a contestação dará lugar à informação", face a um esclarecimento escrito remetido terça-feira à Câmara Municipal pelo Secretário de Estado das Obras Públicas, Vieira da Silva,[149] disse à *Lusa* o Presidente da Assembleia Municipal, Lopes de Almeida. No ofício, Vieira da Silva afirma que o Governo mantém a interdição da extracção de areias no troço do Douro de Entre-os-Rios à barragem de Crestuma-Lever até 4 de março de 2004. Essa proibição fora determinada por um despacho de 4 de Março de 2001, emanado do gabinete de José Junqueiro, ao tempo Secretário de Estado da Administração Marítima e Portuária. A polémica sobre a eventual quebra desse compromisso foi desencadeada após a divulgação de um relatório confidencial do Laboratório Nacional de Engenharia Civil, divulgado pelo *PÚBLICO*, que apontava para a extracção de areias entre a ponte da tragédia e a barragem de Crestuma-Lever. "Face ao ofício do Secretário de Estado, eu próprio já não

---

[148] A extração de areias no Douro passou a ser tutelada pelo Ministério das Obras Públicas, mediante parecer do Ministério do Ambiente.

[149] É muito provável que se trate de um erro do *Público*, na medida em que o Secretário de Estado das Obras Públicas era, nessa altura, José Luís Vieira de Castro.

apresentarei uma moção que preparava e vamo-nos limitar a fazer o ponto de situação aos eleitos", disse o Presidente da Assembleia Municipal de Castelo de Paiva (*Público*, 2002: 27).

Colocadas lado a lado, a notícia sobre o relatório "confidencial" do LNEC e a notícia sobre o ofício do Secretário de Estado das Obras Públicas à Câmara Municipal de Castrelo de Paiva, é difícil compreender onde estava a intenção do Governo em quebrar o compromisso pela manutenção da interdição de extração de areias, o que leva, por um lado, a perguntar se a "polémica" à qual se refere o *Público* nessa última notícia não existirá somente enquanto construção noticiosa e, por outro, a questionar o grau de porosidade da ação governamental à influência mediática.

Na altura, porém, como revelava o barómetro do *Público*, os areeiros ainda se encontravam sob um elevado clima de suspeição, o que, a meu ver, impedia que argumentos técnicos ou emotivos adquirissem força suficiente para alterar o compromisso de manutenção da interrupção da atividade assumido por António Guterres.

Seria necessário esperar por meados de fevereiro de 2003, o ano em que Castelo de Paiva *perde* a fábrica de calçado *Clarks* e *ganha* 588 desempregados, para assistir a novos desenvolvimentos relativamente à extração de areias no Douro.

A Associação das Empresas de Dragagens do Norte dá lugar à Comissão de Trabalhadores das Empresas de Extração de Areias do Rio Douro. Composta por cerca de 300 trabalhadores das sete empresas que operavam no Douro na extração de areias, a Comissão foi criada para responder à suspensão da atividade. A primeira iniciativa da Comissão, de acordo com o seu porta-voz, Arlindo Carneiro: uma manifestação pública e a entrega de uma carta de apelo ao Primeiro--Ministro, Durão Barroso (Nadais, 2003; *Público*, 2003).

A extração de areias no rio Douro para fins comerciais virá a ser de novo autorizada em setembro de 2003, com a delegação do

Douro do Instituto Portuário e dos Transportes Marítimos (IPTM) a licenciar sete lotes, todos situados a montante da Hintze Ribeiro, às mesmas empresas que operavam no Douro antes do colapso parcial da ponte. A extração de areias passa, todavia, a obedecer a um Plano Específico de Extração de Inertes no Rio Douro, da responsabilidade do LNEC, e fica sujeita à realização prévia de um estudo de incidências ambientais e de um estudo económico. A renovação de licenças deixa, ainda, de ser automática e passa a ficar sujeita a um parecer do LNEC, que manterá ativo um sistema de monitorização da evolução do leito do rio. Relativamente à fiscalização, esta passa a ser assegurada:

> [P]or um sistema de localização electrónica instalado nos batelões de dragagem. Em cada uma das sete embarcações que estão autorizadas a operar no rio Douro foi instalada uma caixa negra, que recebe através de GPS as coordenadas relativas à sua localização e as reenvia por telemóvel [...], para o centro de controlo do IPTM instalado na Régua. [...] O controlo das quantidades de areia retiradas é que continuará nos mesmos moldes, ou seja, através da contagem da carga máxima de cada batelão, na presunção que todos eles regressem carregados (Garcias, 2003b).

Justificada tecnicamente a necessidade de extração de areias no Douro, faltava aos areeiros a legitimação. De onde poderia provir essa legitimação? Dos *moralistas* da *Tragédia de Entre-os-Rios*, no sentido em que Kenzaburo Ôé entende essa palavra.

> À medida que nos hospitais de Hiroshima, nas casas ou numa qualquer esquina da rua, se ouve os *hibakusha*[150] falarem da sua

---

[150] Expressão japonesa que significa, literalmente, «pessoas afetadas pela explosão» e utilizada em referência às vítimas sobreviventes de Hiroxima e Nagasaki.

experiência e do que ressentem ainda hoje, apercebemo-nos que todas essas pessoas, sem exceção, possuem uma maneira muito particular de observar o ser humano e de se exprimirem a seu respeito. Apercebemo-nos igualmente que conferem a determinadas palavras que tocam nas profundezes da moral — "coragem", "esperança", "sinceridade", "morte trágica", por exemplo — um significado concreto e muito particular. São, em suma, *moralistas*, no sentido que esse termo ocidental assumiu na sua tradução inicial em japonês: críticos esclarecidos da natureza humana[151] (Ôé, 1996: 115).

Em junho de 2003, a Associação dos Familiares das Vítimas da Tragédia de Entre-os-Rios (AFVTER), após solicitação da Comissão de Trabalhadores da Extração de Areias do Rio Douro para que tome posição sobre a retoma da extração de areias a jusante de Entre-os-Rios, decide, em Assembleia-Geral, pelo apoio à retoma da atividade (Oliveira, 2004). Antes disso, a direção da AFVTER já havia dado parecer positivo ao regresso dos areeiros à extração entre a barragem de Crestuma-Lever e a Hintze Ribeiro, mediante algumas condições, tais como a manutenção de uma zona proibida nos limites do concelho de Castelo de Paiva, uma maior fiscalização das extrações e um acordo sobre a eventualidade de surgirem restos mortais das vítimas nos lotes a licenciar. Carla Pacheco (2003), do *Correio da Manhã*, noticia da seguinte forma o aval da AFVTER aos areeiros:

> São os próprios areeiros, empresas e comissão de trabalhadores, os primeiros a admitir que a tomada de posição da associação [AFVTER] foi "muito importante para que o Governo deixe de ter medo de resolver esta questão". Arlindo Carneiro, da comissão de trabalhadores, que enviou "um apelo desesperado de ajuda às famílias", esclarece que "os governantes, depois da queda da

---

[151] Tradução livre do autor.

ponte, só mandaram parar a extracção no Rio Douro, deixando as restantes empresas do País a trabalhar normalmente. Isto só pode querer dizer que tiveram medo das reacções negativas".

Igual opinião tem Fernando Jorge Silva, presidente da Associação das Empresas de Dragagem do Norte, que diz mesmo que "falta muita vontade política em toda a questão". Segundo adianta "não se entende que haja um estudo do LNEC que aponta a zona a montante da ponte como ideal para a extracção e que, em Janeiro último, os Ministérios do Ambiente e das Obras Públicas venham adiar a decisão dizendo que as informações são insuficientes".

"Com o apoio das câmaras, governos civis, grupos parlamentares e, agora, das famílias, pode ser que o Governo reaja", refere Arlindo Carneiro, que adianta já ter sido marcada uma reunião com o Ministério das Obras Públicas.

O sufoco dos trabalhadores é grande, e os despedimentos já começaram, mas também as empresas que operavam no Douro reclamam prejuízos "superiores a 2,5 milhões de euros, nos últimos dois anos".

Paulo Teixeira, o autarca de Castelo de Paiva, um dos concelhos mais afectados pelo desemprego no Vale do Sousa, confessa-se "satisfeito" com o apoio dado pela associação aos trabalhadores, e refere que "há muito a câmara chama a atenção para este drama social".

[...]

A CRISE

O flagelo do desemprego é bem conhecido em Castelo de Paiva. Depois do encerramento das Minas do Pejão, na década de 90, e do fecho da Clarks, que mandou para a rua 600 trabalhadores, os paivenses vivem "sufocados" pela falta de perspectivas. As areias têm sido o sustento de milhares de famílias e são o mais recente foco de crise.

"O DESGOSTO NÃO NOS PODE DEIXAR CEGOS"

Manuel Santos é só uma das centenas de paivenses que perderam familiares na queda da Ponte Hintze Ribeiro, mas fala com confiança do que vai na alma dos que partilham da mesma dor. "Todos temos de chegar a um ponto em que abrimos os olhos e deixamos de pensar só no nosso desgosto. Não podemos ficar cegos ao sofrimento dos outros, que se arriscam a perder o emprego".

Este familiar, de 52 anos, concorda "que a direcção da associação [AFVTER] tenha decidido ajudar os trabalhadores, dando acordo para a extracção a montante da ponte", mas, frisa que "se os areeiros voltarem ao local do acidente, antes do fim da proibição, seria uma falta de respeito".

Tal como esclarece, "há muito medo que apareçam restos mortais e os areeiros escondam esse facto das famílias, só para que não lhes parem a laboração".

Apesar de ser um dos muitos familiares que defende que os areeiros deviam ser responsabilizados pela tragédia, Manuel Santos reforça que "os trabalhadores só cumpriram ordens, e não devem pagar por isso" (C. Pacheco, 2003).

Por sua vez, as entrevistas revelaram que o facto de os areeiros e do IND não terem sido pronunciados arguidos no processo-crime (Anexo 4) continua a pesar fortemente, primeiro, para a manutenção do clima de suspeição relativamente ao papel dos areeiros no colapso do pilar P4 e consequente desabamento parcial do tabuleiro e, segundo, para que a retórica do sacrifício das vítimas do desastre para a disciplinação da atividade de extração de inertes no Douro se encontrar, de algum modo, escamoteada pela suspeita local de continuar a existir um desfasamento entre as normas e as práticas nessa atividade. Ou seja, entre a regulação da atividade de extração e a extração em si. O regresso, pois, a uma normalidade na qual persiste um desfasamento entre regulação e prática?

Depois da queda da ponte fez-se cumprir a lei sobre a extração de areias. Agora há um plano específico de extração de areias. [...] Depois da queda da ponte passou-se a cumprir a lei sobre extração de areias. Ficou claro que uma das causas foi a extração descontrolada de areia (Martim Antunes, Engenheiro do LNEC, entrevista, 06.12.2012).

Sobre as causas da queda da ponte, eu nunca embarquei na teoria da meteorologia ter sido a causa fundamental. Para mim, nunca foi. Para mim, a principal causa para a queda da ponte foi sempre a extração ilegal de areias. Sempre. Não tenho dúvida nenhuma em relação a isso. A prova disso foram os saques que foram feitos no rio. Foi o caos! [...] Todas as pessoas de Castelo de Paiva, todas as pessoas de Cinfães, de Gondomar, todas as pessoas que cruzavam o rio e que passavam na estrada viam — e isso a horas extraordinárias, seis da manhã, nove da manhã, meia-noite no verão, duas da manhã no verão — batelões a extrair areia. Foi assim anos a fio. Foi uma coisa inacreditável. Para mim, foi essa a causa da queda da ponte. [...] Mas não foram só culpados aqueles que extraíram areia a mais, também foram culpados aqueles que, deliberadamente, não fiscalizaram, os que viam e não faziam nada. O IND nunca viu nada. O Presidente do IND da altura, o Mário Fernandes, que já faleceu, disse, numa entrevista célebre feita debaixo da ponte, alguns dias depois de esta cair e quando finalmente se começou a falar de areias, que a dez quilómetros a montante e a dez quilómetros a jusante não tinha havido extração de areias nos últimos dez anos. Isso foi uma bomba! Agora, eram muitas as famílias que dependiam dos areeiros, muitas. E as pessoas, naturalmente, não iam dar vida aos mortos e essa foi a justificação que mais ouvi. As pessoas diziam: «Não vamos dar vida aos mortos, não dá para falar, eu vou ser perseguido, vou ficar sem trabalho, a minha família vai ter problemas, não dá!»[152] E pronto. [...] A investigação em relação às areias perdeu-se e isso foi mau. Isso foi mau, não pelos areeiros em si, que são pessoas respeitadas, estimadas e inocentes até prova do contrário, mas pelo que poderia ter feito pelo país. É que não é só a extração de areias. É o corte de sobreiros, é o que quer que seja. Hoje, ouve-se falar muito em corrupção. Mas, até aí, não se falava tanto. O que se passou com a extração de areias no Rio Douro foi um nível de corrupção brutal que vai desde o mais pequeno fiscal até ao topo da hierarquia.

[...]

A engrenagem emperrou porque morreram 59 pessoas. Se fossem quatro ou cinco... Eu digo isso sem qualquer desprezo pela vida, antes pelo contrário! É preciso que se perceba que foi a maior tragédia rodoviária em Portugal, a maior tragédia rodoviária da Europa na altura! Como é que é?! Onde é que estamos?! Não foi nenhum atentado deliberado mas, se calhar, foi um atentado que foi perpetrado ao longo dos anos por muita gente! Gente que nunca foi condenada, nem andou lá perto. [...] O curioso é que quem ficou a explorar as areias foram os mesmos. Isso é evidente! Não é do dia para o outro que alguém investe naquela atividade, uma atividade que está na mão de poucos como sempre esteve. São sempre os mesmos! Os reis do rio Douro! (Ricardo Campos, comunicação social local, entrevista, 08.05.2013).

Há coisas que não se podem provar mas sobre as quais há fortes suspeitas e que dão conta de que os areeiros tiveram um papel relevante na extração de areia, que isso levou ao descalçamento do pilar e à sua queda. Nunca se conseguiu provar isso, apesar de haver fotografias de areeiros a retirar areia ao pé da ponte. Apesar de eu próprio ter visto os areeiros a retirar areia e

---

[152] Cf. Barros (2004c, 2004d).

a não cumprirem a lei. Eles têm limites para a areia que levam e do que eu não me lembro é de eles cumprirem os limites! Existia, de facto, uma total impunidade nessa atividade da qual a própria Câmara Municipal beneficiava (Alberto Simões, familiar de vítima, entrevista, 15.05.2013).

Há quem diga que os grandes culpados foram os areeiros, mas não foram. Eles precisavam de uma licença para trabalhar e alguém tinha de lhes dar essa licença. Eles não têm culpa. Eles estavam a trabalhar e a dar emprego. Eu não culpo os areeiros, culpo os nossos políticos (Rui Lopes, familiar de vítima, entrevista, 09.05.2012).

Eu não quero mal aos areeiros. Havia postos de trabalho em jogo... Os areeiros tiravam areia e quem devia fazer a fiscalização não ligava... A areia dá muito dinheiro e não digo mais nada. Os areeiros faziam o que queriam e o que lhes apetecia. Quando foi do julgamento, calhou-nos um juiz que tinha quatro anos de magistrado. Esse juiz não tinha condições para tomar conta de um processo daquela natureza. Além disso, não conhecia o Douro. Conheceu o Douro já com a barragem. Se conhecesse o rio Douro daria mais valor ao que as pessoas diziam e teria visto que alguns areeiros foram culpados. Outra coisa que ainda hoje me admira é que depois de uma tragédia que vitimou 59 pessoas, inclusivamente muitas crianças que não mereciam o que lhes sucedeu e que não chegaram a conhecer este mundo... Foi preciso morrerem essas crianças para se fazer uma ponte nova! A seguir a essa ponte ainda fizeram outra. Agora há duas pontes novas à beira uma da outra e o que mais lamento é que tanto o Governo como o Instituto de Navegabilidade do Douro, como a Polícia Marítima deixem estar um areeiro a laborar no meio das duas pontes. Como é que isso é possível?! Aconteceu uma tragédia...

Aquele areeiro teria culpa? Não sei. Tiravam areia por arrastão? Tiravam. Iam para o pé do pilar? Iam. Para mim foram eles que descalçaram o pilar. Eu não vou culpar quem estava lá a trabalhar, esses só estavam a ganhar o pão. Eram mandados. Eu culpo é o Instituto de Navegabilidade do Doutro que, muito antes da tragédia acontecer, deveria ter controlado aquilo! (José Figueira, familiar de vítima, entrevista, 09.05.2012).

***

Recapitulando, no momento de urgência, o *Governo de exceção* responde à crise induzida pelo desastre através de um conjunto de ações extraordinárias restritas a uma situação local e particular. O conjunto dessas ações extraordinárias configuram uma *prática de governação* que classifiquei *de expiação*. Findo esse momento, alguns elementos resultantes do processo de aprendizagem organizam-se em reformas políticas e institucionais, que, apesar de se saldarem em práticas distintas, integram efetivamente a matriz jurídico-institucional pós-desastre.

E é aqui que se torna importante a distinção entre Governo e Estado relativamente à prática de governação de populações e territórios afetados por acontecimentos extraordinários e é aqui que se concentra a dificuldade em classificar a queda da Ponte Hintze Ribeiro como uma prova de Estado. É o Estado, enquanto instituição, que é posto em causa na sua capacidade em garantir o direito à segurança dos cidadãos, mas responsabilização, reparação e correção ficam adstritas a um determinado Governo, ao Governo em funções, ao Governo de António Guterres, e é este o Governo, um *Governo de exceção*, que *se dá a ver* numa situação concreta, e é este que cessa de ser uma *ideia*, que se humaniza e age humanamente. Nesse momento de expiação, o Governo *corporaliza* a gestão da crise induzida pelo desastre, valendo-se dos recursos públicos, materiais e simbólicos aos quais se associa o nome Estado. Posteriormente, o Estado *incorpora* alguns dos adquiridos do processo de aprendizagem, que passam a integrar o *património* de recursos do próprio Estado. Enquanto o Governo adquire rosto, o Estado, figura institucional, não passa de um *reservatório* na gestão da crise, ao mesmo tempo que o *repositório* do processo de aprendizagem.

A *nova* eficácia adquirida pelo SGOA a revelar que existem domínios que, em razão da ação do *Governo de exceção*, passaram a ficar protegidos na sequência do desastre. A *velha* suspeição relativamente aos areeiros a revelar, pelo contrário, que existem domínios que, malgrado os compromissos assumidos por um qualquer *Governo de exceção*, continuam a operar valendo-se da distância à qual se encontram relativamente ao Estado.

O fim e o incumprimento dos compromissos materiais de exceção a revelarem que existem territórios que, malgrado as pretensões do *Governo de exceção*, retomam a longo prazo o seu lugar perante o Estado. O esgotamento dos direitos de exceção, finalmente, a revelar que o reforço da condição de vítima pelo *Governo de exceção* não encontra paralelo num reconhecimento do seu estatuto perante o Estado.

EPÍLOGO

*Como há espaço, dentro de nós,
para enterrarmos as nossas pequenas mortes!*

Mia Couto, *A Confissão da Leoa* (2012).

No dia 4 de março de 2001, por volta das 21 horas e 10 minutos, o desabamento do quarto pilar da Ponte Hintze Ribeiro provoca a queda parcial da estrutura do tabuleiro. Um autocarro, com 53 pessoas a bordo, e três viaturas ligeiras, com seis ocupantes, são atirados para as águas enlameadas e frias do rio Douro. Cinquenta e nove pessoas perdem a vida.

Parafraseando José Manuel Mendes (2010), a materialidade dos destroços da ponte e dos corpos submersos num Douro "indomável" e "impenetrável" — como o classificou o responsável pelas operações de deteção dos veículos submersos, Comandante Augusto Ezequiel (Ezequiel e Vieira, 2001) — afetou a linha ténue que liga simbolicamente cada cidadão à comunidade imaginada. Essa rutura moral tinha de ser reparada rapidamente na medida em que a relevância mediática do acontecimento obrigava o Governo a mobilizar-se. E o Governo mobilizou-se, tornando-se empiricamente acessível numa particular prática de governação, para a caracterização da qual optei por uma sociologia com desastres. E o Governo mobilizou-se para expiar a culpa do Estado. Em vez, pois, de responsabilidade, dever, direitos e reparação, o que emergiu do colapso da Hintze Ribeiro foi culpa, obrigação, expiação e exceção.

Mais do que procurar explicar as razões político-administrativas que estiveram na origem do desastre, a sociologia com desastres aqui proposta estabelece o acontecimento extraordinário como um ponto de entrada para atender à prática de governação de um território e de uma população afetados por um acontecimento extraordinário. Foi esta uma abordagem sociológica que, ao privilegiar a inscrição do acontecimento extraordinário numa temporalidade longa, permitiu salientar as distintas materialidades decorrentes da prática de governação do Governo de exceção no momento da urgência, bem como a progressiva exaustão e/ou longevidade dessas materialidades a longo prazo.

É indubitável que a relação entre a natureza do acontecimento, a mediatização do acontecimento e o poder interpelativo do sofrimento e da morte fez vacilar o Governo de António Guterres, obrigando-o a deitar mão ao poder do Estado para responder à crise política induzida pelo desastre. Recorrendo à terminologia de Boaventura de Sousa Santos (1994: 61), no momento da urgência, o Governo viu-se obrigado a tornar-se externamente mais forte para responder à evidência das suas fragilidades internas. Uma força que, apesar de, na urgência, encontrar alguma ressonância no território e nos familiares das vítimas, não redundou, a longo prazo, em força equivalente para o território afetado e, menos ainda, para os familiares das vítimas.

A relação entre acontecimento extraordinário, mediatização do acontecimento, poder interpelativo do acontecimento e gestão política da crise resultou, no tempo da urgência, na emergência de um Governo de exceção que adotou uma prática de governação de expiação para lidar com o desastre. Esta prática de governação traduziu-se numa produção discricionária de exceção: demissões de exceção para o Governo, compromissos materiais de exceção para o território, e direitos de exceção para os familiares das vítimas. No momento da urgência, território e familiares das vítimas, privilegiados no âmbito desta análise, tornaram-se, de facto, pelo viés do Governo de exceção, menos estranhos ao Estado, porque, momentaneamente, mais próximos deste e, principalmente, dos seus recursos. A longo prazo, o fim/incumprimento dos compromissos materiais de exceção para o território e o esgotamento dos direitos de exceção para os familiares das vítimas dão conta do processo gradual de despolitização do sofrimento e da morte, do afastamento gradual do território e dos familiares em relação ao Estado, e da reposição gradual das posições de partida marcadas pela indiferença.

Em última análise, o Estado, através do processo de aprendizagem, revelou-se o *grande ganhador* na sequência do desastre, na medida em que viu reforçada a ordem político-institucional nos domínios cujas fragilidades a crise política induzida pelo desastre tornou manifestas. Na esteira de Arjen Boin *et al.* (2008b, 2008c) e de Thomas Birkland (2006), foi o que procurei mostrar com o SGOA — no enquadramento legislativo tanto quanto nas práticas — e com a regularização da extração de inertes — mais no enquadramento legislativo do que nas práticas.

O que dizer do território e dos familiares das vítimas?

Ao longo deste livro fui traçando algumas respostas a esta interrogação. Um conjunto de respostas que sintetizaria na seguinte ideia: a produção discricionária de exceção amplia a distância entre Estado e cidadãos, reforçando o poder do primeiro ao mesmo tempo que acentua o desapossamento de poder dos segundos. A interrogação de fundo que se abre como pista para futuras investigações é, pois, a de saber de que modo fixar como objeto de estudo o Estado — instituição que exigiu uma sua progressiva rigidez formal — quando este se revela, episodicamente, plástico e flexível nas suas práticas enquanto Governo.

A sociologia com desastres aqui proposta procurou de algum modo responder a esta interrogação tomando como ponto de entrada para o Estado um episódio concreto: a *Tragédia de Entre-os-Rios*. No final, o lugar absolutamente preponderante que acabou por ocupar o Governo de António Guterres para compreender a prática de governação de um território e de uma população afetados por um acontecimento extraordinário e tornar saliente a produção discricionária de exceção parece-me o indicador mais claro das acentuadas assimetrias de poder que existem na relação Estado--cidadãos, mesmo quando se aborda um tema tão sensível como é a questão das vítimas. Uma ideia que contraria, no contexto português, os receios bem como os anseios pela eventual emergência de uma sociedade vitimária (Eliacheff e Larivière, 2006; Erner, 2006).

A produção discricionária de exceção de que foram objeto o território e os familiares das vítimas não pode ser interpretada como um sinal de fraqueza na ação política associada, por um lado, aos efeitos potencialmente nocivos para a democracia da saturação do espaço público pela compaixão e, por outro, à crescente necessidade dos representantes políticos fazerem prova de humanidade na gestão da coisa pública e na concessão de direitos. Mas também não pode ser interpretada como um sinal de reforço da posição dos cidadãos face ao Estado. A produção de exceção, tal como indica a sua classificação, decorre apenas mediante a força da interpelação, ou seja, depende de um conjunto de circunstâncias que nem sempre demandam do Estado uma demonstração de força. O caso de Ana Rita Lucas (Parte III, Capítulo 3) é, deste ponto de vista, exemplar.

Quando se trata de vítimas, os efeitos potencialmente nocivos para a democracia não decorrem da maior ou menor presença da compaixão no espaço público e da sua influência na definição da ação política mas, sim, do recurso à exceção para lidar com questões pretensamente universais e aglutinadas à noção do Estado moderno, como, por exemplo, a cidadania, que colocam em causa a sua universalidade prática. No caso de Entre-os-Rios, o Governo mobilizou-se de facto, mas porque interpelado pela força do acontecimento mais do que pela força do território afetado ou dos familiares das vítimas. O colapso da Hintze Ribeiro afigurou-se, nessa medida, como um exercício de controlo por parte do Estado mais do que como um exercício de cidadania, no qual a relação *excecional* entre Estado penitente-pessoas sofredoras se substituiu à relação que se queria *normal* entre Estado de Direito-cidadãos lesados.

***

Passou mais de uma década sobre o colapso parcial da Ponte Hintze Ribeiro. No lugar quase exato anteriormente ocupado pela Hintze Ribeiro foi erguida uma nova ponte e, a escassos metros desta, uma segunda. Ombro com ombro, aliviam as cargas mútuas. Ou, talvez, as mágoas. Passou mais de uma década sobre a queda da Ponte Hintze Ribeiro e não se encontram já quaisquer vestígios dos destroços que, na sua incómoda materialidade, desfiguravam a paisagem e perturbavam o esquecimento. A reconstrução é a destruição da destruição, refere Günther Anders (2008: 141), e, logo, o ponto áureo da destruição.

A assinalar o acontecimento ficou o Memorial às Vítimas da Tragédia de Entre-os-Rios: o Anjo de Portugal. Um anjo em bronze, com 12 metros de altura e 10 toneladas de peso. Uma imponência que se perde num cenário excessivamente restrito para oferecer uma imagem clara da sua grandeza. Não terá a *Tragédia de Entre-os-Rios* padecido de idêntico efeito?

Quatro de janeiro de 2003. Dia de inauguração do Memorial às Vítimas da Tragédia de Entre-os-Rios.[153] Entre outros, estão presentes

---

[153] Segundo Paulo Teixeira, a ideia para a construção de um memorial parte do próprio Presidente da República, Jorge Sampaio: «quando o Presidente da República chega, no dia 6, ao local, pede calma e paciência aos portugueses. Depois de se inteirar das operações, convida-me, a mim e ao primeiro-ministro, para irmos visitar

no local D. Armindo Lopes Coelho, Bispo do Porto; Paulo Teixeira, Presidente da Câmara Municipal de Castelo de Paiva; Horácio Moreira, Presidente da AFVTER; Manuela Ferreira Leite, Ministra de Estado e das Finanças, em representação do Governo; Vieira de Castro, Secretário de Estado das Obras Públicas; e Carlos Zorrinho. Os grandes ausentes: o Presidente da República, Jorge Sampaio, e o Primeiro-Ministro, Durão Barroso.[154]

Nos discursos das individualidades, as mesmas linhas de argumentação: lembrar os mortos, ajudar os vivos, conferir o devido valor e a devida dignidade ao sacrifício das vítimas. A inauguração do Memorial às Vítimas da Tragédia de Entre-os-Rios marca, porém, um momento de viragem. Um momento em que o passado se deve fazer passado e em que os olhares devem ser postos no futuro. Um momento, portanto, de encerramento da explosão e do ruído provocados pelo colapso da Hintze Ribeiro e de entrada do acontecimento no tempo do esquecimento. Do esquecimento político. Da quietude do desastre.[155]

O Memorial às Vítimas da Tragédia de Entre-os-Rios, da coautoria do arquiteto Henrique Coelho e do escultor Laureano Ribatua,

---

algumas casas de familiares. Com as "refeições" (pregos em pão e coca-colas), a serem servidas no carro presidencial, a certa altura, o Dr. Jorge Sampaio, virando-se para mim, disse-me que quando as coisas acalmassem, se devia erguer perto da ponte um monumento. Ao que eu referi que não tinha dinheiro, e inquirindo o Eng.º António Guterres, o mesmo, em nome do governo, prontificou-se a erguê-lo e passar, posteriormente, para a posse da câmara municipal» (Teixeira, 2011: 26). No entanto, a construção do memorial cedo integrou as reivindicações da Associação dos Familiares das Vítimas da Tragédia de Entre-os-Rios, que decidiram, efetivamente, em assembleia-geral, pelo anjo de Portugal.

[154] O XV governo constitucional de Durão Barroso, constituído pelo Partido Social-Democrata e pelo Partido Popular, tomara posse a 6 de abril de 2002 na sequência das eleições de 17 de março de 2002. Terminou o seu mandato a 17 de julho de 2004, devido à demissão do primeiro-ministro. Do anterior governo de António Guterres, apenas o ex-Secretário de Estado Adjunto do Ministro da Administração Interna, Carlos Zorrinho, marcará presença.

[155] Um dos familiares das vítimas dir-me-á, *off-record*, que, no dia da inauguração do memorial, um ministro presente lhe terá dito que, *agora*, chegou o momento dos familiares das vítimas se *calarem*.

situa-se na margem esquerda do rio Douro, na extremidade da Nova Ponte Hintze Ribeiro, que foi reconstruída sensivelmente no mesmo sítio onde se situava a *velha* ponte Hintze Ribeiro (Caixa 1).

> Caixa 1
>
> Na página oficial da Associação das Vítimas da Tragédia de Entre-os-Rios, encontra-se uma descrição do Memorial. «A sua concepção [do Memorial] contempla o referencial evocativo do trágico acontecimento; constitui local de meditação e encontro para os familiares e amigos d'aqueles que pereceram; encaminha os cidadãos que fortemente defendem os nobres valores da solidariedade humana para um espaço de Tempo-Memória, onde se retemperam forças de Fé e Esperança, ajudando os homens a manter vivos aqueles que infelizmente cedo partiram.
>
> Faz parte do monumento o pontão da antiga Ponte Hintze Ribeiro, o qual foi restaurado e integrado no conjunto. À cota deste pontão foi desenvolvida uma praceta onde se implantou no seu centro uma estátua em bronze com 12 metros de altura e 10 toneladas de peso, devidamente iluminada, representando um Anjo.
>
> Na parte inferior desta praceta está concebida uma cripta a céu aberto, donde parte um plinto, de 8,5 metros de altura, de suporte à referida estátua de bronze. Na base deste plinto foram inscritos os nomes das 59 vítimas do trágico acidente.
>
> Desta cripta, realizada em betão branco, parte um simbólico escadório com 106 degraus, cujo percurso foi pontualmente iluminado, marcando significativamente a ligação do monumento com o rio.
>
> Ao escolhermos para a escultura um Anjo pensamos que, dada a sua natureza teológica e religiosa, este representa na sua essência puramente espiritual, o intermédio entre Deus e o Homem.
>
> Este Anjo, inspirado no Anjo Custódio, denominado por D. Manuel I o Anjo de Portugal, simboliza a paz da saudade,

protector e fiel guardião de todos aqueles que dele necessitam ou venham a necessitar.

Da natureza da forma escultórica podemos referir que o Anjo é uma figura longilínea, de asas abertas em atitude reflexiva segundo forma litúrgica de tradição católica, com uma lágrima cadente do lado direito representando simbolicamente a eterna saudade.

A pala situada frente ao Anjo foi revestida a chapa de bronze de 1,5 mm de espessura, tendo na sua superfície um alto-relevo, também em bronze, significando a pomba do Espírito Santo» (URL: <www.afvter.org>, acedido em 17.06.2014).

Todavia, é necessário atravessar a ponte para ter uma imagem exata da grandeza do Anjo de Portugal, que, do alto dos seus 12 metros de altura, contempla serenamente as águas do Douro (Imagens 4 a 6).

Imagem 4. Anjo de Portugal, Entre-os-Rios
Fonte: Arquivo pessoal

Imagem 5. Anjo de Portugal. Nomes e fotos das vítimas
Fonte: Arquivo pessoal

Imagem 6. Anjo de Portugal. Vista a partir do Memorial
Fonte: Arquivo pessoal

Há uma paz excessiva no Anjo de Portugal. Uma paz exterior que contrasta com o desassossego que, como se viu nos excertos das entrevistas, continua a habitar alguns dos familiares das vítimas. À maneira de Günther Anders (2008), classificar o memorial de *insuficiente* para representar a *Tragédia de Entre-os-Rios* parece descabido na medida em que tal levantaria a questão de saber o que seria *suficiente* para escapar à terrível tensão entre a vergonha de esquecer e a vergonha de mostrar mais (Anders, 2008: 209). Manter intactas as ruínas da Hintze Ribeiro?[156]

Entre os familiares não existe consenso relativamente ao Anjo de Portugal e, principalmente, em relação à cripta a céu aberto na qual se encontram as fotos e os nomes das vítimas da tragédia. Indubitável, porém, é que o Anjo de Portugal procurou cumprir a sua função de *lugar de memória* (Nora, 1997), um referencial tangível, a associar a uma data e a uma hora precisas, que reforça a delimitação do acontecimento a um determinado território, que aperta o laço entre memória e espaço. Através do Memorial, a *Tragédia de Entre-os-Rios* passa a pertencer por inteiro a Entre-os-Rios e cria uma *identidade trágica* (Hernandez, 2008) não partilhada e não consensual localmente.

Indubitável, igualmente, é que o Memorial teve por objetivo compensar a ausência dos corpos que impediu a realização dos funerais. Um Memorial erigido à memória dos corpos ausentes

---

[156] Vale a pena referir o debate gerado pela eventual demolição do antigo Instituto de Promoção Industrial, em Hiroxima, severamente atingido pela explosão de 6 de agosto de 1945. Conhecido, hoje, como a cúpula da bomba a (*genbaku dome*) e património da humanidade da Unesco, a estrutura mantém-se como um dos símbolos dos efeitos da bomba atómica, não tendo, por isso, sofrido do efeito de *destruição da destruição*. As referências que se irão fazer a Hiroxima não se fazem elidindo a complexa questão da participação da memória de Hiroxima na dissimulação dos crimes de guerra nipónicos na Ásia, principalmente na China e na Coreia, e para o difícil reconhecimento desses crimes pelo Japão. Uma excelente sintetização das questões que perpassam a «memória ambivalente» de Hiroxima pode ser encontrada em Pajon (2010).

mais do que para lembrar o acontecimento que conduziu a essas ausências? Um Memorial para o luto mais do que para a luta? Para a quietude política do desastre, mais do que para o desassossego?

A inauguração do Memorial, ao centrar-se na memória dos corpos ausentes, ao projetar o desastre nos vivos e ao insistir numa dinâmica de mudança para o concelho incentivada pelo sacrifício das vítimas, constituiu um momento de tentativa de *reconciliação* do Estado com os familiares das vítimas, com a população local e com o país em geral. Mas, mais do que isso, revelou-se um momento de esgotamento da politização do sofrimento e da morte, de interrupção da prática de governação de expiação do Governo de António Guterres e de encerramento político do desastre.

O encerramento político é, todavia, distinto do encerramento que se procura associar ao luto.[157] Num caso como no outro, aquilo que se pode perguntar, com Nancy Berns (2011), é se será efetivamente necessário que o encerramento (*closure*) aconteça? Não haverá, num caso como no outro, algo de *excessivamente intencional*? Se, do ponto de vista político, se compreende que assim seja no sentido de procurar pôr fim à crise política e de interromper a exceção, é possível compreender que se procure fazer de um momento político algo que seja igualmente válido para os familiares das vítimas?

O que permanece, então, audível no tempo longo do quase-silêncio do pós-desastre? Permanece tudo o que vai para além de qualquer encerramento, seja ele político ou do luto. Na sequência do desastre, o passado dificilmente se faz estranho, permanecendo à flor da pele ou, pelo contrário, no fundo de cada familiar de vítima, nesse mundo subterrâneo, íntimo e, por vezes, assustador (Vargas, 1999). O acontecimento extraordinário continua, em graus distintos,

---

[157] Na vivência do qual ganham em importância elementos como a Associação dos Familiares das Vítimas da Tragédia de Entre-os-Rios, os cemitérios nos quais se encontram os corpos resgatados, a religião, modos talvez mais *tradicionais* de lidar com a perda e o sofrimento do que o memorial às vítimas da tragédia de Entre-os-Rios.

a marcar o quotidiano dos familiares das vítimas e, seguramente, a marcar o modo como olham retrospetivamente para o desastre e para as suas consequências individuais e coletivas.

Uma nova ponte foi erigida sobre as ruínas da Hintze Ribeiro e é esta Nova Ponte Hintze Ribeiro, melhor do que o Anjo de Portugal, que pode servir de símbolo à *Tragédia de Entre-os-Rios*. Ou, talvez, mais do que figurar ou simbolizar, para *inscrever* (Gil, 2004) a *Tragédia de Entre-os-Rios* com algo que aconteceu e que continua a acontecer e que vai para além do local e dos familiares das vítimas.

A Nova Ponte Hintze Ribeiro apareceria, desta forma, como análoga a um contramonumento (*counter-monument*), algo que convida a ir para além dos símbolos e que inverte a passividade do observador diante de um monumento acabado (Young, 1992; Endo, 2010). Enquanto os monumentos são estáticos, imutáveis e pretendem fixar definitivamente a memória, os contramonumentos são dinâmicos e colocam a memória num contínuo histórico, dando conta das alterações na interpretação dos acontecimentos e da influência do presente na atribuição de significado a acontecimentos passados. Nas palavras de James Young, «ao sustentar o trabalho da memória, os monumentos aliviam o olhar do fardo da memória»[158] (1992: 273). Uma outra *inscrição* da *Tragédia de Entre-os-Rios*, que procuraria acentuar a memória sobre as causas subjacentes à ausência de determinados corpos. A memória a desprender-se *do* tempo e *do* local no qual se encontra agrilhoada pelo Anjo de Portugal para se dispersar *no* tempo e *pelo* nacional (Young, 1992: 294; Afinson, 2010). Uma inscrição do acontecimento que atenuaria o peso que recai sobre os ombros dos familiares das vítimas que se veem na incómoda posição de *guardiões* e, simultaneamente, de *prisioneiros* da memória do desastre. O olhar sobre os familiares das vítimas que se altera por via da *fadiga da compaixão*, em

---

[158] Tradução livre do autor.

grande parte devido ao processo indemnizatório, encontra eco na *memória maculada do acontecimento*. Memória maculada que deriva da fadiga de um território e de uma população relativamente ao acontecimento extraordinário que lhes deu existência política, é certo, mas que os marcou como se de um estigma se tratasse.[159]

A Nova Ponte Hintze Ribeiro tornar-se-ia, neste sentido, reveladora das omissões técnicas, administrativas e políticas que estiveram na origem do colapso da *velha* Ponte Hintze Ribeiro. Reveladora do lugar que Castelo de Paiva e a sua população ocupavam e continuam a ocupar em relação ao centro político. Reveladora do *Estado de indiferença* que vota determinados territórios e populações ao isolamento e ao esquecimento. Reveladora da produção discricionária de exceção desencadeada unicamente pela mediatização de acontecimentos que só dessa forma parecem capazes de adquirir grandeza.

No tempo do quase-silêncio do pós-desastre, muito para além do encerramento político e do luto, de monumentos e memoriais — ou mesmo de imaginados contramonumentos e contramemoriais —, perdura nos familiares das vítimas uma memória sem culpados. Uma memória que, embora destituída da força interpeladora que possuía no tempo do desastre, continua a conferir desassossego ao acontecimento extraordinário; um desassossego, porém, que se restringe penosamente ao local e, principalmente, aos familiares das vítimas. Um desassossego incapaz de romper com a quietude do desastre, incapaz de romper com a indiferença de um Estado que, mesmo na copresença, se revela, afinal, sempre longe de mais.

Finda uma das visitas de Jorge Sampaio, então Presidente da República, a Castelo de Paiva, este dirige-se para o carro acompanhado

---

[159] Na página oficial da câmara municipal de Castelo de Paiva não se encontra já qualquer referência ao acontecimento. Apenas uma significativa exceção: o plano municipal de emergência de proteção civil de Castelo de Paiva, que, apesar de não mencionar o acontecimento, ostenta na capa uma imagem das duas novas pontes construídas no local da queda da Hintze Ribeiro (<www.cm-castelo-paiva.pt>, acedido em 12.12.2013).

de um cortejo de representantes do Governo, jornalistas, guarda-costas e populares. Chove torrencialmente e à desordem de microfones, câmaras e máquinas fotográficas juntam-se os guarda-chuvas negros, que quase submergem Jorge Sampaio. Um homem irrompe, então, pela pequena multidão e aborda o Presidente da República. Câmaras e microfones orientam-se para ele:

> Senhor Presidente, faça alguma coisa pelas vítimas que estão lá em baixo, Senhor Presidente. Tire-as cá para fora, Senhor Presidente! Não nos vire as costas porque eu desloquei-me de muito longe para ver os meus familiares. Faça com que venham cá para cima o mais depressa possível, Senhor Presidente.[160]

O homem irrompe em lágrimas. Jorge Sampaio detém-se e volta atrás, acompanhado nesse movimento pelas câmaras e pelos microfones, e abraça o homem que procura reconforto no ombro do Presidente da República.

> Por muito que nos doa, tudo passa e tudo se esquece. Entre-os-Rios foi muito falado, foi muito badalado, mas vai ficar na memória apenas de quem perdeu lá alguém... De resto, já acabou... (Isabel Correia, familiar de vítima, entrevista, 10.05.2012).

---

[160] Disponível em <www.youtube.com/watch?v=joufno-yjd4>, acedido em 26.03.2011.

REFERÊNCIAS BIBLIOGRÁFICAS

AACS — Alta Autoridade para a Comunicação Social (2001), *Comunicado de 8 de Março de 2001*. Lisboa: AACS.

ADEOLA, Francis O.; PICOU, Steven J. (2012), "Race, social capital, and the health impacts of Katrina: Evidence from the Louisiana and Mississippi gulf coast", *Research in Human Ecology*, 19(1), 10-24. Disponível em <http://www.stevenpicou.com/pdfs/race-social-capital-and-the-health-impacts-of-katrina.pdf>.

AFINSON, John O., (2010), "A fickle partner: Minneapolis and the Mississippi River", in Patrick Nunnally, *The City, the River, The Bridge: Before and after the Minneapolis Bridge Collapse* (pp. 105-137). Minneapolis, MN: The University of Minnesota Press.

AGAMBEN, Giorgio (2014, janeiro), "Como a obsessão securitária altera a democracia", *Le Monde Diplomatique*, Edição portuguesa, 87, pp. 36-38.

AGIER, Michel; PRESTIANNI, Sara (2011), *« Je Me Suis Réfugié Là ». Bord de routes en exil*. Paris: Éditions Donner lieu.

AKUTAGAWA, Ryûnosuke (1999), "Notes éparses sur le grand tremblement de terre", *Ebisu*, 21, 55-62 (Tradução de japonês para francês: Isabelle Fouquart). Disponível em <http://www.persee.fr/web/revues/home/prescript/article/ebisu_1340-3656_1999_num_21_1_1628>.

ALTHEIDE, David L. (2002), *Creating Fear. News and the construction of crisis*. New York: Aldine De Gruyter.

ALVAREZ, Luciano (2001, 10 de março), "António Guterres fecha a porta a novas demissões", *Público*, p. 5.

AMORIM, Joana (2011a, 4 de março), "Pontes sem saída para o desenvolvimento", *Jornal de Notícias*, p. 28.

AMORIM, Joana (2011b, 4 de março), "Castelo de Paiva é o retrato do país a duas velocidades", *Jornal de Notícias*, p. 29.

ANDERS, Günther (2008), *Hiroshima est Partout*. Paris: Seuil.

ANDRIĆ, Ivo (2007), *A Ponte sobre o Drina*. Lisboa: Cavalo de Ferro.

ARENDT, Hannah (2012), *De la Révolution*. Paris: Gallimard.

ARENDT, Hannah (2013), *Eichmann em Jerusalém*. Coimbra: Tenacitas.

AUDI, Paul (2008), "D'une compassion à l'autre", *Revue du MAUSS*, 32, 185-202.

AUDI, Paul (2011), *L'Empire de la Compassion*. Paris: Les Belles Lettres.

BAPTISTA, Rui (2001a, 15 de março), "Chegou a hora de cuidar dos vivos", *Público*, p. 2. Disponível em <http://www.publico.pt/destaque/jornal/chegou-a-hora-de--cuidar-dos-vivos-155600>.

BAPTISTA, Rui (2001b, 6 de março), "Um autarca teimoso", *Público*, p. 4.

BARROS, Luís Branco (2004a, 7 de fevereiro), "Durão Barroso promete empenho no desenvolvimento de Castelo de Paiva", *Público*, p. 52.

BARROS, Luís Branco (2004b, 6 de fevereiro), "Durão Barroso visita hoje nova face de Castelo de Paiva", *Público*, p. 34.

BARROS, Luís Branco (2004c, 5 de abril), "Familiares das vítimas de Entre-os-Rios queixam-se de pressões", *Público*, p. 19. Disponível em <http://www.publico.pt/sociedade/jornal/familiares-das-vitimas-de-entreosrios-queixamse-de-pressoes-186519>.

BARROS, Luís Branco (2004d, 7 de abril), "Familiares das vítimas de Entre-os-Rios recebem ameaças", *Público*, p. 31.

BARTHE, Yannick (2006), *Le Pouvoir d'Indécision. La mise en politique des déchets nucléaires*. Paris: Éditions Economica.

BELL, Coral M. (1978), "Decision-making by governments in crisis situations", *in* Daniel Frei (Ed.), *International Crises and Crisis Management. An East-West symposium* (50-58). New York: Praeger.

BENSA, Alban; FASSIN, Éric (2002), "Les sciences sociales face à l'événement", *Terrain*, *38*, 5-20. Disponível em <http://terrain.revues.org/1888>, acedido a 21.01.2014.

BERNS, Nancy (2011), *Closure. The rush to end grief and what it costs us*. Philadelphia, PA: Temple University Press.

BERTELOOT, Tristan (2012, 8 Février), "Avis de grand froid: Nora Berra recommande aux SDF d'«éviter de sortir de chez eux»", *L'Obs*. Disponível em <http://tempsreel.nouvelobs.com/politique/le-reveil-politique/20120206.OBS0722/avis-de-grand-froid-nora-berra-recommande-aux-sdf-d-eviter-de-sortir-de-chez-eux.html>, acedido a 11.12.2014.

BIRKLAND, Thomas A. (2004), "'The world changed today': Agenda-setting and policy change in the wake of the September 11 terrorists attacks", *Review of Policy Research*, *21*(2), 179-200. doi:http://dx.doi.org/10.1111/j.1541-1338.2004.00068.x

BIRKLAND, Thomas A. (2006), *Lesson from Disaster. Policy change after catastrophic events*. Washington, DC: Georgetown University Press.

BOIN, Arjen; McCONNELL, Allan; 't HART, Paul (Eds.) (2008a), *Governing After Crisis. The politics of investigation, accountability and learning*. Cambridge: Cambridge University Press.

BOIN, Arjen; McCONNELL, Allan; 't HART, Paul (2008b), "Governing after crisis", *in* Arjen Boin; Allan McConnell; Paul 't Hart (Eds.), *Governing After Crisis. The politics of investigation, accountability and learning* (pp. 3-30). Cambridge: Cambridge University Press.

BOIN, Arjen; McCONNELL, Allan; 't HART, Paul (2008c), "Conclusions: The politics of crisis exploitation", *in* Arjen Boin; Allan McConnell; Paul 't Hart (Eds.), *Governing After Crisis. The politics of investigation, accountability and learning* (pp. 285-316). Cambridge: Cambridge University Press.

BOLTANSKI, Luc (2000), "The legitimacy of humanitarian actions and their media representations: The case of France", *Ethical Perspectives*, *7*(1), 3-16. Disponível em <http://www.ethical-perspectives.be/viewpic.php?LAN=E&TABLE=EP&ID=147>.

BOLTANSKI, Luc (2007), *La Souffrance à Distance*. Paris: Métailié.

BORRAZ, Olivier (2012), "Risco e regulação", *in*, José Manuel Mendes e Pedro Araújo (Orgs.), *Os Lugares (Im)Possíveis da Cidadania* (pp. 53-74). Coimbra: Almedina-CES.

BOS, Celesta Kofman; ULLBERG, Susann; 't HART, Paul (2005), "The long shadow of disaster: Memory and politics in Holland and Sweden", *International Journal of Mass Emergencies and Disasters*, *23*(1), 5-26. Disponível em <http://www.ijmed.org/articles/542/>.

BOTELHO, Leonete (2002, 13 de novembro), "Famílias das vítimas de Entre-os-Rios vão pedir abertura da instrução", *Público*, p. 28. Disponível em <http://www.publico.pt/sociedade/noticia/familias-das-vitimas-de-entreosrios-vao-pedir-abertura-da-instrucao-195871>.

BOURDIEU, Pierre (2012), *Sur l'Etat. Cours au Collège de France (1989-1992)*. Paris: Seuil.

BRAGA, Isabel (2001a, 17 de maio), "António Martins arrasa organização da JAE e do IEP", *Público*, p. 11.

BRAGA, Isabel (2001b, 7 de junho), "Garcia dos Santos recusa-se outra vez a depor na AR", *Público*, p. 10.

BRAGA, Isabel; PEREIRA, Helena (2001, 10 de março), "Sócrates 'não tem nada que ver com nada', afirma gabinete do Ministro do Ambiente", *Público*. Disponível em <http://www.publico.pt/destaque/jornal/socrates-nao-tem-nada-que-ver-com-nada-afirma-gabinete-do-ministro-do-ambiente-155442>.

BRÄNDSTRÖM, Annika; KUIPERS, Sanneke (2003), "From 'normal incidents' to political crises: Understanding the selective politicization of policy failures", *Government and Opposition*, *38*(3), 279-305. doi:http://dx.doi.org/10.1111/1477-7053.t01-1-00016

BRÄNDSTRÖM, Annika; KUIPERS, Sanneke; DALÉUS, Pär (2008), "The politics of blame management in Scandinavia after the tsunami disaster", *in* Arjen Boin; Allan McConnell; Paul 't Hart (Eds.), *Governing After Crisis. The politics of investigation, accountability and learning* (pp. 114-147). Cambridge: Cambridge University Press.

BROWN, A. D. (2000), "Making sense of inquiry sensemaking", *Journal of Management Studies*, *37*(1), 45-75. doi:http://dx.doi.org/10.1111/1467-6486.00172

BROWN, A. D. (2004), "Authoritative sensemaking in a public inquiry report", *Organizations Studies*, *25*(1), 95-112. doi:http://dx.doi.org/10.1177/0170840604038182

BYTZEK, Evelyn (2008), "Flood response and political survival: Gerhard Schröeder and the 2002 Elbe flood in Germany", *in* Arjen Boin, Allan McConnell, Paul 't Hart (Eds.), *Governing After Crisis. The politics of investigation, accountability and learning* (85-113). Cambridge: Cambridge University Press.

CABRAL, Manuel Villaverde (2000), "O exercício da cidadania política em Portugal", *Análise Social*, XXXV(154-155), 85-113. Disponível em <http://analisesocial.ics.ul.pt/documentos/1218810176U5vQA8hx3Lp27WI3.pdf>.

CALAÇA, Ana Sofia (2009, 8 de abril), "Tendas devem ser encaradas como «acampamento de fim-de-semana», diz Berlusconi", *TSF*. Disponível em <http://www.tsf.pt/PaginaInicial/Vida/Interior.aspx?content_id=1194929&page=-1>, acedido a 11.12.2014.

CAMPONEZ, Carlos (2004), "A crise do jornalismo face aos novos desafios da comunicação pública", Atas dos ateliers do V Congresso Português de Sociologia,

Sociedades Contemporâneas: Reflexividades e Acção, Universidade do Minho, 12 a 15 de maio de 2004.

CAMPOS, Alexandra; BARROS, Luís Branco (2004, 26 de março), "Não há culpados na tragédia de Entre-os-Rios", *Público*, p. 2. Disponível em <http://www.publico.pt/destaque/jornal/nao-ha-culpados-na-tragedia-de-entreosrios-186023>.

CAREY, James (1987), "The press and public discourse", *The Center Magazine*, 20, 4-32.

CARIO, Robert (2004) "Qui a peur des victimes?", *AJ Pénal*, 434-437

CARR, Lowell Juilliard (1932), "Disaster and the sequence-pattern concept of social change", *American Journal of Sociology*, 38(2), 207-218.

CARVALHO, Miguel (2011, 24 de fevereiro), "Uma ponte longe de mais", *Visão*, pp. 78-86.

CD-SJ — Conselho Deontológico do Sindicato dos Jornalistas (2001), *Comunicado de 12/03/2001, "Cobertura em directo da tragédia de Entre-os-Rios"*. Lisboa: CD--SJ. Disponível em <http://www.jornalistas.eu/?n=297>.

CHAPMAN, Jake (2004), *System Failure. Why governments must learn to think differently*. London: Demos.

CHARAUDEAU, Patrick (2002), "La vérité pris au piège de l'émotion. A propos du 11 septembre", *Les Dossiers de l'Audiovisuel*, 104. Disponível em <http://www.patrick-charaudeau.com/La-verite-pris-au-piege-de-l.html>.

CHATEAURAYNAUD, Francis; TORNY, Didier (2005), "Mobiliser autour d'un risque. Des lanceurs aux porteurs d'alerte", *in* Cécile Lahellec (Ed.), *Risques et Crises Alimentaires* (pp. 329-339). Paris: Tec & Doc. Disponível em <http://halshs.archives-ouvertes.fr/docs/00/41/18/47/PDF/PorteursAlerte.pdf>, acedido a 19.04.2014.

CIM — Comissão de Inquérito Ministerial (2001), *Relatório final sobre as causas do sinistro ocorrido na ponte de Entre-os-Rios em 04 de março de 2001*. Disponível em <http://www.mobilidades.org/arquivo/RelatorioEntreRios.pdf>, acedido a 18.06.2012.

CIP — Comissão de Inquérito Parlamentar (2001), "Relatório final da Comissão de Inquérito Parlamentar sobre as causas, consequências e responsabilidades com o acidente resultante do desabamento da Ponte sobre o rio Douro em Entre-os-Rios". *DAR*, II Série-B, VIII Legislatura, 3.ª Sessão Legislativa, n.º 6, de 27 de outubro.

CPP — Código do Processo Penal (1987), *D.R. I Série*, 40 (17 de fevereiro). Disponível em <https://dre.pt/application/file/92849>.

CUNHA, Adelino (2013), *António Guterres. Os segredos do poder*. Lisboa: Alêtheia Editores.

DANIELS, Ronald J.; KETTL, Donald; KUNREUTHER, Howard (2006) (Eds.), *On Risk and Disaster: Lessons from Hurricane Katrina*. Philadelphia, PA: University of Pennsylvania Press.

DAR – Diário da Assembleia da República (2001a), *DAR*, I Série, VIII Legislatura, 2.ª Sessão Legislativa, n.º 65, de 29 de março. Disponível em <http://www.parlamento.pt/DAR/Paginas/DAR1Serie.aspx>.

DAR – Diário da Assembleia da República (2001b), *DAR*, I Série, VIII Legislatura, 2.ª Sessão Legislativa, n.º 56, de 8 de março. Disponível em <http://www.parlamento.pt/DAR/Paginas/DAR1Serie.aspx>.

DAR – Diário da Assembleia da República (2001c), *DAR*, I Série, VIII Legislatura, 2.ª Sessão Legislativa, n.º 58, de 10 de março. Disponível em <http://www.parlamento.pt/DAR/Paginas/DAR1Serie.aspx>.

DECRETO-LEI n.º 403/82 (1982), *D.R. I Série*, 222 (24 de Setembro), 3016-3021. Disponível em <https://dre.pt/application/file/85909>.

DECRETO-LEI n.º 46/94 (1994), *D.R. I Série-A*, 44 (22 de Fevereiro), 772-789. Disponível em <https://dre.pt/application/file/515743>.

DECRETO-LEI n.º 138-A/97 (1997), *D.R. I Série-A*, 127, Suplemento (3 de Junho), 2696(2)-2696(6). Disponível em <https://dre.pt/application/file/106627>.

DECRETO-LEI n.º 237/99 (1999), *D.R. I Série-A*, 146 (25 de Junho), 3843-3856. Disponível em <https://dre.pt/application/file/110798>.

DELICADO, Ana; RAPOSO, Hélder; GONÇALVES, Maria Eduarda (2007), "Informação ou dramatização do risco: os *media* e os novos riscos", *in* Maria Eduarda Gonçalves (Coord.), Ana Delicado, Cristiana Bastos, Hélder Raposo, Mafalda Domingues, *Os Portugueses e os Novos Riscos* (pp. 217-244). Lisboa: ICS.

DOWNS, Anthony (1972), "Up and down with ecology: the issue attention cycle", *The Public Interest*, 28, 38-50. Disponível em <http://www.unc.edu/~fbaum/teaching/articles/Downs_Public_Interest_1972.pdf>.

DUARTE, Rui Barreiros (2006), "Estruturas comunicativas: As pontes-ícones", *Fabrikart. Arte, Tecnología, Industria, Sociedad*, 6, 80-89. Disponível em <http://www.ehu.eus/ojs/index.php/Fabrikart/article/view/2698/2284>.

DUPUY, Jean-Pierre (2004), *Pour un Catastrophisme Éclairé. Quand l'impossible est certain*. Paris: Seuil.

DUPUY, Jean-Pierre (2005), *Petite Métaphysique des Tsunamis*. Paris: Seuil.

DYNES, Russel (2005), "The Lisbon earthquake of 1755: The first modern disaster", *in* Theodore E. D. Braun and John B. Radner (Eds.), *The Lisbon Earthquake of 1755: Representations and Reactions* (pp. 34-49). Oxford: Voltaire Foundation.

DYNES, Russell R.; DE MARCHI; Bruna; PELANDA, Carlo (Eds.) (1987), *Sociology of Disasters: Contribution of sociology to disaster research*. Milano: Franco Angeli.

EIDELIMAN, Jean-Sébastien (2012), "'S'il vous plaît, pas de pitié !'. Les combats des parents d'handicapés mentaux", *in* Didier Fassin; Jean-Sébastien Eideliman (Dirs.), *Économies Morales Contemporaines* (pp. 377-395). Paris: La Découverte.

ELIACHEFF, Caroline; LARIVIÈRE, Daniel Soulez (2006), *Le Temps des Victimes*. Paris: Albin Michel.

ENDO, Paulo César (2010), "O debate sobre a memória e o corpo torturado como paradigma da impossibilidade de esquecer e do dever de lembrar", *in* Carlos Ugo Santander (Org.), *Memória e Direitos Humanos* (pp. 15-23). Brasília: LGE.

EP — Estradas de Portugal, S.A. (2011), Seminário *A Conservação do Património de Obras de Arte da EP – O conhecimento como suporte da decisão*, 02.03.2011. Lisboa: Estradas de Portugal.

ERIKSON, Kai (2006), *Everything in Its Path. Destruction of Community in the Buffalo Creek Flood*. New York: Simon & Schuster.

ERNER, Guillaume (2006), *La Société des Victimes*. Paris: La Découverte.

ESPADINHA, Maria João (2014, 19 de março), "Medo do amianto quadruplicou remoções de material em edifícios", *Diário de Notícias*, p. 16.

ESTEVES, Fernando (2014), *Jorge Coelho — O Todo-Poderoso*. Lisboa. A Esfera dos Livros.

EZEQUIEL, Augusto; VIEIRA, António (2001), *Missão em Castelo de Paiva. Relato de um participante nas operações de resgate*. Lisboa: Caminho.

FARIA, Natália (2011a, 4 de março), "Uma década depois as promessas permanecem no papel", *Público*, p. 4.

FARIA, Natália (2011b, 4 de março), "Eles resistiram à tragédia porque souberam ser 'psicólogos uns dos outros'", *Público*, pp. 2-3. Disponível em <http://www.publico.pt/destaque/jornal/uma-decada-depois-as-promessas-permanecem-no-papel-21474918>.

FASSIN, Didier (2000), "La supplique. Stratégies rhétoriques et constructions identitaires dans les demandes d'aide d'urgence", *Annales. Histoire, Sciences Sociales*, *55*(5), 955-981. Disponível em <http://www.persee.fr/web/revues/home/prescript/article/ahess_0395-2649_2000_num_55_5_279895>.

FASSIN, Didier (2002), "La souffrance du monde. Considérations anthropologiques sur les politiques contemporaines de la compassion", *L'Évolution Psychiatrique*, *67*(4), 676-689. doi:http://dx.doi.org/10.1016/S0014-3855(02)00163-9

FASSIN, Didier (2009), "Les économies morales revisitées", *Annales. Histoire, Science Sociales*, *6*, 1237-1266. Disponível em <http://www.cairn.info/revue-annales-2009-6-page-1237.htm>.

FASSIN, Didier (2010a), *La Raison Humanitaire. Une histoire morale du temps présent*. Paris: Gallimard/Seuil.

FASSIN, Didier (2010b), "Ethics of survival: a democratic approach to the politics of life", *Humanity: An International Journal of Human Rights, Humanitarianism, and Development*, *1*(1), 81-95. doi:http://dx.doi.org/10.1353/hum.2010.0000

FASSIN, Didier; EIDELIMAN, Jean-Sébastien (Dir.) (2012), *Économies Morales Contemporaines*. Paris: La Découverte.

FASSIN, Didier; MAZOUZ, Sarah; MAKAREMI, Chowra; KOBELINSKY, Carolina; FISCHER, Nicolas; FERNANDEZ, Fabrice; EIDELIMAN, Jean-Sébastien; COUTANT, Isabelle; BOUAGGA, Yasmine; ROUX, Sébastien (2013), *Juger, Réprimer, Accompagner. Essais sur la morale de l'État*. Paris: Seuil.

FERNANDES, José Manuel (2001, 15 de março), "*Estamos aqui esquecidinhos*", *Público*, p. 3. Disponível em <http://www.publico.pt/destaque/jornal/estamos-aqui-esquecidinhos-155601>.

FERREIRA, Cristiane (2006), *O Comportamento Humano e o Processo de Luto na Tragédia de Entre-os-Rios*. Dissertação de Mestrado apresentada ao Departamento de Ciências da Educação da Universidade de Aveiro.

FERREIRA, Lúcia (2012), *Ausência de Cadáver enquanto Factor de Risco para o Luto Complicado: O Caso da Tragédia de Entre-os-Rios*. Dissertação de Mestrado em Psicologia Clínica e da Saúde apresentada à Cooperativa de Ensino Superior Politécnico e Universitário, CRL.

FERRIER, Michaël (2012), *Fukushima. Récit d'un désastre*. Paris: Gallimard.

FONTES, Luís (2011, 15 de novembro), "Estradas de Portugal fez 125 intervenções", *Público*, p. 22.

FOTHERGILL, Alice (2003), "The stigma of charity: Gender, class, and disaster assistance", *The Sociological Quarterly*, *44*(4), 659-680. doi:http://dx.doi.org/10.1111/j.1533-8525.2003.tb00530.x

FOUCAULT, Michel (1979), "Table ronde du 20 mai 1978", in Daniel Defert e François Ewald (2001), *Michel Foucault, Dits et Écrits, vol. II, 1976-1988* (pp. 839-853). Paris: Quarto Gallimard.

FRAGNON, Julien (2006), "Le recours aux affects ou une première réponse à la précarité du monde", *Congrès de l'Association Française de Sociologie*, Bordeaux, 5-8 septembre 2006.

FREIRE, João (2000), "Orientações sobre modelos de trabalho e perceções sobre condições sociais, técnicas e económicas do trabalho", in Manuel Villaverde Cabral, Jorge Vala, André Freire (Orgs.), *Trabalho e Cidadania. Atitudes Sociais dos Portugueses 1* (pp. 15-45). Lisboa: Instituto de Ciências Sociais da Universidade de Lisboa.

FREUDENBURG, W. R. (1993), "Risk and recreancy: Weber, the division of labor, and the rationality of risk perceptions", *Social Forces*, 71(4), 909-932. doi:http://dx.doi.org/10.1093/sf/71.4.909

FREUDENBURG, W. R. (1997), "Contamination, corrosion, and the social order: An overview", *Current Sociology*, 45, 19-40.

FUREDI, Frank (2007), "The changing meaning of disaster", *Area*, 39(4), 482-489. doi:http://dx.doi.org/10.1111/j.1475-4762.2007.00764.x

FUREDI, Frank (2012), "Para uma sociologia do medo", in José Manuel Mendes e Pedro Araújo (Orgs.), *Os Lugares (Im)Possíveis da Cidadania* (pp. 23-51). Coimbra: Almedina-CES.

GALHARDO, António Salazar (2002), *A Ponte Caiu-me em Cima. A Tragédia de Entre-os-Rios*. Lisboa: Editorial Notícias.

GARCIAS, Pedro (2001a, 7 de março), "Familiares das vítimas descarregaram indignação em Jorge Sampaio", *Público*, p. 3. Disponível em <http://www.publico.pt/destaque/jornal/familiares-das-vitimas-descarregaram-indignacao-em-jorge-sampaio-155372>.

GARCIAS, Pedro (2001b, 15 de março), "A verdade no fundo do rio", *Público*, p. 5.

GARCIAS, Pedro (2002, 2 de setembro), "LNEC dá luz verde à extração de areias no rio Douro", *Público*. Disponível em <http://www.publico.pt/sociedade/noticia/lnec-da-luz-verde-a-extraccao-de-areias-no-rio-douro-173639>.

GARCIAS, Pedro (2003a, 19 de janeiro), "Drama das minas e a ponte de Entre-os--Rios arrastam progresso", *Público*, p. 23.

GARCIAS, Pedro (2003b, 2 de setembro), "Dragagens no Douro por metade do preço", *Público*, p. 20. Disponível em <http://www.publico.pt/sociedade/noticia/dragagens-no-douro-por-metade-do-preco-1164033>.

GEERTZ, Clifford (1998), "La description dense. Vers une théorie interprétative de la culture", *Enquête*, 6, 73-105. Disponível em <http://enquete.revues.org/1443?lang=en>, acedido a 23.01.2014.

GIL, José (2004), *Portugal, Hoje. O medo de existir*. Lisboa: Relógio d'Água Editores.

GLOWEZEWSKI, Barabara; SOUCAILLE, Alexandre (2011), "Présentation", *Cahiers d'Anthropologie Sociale*, 7, 11-22..

GOMES, Eduardo (2011), "A gestão da conservação de obras de arte: balanço da década 2001-2011", Seminário *A Conservação do Património de Obras de Arte da EP – O conhecimento como suporte da decisão*, 02.03.2011. Lisboa: Estradas de Portugal.

GONÇALVES, Maria Eduarda (2012), "Risco e Estado em Portugal: Da gestão de crises à reforma das instituições", *in* José Manuel Mendes e Pedro Araújo (Orgs.), *Os Lugares (Im)Possíveis da Cidadania. Estado e Risco num Mundo Globalizado* (pp. 235-254). Coimbra: Almedina-CES.

GONÇALVES, Maria Eduarda (Coord.); DELICADO, Ana; BASTOS Cristiana; RAPOSO, Hélder; DOMINGUES, Mafalda (2007), *Os Portugueses e os Novos Riscos*. Lisboa: Imprensa de Ciências Sociais.

GUNTER, Valerie; KROLL-SMITH, Steve (2006), *Volatile Places. Sociology of Communities and Environmental Controversies*. Thousand Oaks, CA: Pine Forge Press.

HERNANDEZ, J. (2008), "Le tourisme macabre à La Nouvelle-Orléans après Katrina: résilience et mémorialisation des espaces affectés par des catastrophes majeures", *Norois*, *208*(3), 61-73. Disponível em <http://norois.revues.org/2208>, acedido a 17.06.2014.

HOFFMAN, Susanna M. (1999), "After Atlas shrugs: Cultural change or persistence after a disaster", *in* Anthony Oliver-Smith and Susanna M. Hoffman, *The Angry Earth* (pp. 302-326). New York: Routledge.

HOFFMAN, Susanna M.; OLIVER-SMITH, Anthony (Eds.) (2002), *Catastrophe and Culture. The Anthropology of Disaster*. Santa Fe, NM: School of American Research.

HORTA, Carlos Santinho; FREIRE, Luís (2013), "SGOA — Sistema de gestão de conservação de obras de arte da EP — balanço de uma implementação consolidada", 7.º Congresso Rodoviário Português "Novos Desafios para a Atividade Rodoviária", Laboratório Nacional de Engenharia Civil, 10 a 12 de abril. Disponível em <http://www.crp.pt/docs/A45S144-143_Art_T6a_7CRP_2013.pdf>.

JASPER, James M. (1998), "The emotions of protest: Affective and reactive emotions in and around social movements", *Sociological Forum*, *13*(3), 397-424. Disponível em <http://jamesmjasper.org/files/Emotions_of_Protest.pdf>.

JULIÃO, Paulo (2005, 24 de setembro), "O autarca do queijo limiano", *Diário de Notícias*.

KARSENTI, Bruno (2013), *D'une Philosophie à l'Autre. Les sciences sociales et la politique des modernes*. Paris: Gallimard.

KAUFMANN, Jean-Claude (2008), *L'Entretien Compréhensif*. Paris: Armand Colin.

KELMAN, Ilan (2011), *Disaster Diplomacy. How disasters affect peace and conflict*. London: Routledge.

KINGDON, John W. (1984), *Agendas, Alternatives, and Public Policies*. Boston: Little, Brown & Co.

KITCH, Carolyn (2000), "'A news of feeling as well as fact': mourning and memorial in American newsmagazines", *Journalism*, *1*(2), 171-195. doi:http://dx.doi.org/10.1177/146488490000100202

KLEINMAN, Arthur (1992), "Pain and resistance: The delegitimation and relegitimation of local worlds", *in* Mary-Jo DelVecchio Good, Paul E. Brodwin, Byron J. Good, Arthur Kleinman (Eds.), *Pain as Human Experience: An anthropological perspective* (169-197). Berkeley: University of California Press.

KROLL-SMITH, Steve (2012), "Cidadania, Estado e vulnerabilidade: Um estudo comparado sobre recuperação de catástrofes", *in* José Manuel Mendes e Pedro Araújo (Orgs.), *Os Lugares (Im)Possíveis da Cidadania* (pp. 255-288). Coimbra: Almedina-CES.

KROLL-SMITH, Steve; MADSEN, Rachel S. (2014), "Disaster, time, and dialogue: A couple lessons from hurricane Katrina", *Sociological Inquiry*, *84*(3), 360-369. doi:http://dx.doi.org/10.1111/soin.12044

LAGADEC, Patrick (1991), *La Gestion des Crises. Outils de réflexion à l'usage des décideurs*. Paris: McGraw-Hill. Disponível em <http://www.patricklagadec.net/fr/texte.htm>.

LAGADEC, Patrick (1995), *Cellules de Crise. Les conditions d'une conduite efficace*. Paris: Éditions d'Organisation. Disponível em <http://www.patricklagadec.net/fr/pdf/cellules_crise.pdf>.

LAGADEC, Patrick (2007a), "Katrina: Examen des rapports d'enquête. Tome 1: *A Failure of Initiative — U.S. House of Representatives*", *Cahiers du Laboratoire d'Econométrie, Cahier n° 2007-7*, École Polytechnique. Disponível em <http://www.patricklagadec.net/fr/pdf/2007-07.pdf>.

LAGADEC, Patrick (2007b), "Katrina: Examen des rapports d'enquête. Tome 2: *The Federal Response to Hurricane Katrina — Lessons Learned — The White House*", *Cahiers du Laboratoire d'Econométrie, Cahier n° 2007-11*, École Polytechnique. Disponível em <http://www.patricklagadec.net/fr/pdf/2007-11.pdf>.

LAGADEC, Patrick (2007c), "Katrina: Examen des rapports d'enquête. Tome 3: *A Nation Still Unprepared — U.S. Senate*", *Cahiers du Laboratoire d'Econométrie, Cahier n° 2007-25*, École Polytechnique. Disponível em <http://www.patricklagadec.net/fr/pdf/2007-25.pdf>.

LAGADEC, Patrick; LAROCHE, Hervé (2005), "Retour sur les rapports d'enquête et d'expertise suite à la canicule de l'été 2003", *Cahier du GIS – Risques Collectifs et Situations de Crises*, 4.

LANGUMIER, Julien; REVET, Sandrine (2011), "Une ethnographie des catastrophes est-elle possible? Coulée de boues et inondations au Venezuela et en France", *Cahiers d'Anthropologie Sociale*, 7, 77-90.

LARANJO, Tânia (2005, 29 de novembro), "Novos recursos vão atrasar julgamento de Entre-os-Rios", *Público*, p. 25. Disponível em <http://www.publico.pt/sociedade/jornal/novos-recursos-vao-atrasar-julgamento-de-entreosrios-51377>.

LEMAITRE, Pierre (2012), *Sacrifices*. Paris: Albin Michel.

LePATNER, Barry B. (2010), *Too Big to Fall. America's failing infrastructure and the way forward*. New York: Foster Publishing.

LEZAMA, Paula Vasquez (2007), *Les Politiques de la Catastrophe en Temps de «Révolution Bolivarienne». La gestion des sinistrés de* La Tragedia *de 1999 au Venezuela* (Tese de doutoramento). École des Hautes Études en Sciences Sociales (EHESS), Paris. Disponível em <http://www.theses.fr/2007EHES0304>.

LINFIELD, Susie (2010), *The Cruel Radiance. Photography and political violence*. Chicago, IL: Chicago University Press.

LINHARDT, Dominique (2008), "L'Etat et ses épreuves: éléments d'une sociologie des agencements étatiques", *Papiers de Recherche du CSI*, 9. Disponível em <http://www.csi.ensmp.fr/Items/WorkingPapers/Download/DLWP.php?wp=WP_CSI_009.pdf>, acedido a 04.03.2010.

LNEC/FCTUC — Laboratório Nacional de Engenharia Civil/Faculdade de Ciências e Tecnologia da Universidade de Coimbra (2004), *Perícia para Indagar as Causas do Colapso da Ponte Hintze Ribeiro, em Entre-os-Rios*. Castelo de Paiva: Tribunal Judicial da Comarca de Castelo de Paiva.

LOPES, Ana Sá (2001, 15 de março), "A culpa é da ninfomaníaca", *Público*.

LOURENÇO, Nuno Sá (2001, 5 de julho), "Paulo Teixeira reconhece nunca ter falado na segurança estrutural da ponte", *Público*, p. 9.

LUSA (2002, 25 de agosto), "Areeiros do Douro exigem reatamento da actividade", *Público*, p. 13.

LUSA (2006, 27 de outubro), "Famílias de Entre-os-Rios avançam com processo contra o Estado", *Público*, p. 25. Disponível em <http://www.publico.pt/sociedade/jornal/familias-de-entreosrios-avancam--com-processo-contra-o-estado-104311>.

LUSA (2011, 20 de maio), "Morreu a rapariga vítima de queda no quartel da Serra do Pilar – oficial", *RTP Notícias*. Disponível em <http://www.rtp.pt/noticias/index.php?article=443861&tm=&layout=121&visual=49>.

LUSA (2014, 19 de maio), "Pais de jovem que morreu em quartel de Gaia há três anos culpam Estado", *RTP Notícias*. Disponível em <http://www.rtp.pt/noticias/index.php?article=738663&tm=8&layout=121&visual=49>, acedido a 22.05.2014.

MAGALHÃES, Júlio (2001), "A TV em Castelo de Paiva", *Jornalismo e Jornalistas*, 5, Abril/Junho, 16-17.

MAMEDE, Hugo (2010, 3 de março), "Estradas de Portugal alerta para a necessidade de obras em sete ou oito pontes", *Público*, p. 13. Disponível em <http://www.publico.pt/portugal/jornal/estradas-de-portugal-alerta-para-a-necessidade-de-obras-em-sete-ou-oito-pontes-18914008>.

MARINHO, Sandra (2004), "A Ponte mais vista do país. O que se disse da cobertura jornalística da queda da ponte de Entre-os-Rios". *Actas do III SOPCOM, VI LUSOCOM e II IBÉRICO* – Volume IV.

MARINHO, Sandra (2007), "A queda da ponte de Entre-os-Rios. Exibição em direto da dor e do luto", *in* Manuel Pinto e Helena Sousa (Orgs.), *Casos em que o Jornalismo foi Notícia* (pp. 163-184). Porto: Campo das Letras.

MAYES, Tessa (2000), "Submerging in 'therapy news'", *British Journalism Review*, *11*(4), 30-35. Disponível em <http://www.bjr.org.uk/data/2000/no4_mayes>.

MELO, Henrique Gouveia; MENDES, António Marques (2006), "Queda da ponte de Entre-os-Rios, Portugal (2001)", *in* António Marques Mendes e Francisco Costa Pereira (Coords.), *Crises. De Ameaças a Oportunidades. Gestão estratégica de comunicação de crises* (pp. 293-327). Lisboa: Edições Sílabo.

MENDES, António Marques (2006), "Estratégias e procedimentos de resposta às crises", *in* António Marques Mendes e Francisco Costa Pereira (Coords.), *Crises. De Ameaças a Oportunidades. Gestão estratégica de comunicação de crises* (pp. 107-141). Lisboa: Edições Sílabo.

MENDES, José Manuel (2003), "Perguntar e observar não basta, é preciso analisar: algumas reflexões metodológicas", *Oficina do CES*, *194*. Disponível em <http://www.ces.uc.pt/publicacoes/oficina/index.php?id=2720>.

MENDES, José Manuel (2010), "Pessoas sem voz, redes indizíveis e grupos descartáveis: os limites da teoria do ator-rede", *Análise Social*, XLV(196), 447-465. Disponível em <http://analisesocial.ics.ul.pt/documentos/1283950057l7wRP2tt8Pp25NK2.pdf>.

MENDES, José Manuel; ARAÚJO, Pedro (orgs.) (2012), *Os Lugares (Im)Possíveis da Cidadania. Estado e Risco num Mundo Globalizado*. Coimbra: Almedina-CES.

MINC, Alain (2005), *Le Crépuscule des Petits Dieux*. Paris: Grasset.

MONTEIRO, Ana (2001), "A fragilidade de um país que ignora o seu clima: uma reflexão sobre o caos provocado pela chuva no Inverno 2000/2001 na área do Porto", IV Jornadas sobre Ambiente e Qualidade, Universidade Moderna do Porto, Porto, 25 e 26 de outubro de 2001.

MOREIRA, José Augusto; MESQUITA, António Arnaldo; SIZA, Rita (2001, 6 de março), "O desastre que pôs Portugal de luto", *Público*, p. 2. Disponível em <http://www.publico.pt/destaque/jornal/o-desastre-que-pos-portugal-de-luto-155343>.

MOREIRA, Vital (2001, 6 de março), "Irresponsabilidade e impunidade", *Público*, , p. 21. Disponível em <http://www.publico.pt/espaco-publico/jornal/irresponsabilidade-e-impunidade-155359>.

MOURA, Leonel (1996), *Os Homens-Lixo*. Lisboa: Fenda.

NADAIS, Inês (2002, 4 de maio), "Castelo de Paiva. Uma ponte entre a euforia e o medo", *Público*, p. 2. Disponível em <http://www.publico.pt/destaque/jornal/catelo-de-paiva-uma-ponte-entre-a-euforia-e-o-medo-170098>.

NADAIS, Inês (2003, 14 de fevereiro), "Trabalhadores manifestam-se a favor de extracção de areias no Douro", *Público*, p. 32. Disponível em <http://www.publico.pt/sociedade/jornal/trabalhadores-manifestamse-a-favor-da-extraccao-de-areias-no-douro-198186>.

NANCY, Jean-Luc (2012), *L'Équivalence des Catastrophes (Après Fukushima)*. Paris: Galilée.

NIETZSCHE, Friedrich (1985), *Assim Falava Zaratustra*. Lisboa: Guimarães Editores.

NORA, Pierre (Dir.) (1997). *Les Lieux de Mémoire*, tome 1. Paris: Gallimard.

NUSSBAUM, Martha (1996), "Compassion: The basic social emotion", *Social Philosophy and Policy*, *13*(1), 27-58. doi:http://dx.doi.org/10.1017/S0265052500001515

ÔÉ, Kenzaburô (1996), *Notes de Hiroshima*. Paris: Gallimard.

OE – Ordem dos Engenheiros (2005), "Processo da Queda da Ponte de Entre-os--Rios", Comunicado do Conselho Directivo Nacional da Ordem dos Engenheiros, 2/2005, 24 de Janeiro de 2005. Disponível em <http://www.ordemengenheiros.pt/pt/centro-de-informacao/imprensa/comunicados/processo-da-queda-da-ponte-de-entre-os-rios>.

OLIVEIRA, Mariana (2004, 16 de junho,), "Familiares das vítimas de Entre-os-Rios votam aval à extracção de areias", *Público*, p. 29. Disponível em <http://www.publico.pt/sociedade/noticia/familiares-das-vitimas-de-entreosrios-votam-aval-a-extraccao-de-areias-1196721>.

OLIVEIRA, Mariana (2005, 23 de janeiro), "Técnicos negligenciaram estado da ponte de Entre-os-Rios", *Público*, p. 28. Disponível em <http://www.publico.pt/sociedade/jornal/tecnicos-negligenciaram--estado-da-ponte--de-entreosrios-1793>.

OLIVER-SMITH, Anthony (1996), "Anthropological research on hazards and disasters", *Annual Review of Anthropology*, *25*, 303-328. doi:http://dx.doi.org/10.1146/annurev.anthro.25.1.303

ORWIN, Clifford (1997), "Moist eyes — from Rousseau to Clinton", *The Public Interest*, *128*, 3-20. Disponível em <http://www.nationalaffairs.com/public_interest/detail/moist-eyesfrom-rousseau-to-clinton>.

PACHECO, Carla (2003, 7 de junho), "Famílias ajudam areeiros", *Correio da Manhã*. Disponível em <http://www.cmjornal.xl.pt/nacional/portugal/detalhe/familias-ajudam-areeiros.html>.

PACHECO, Sandra (2003, 24 de janeiro), "O concelho mártir", *Correio da Manhã*. Disponível em <http://www.cmjornal.xl.pt/domingo/detalhe/o-concelho-martir.html>.

PAJON, Céline (2010), "1945-2005. Hiroshima. Vers la reconnaissance d'une mémoire ambivalente", in Bernard Cottret e Lauric Henneton (Dir.), *Du Bon Usage des Commémorations. Histoire, mémoire et identité (XVIe-XXIe siècle)* (pp.185-194). Rennes: Presses Universitaires de Rennes.

PANTTI, Mervi; WAHL-JORGENSEN, Karin (2007), "On the political possibilities of therapy news: Media responsibility and the limits of objectivity in disaster coverage", *Estudos em Comunicação*, 1, 3-25. Disponível em <http://www.ec.ubi.pt/ec/01/pdfs/pantti-jorgensen-political-possibilities.pdf>.

PANTTI, Mervi; WAHL-JORGENSEN, Karin; COTTLE, Simon (2012), *Disasters and the Media*. Bern: Peter Lang.

PARKIN, David (1986), "Toward an apprehension of fear", in D. L. Scruton (Ed.), *Sociophobics: The Anthropology of Fear* (pp. 158-172). Boulder: Westview Press.

PELLING, Mark; DILL, Kathleen (2006), "'Natural' disasters as catalysts of political action", *ISP/NSC Briefing Paper*, 6/1, 4-6. Disponível em <http://www.disasterdiplomacy.org/pb/pellingdill2006.pdf>.

PEREIRA, Gaspar Martins (2001, 21 de março), "A tragédia do 'país real'", *Público*, p. 8. Disponível em <http://www.publico.pt/espaco-publico/jornal/a-tragedia-do-pais-real-155831>.

PEREIRA, Helena (2001, 29 de março), "José Mota em guerra contra Guterres", *Público*, p. 12.

PEREIRA, José Pacheco (2001), "O «show» da morte", *Jornalismo e Jornalistas*, 5, Abril/Junho, 8-9.

PÉRILLEUX, Thomas; CULTIAUX, John (2009), *Destins Politiques de la Souffrance*. Paris: Érès.

PERROW, Charles (1999), *Normal Accidents. Living with high risk technologies* (Updated edition). Princeton, NJ: Princeton University Press.

PERRY, Ronald W., QUARANTELLI, Enrico L. (Eds.) (2005), *What is a disaster? New answers to old questions*. Bloomington, IN: XLibris-International Research Committee on Disasters. Disponível em <http://www.saarc-sadkn.org/downloads/what%20is%20disaster.pdf>.

PICOU, Steven; MARSHALL, B. K.: GILL, D. A. (2004), "Disaster, litigation, and the corrosive community", *Social Forces*, 82(4), 1493-1522. doi:http://dx.doi.org/10.1353/sof.2004.0091

PIDGEON, N. F.; O'LEARY, M. (2000), "Man-made disasters: Or why technology and organisations (sometimes) fail", *Safety Sciences*, 34, 15-30. doi:http://dx.doi.org/10.1353/sof.2004.0091

PINTO, Sardoeira F. (2002), *Catástrofe no Douro. Inconsciência ou crime?* Porto: Edição de Autor.

PLANO de Ordenamento da Albufeira de Crestuma-Lever (2005), *Plano de Ordenamento da Albufeira de Crestuma-Lever. Estudos de Base. Volume 5*. Disponível em <http://www.apambiente.pt/_zdata/Ordenamento/POA/Crestuma/SINTESE%20DE%20CARACTERIZACAO%20E%20DIAGNOSTICO.pdf>.

POLLAK, Michael (1993), *Une identité Blessée. Études de sociologie et d'histoire*. Paris: Métailié.

PRAÇA, Alexandre (2001, 10 de março), "O calvário da democracia em Braga", *Público*, p. 54.

PRINCE, Samuel Henry (1920), *Catastrophe and Social Change. Based upon a sociological study of the Halifax disaster*. New York: Columbia University.

PÚBLICO (2001a, 5 de julho), "Empresa de dragagens do Norte contesta «utilização abusiva» do termo «areeiros»". Disponível em <http://www.publico.pt/sociedade/noticia/empresa-de-dragagens-do-norte-contesta-utilizacao-abusiva-do-termo-areeiros-30402>.

PÚBLICO (2001b, 5 de março), "Mais de 70 desaparecidos na queda da Ponte de Entre-os-Rios", p. 19.

PÚBLICO (2001c, 29 de novembro), "Processos da tragédia de Entre-os-Rios resolvidos".

PÚBLICO (2001d, ", 13 de novembro), "Areeiros do Norte exigem recomeço de dragagens no rio Douro. Disponível em <http://www.publico.pt/sociedade/noticia/areeiros-do-norte-exigem-recomeco-de-dragagens-no-rio-douro-49669>.

PÚBLICO (2002, 28 de setembro), "Proibido extrair areias no Douro até 2004", p. 27.

PÚBLICO (2003, 13 de fevereiro), "Trabalhadores de areeiros do Douro manifestam--se", p. 30.

QUARANTELLI, Enrico L (1987), "What should we study? Questions and suggestions for researchers about the concept of disasters", *International Journal of Mass Emergencies and Disasters*, 5(1), 7–32. Disponível em <http://www.ijmed.org/articles/296>.

QUEIRÓS, José (2001a, 15 de março), "Pecados velhos", *Público*.

QUEIRÓS, José (2001b, 15 de março), "O Estado, os piratas e as areias do Douro", *Público*. Disponível em <http://www.publico.pt/espaco-publico/jornal/o-estado-os-piratas-e-as-areias-do-douro-155606>.

QUENET, Grégory (2005), *Les Tremblements de Terre aux XVIIe et XVIIIe Siècles. La naissance du risque*. Seyssel: Champ Vallon.

RCM — Resolução do Conselho de Ministros n.º 29-A/2001 (2001), *D.R. I Série B*, 58, 2.º Suplemento (9 de março de 2001), 1374-(4). Disponível em <https://dre.pt/application/file/117223>.

RCM — Resolução do Conselho de Ministros n.º 38/2009 (2009), *D.R. I Série*, 91 (12 de maio de 2009), 2827. Disponível em <https://dre.pt/application/file/130243>.

REASON, James (1990), *Human Error*. Cambridge: Cambridge University Press.

REASON, James (1997), *Managing the Risks of Organizational Accidents*. Aldershot: Ashgate.

REVAULT D'ALLONES, Myriam (2008), *L'Homme Compassionnel*. Paris: Seuil.

REVET, Sandrine (2006), *Anthropologie d'une Catastrophe. Les coulées de boue de 1999 sur le Littoral Central vénézuélien*. Thèse de Doctorat en Anthropologie présentée à l'Université de Paris III-Sorbonne. Nouvelle Institut des Hautes Études de l'Amérique Latine.

RIBEIRO, Manuel João (1995), "Sociologia dos desastres", *Sociologia — Problemas e Práticas*, 18, 23-43. Disponível em <http://sociologiapp.iscte.pt/pdfs/22/218.pdf>.

RODRIGUES, Henrique Nascimento (2001), "Critérios apresentados pelo Provedor de Justiça para indemnização dos danos causados pela derrocada da ponte de Entre-os-Rios". Disponível em <http://www.provedor-jus.pt/?idc=68&idi=1210>, acedido a 23.04.2014.

ROITMAN, Janet (2013), "Anti-crisis", *Risk & Regulation*, 26, 4-5. Disponível em <http://www.lse.ac.uk/accounting/CARR/pdf/Risk-and-Regulation-26_-Winter-2013.pdf>.

ROUX, Nicolas le (2000), *La Faveur du Roi. Mignons et courtisans au temps des derniers Valois (Vers 1547-Vers 1589)*. Seyssel: Editions Champ Vallon.

ROY, Arundhati (2010), *O Perfil do Monstro*. Lisboa: Bertrand.

RUIVO, Fernando (2000), *Um Estado labiríntico. O poder relacional nas relações entre poderes central e local em Portugal*. Porto: Afrontamento.

RULFO, Juan (2010), *Obra Reunida*. Lisboa: Cavalo de Ferro.

SALAS, Denis (2004, 1 de dezembro), "L'inquiétant avènement de la victime", *Sciences Humaines*, 47, 90-91.

SANTIAGO, Daniela (2006), *O Reconforto da televisão. Uma visão diferente sobre a Tragédia de Entre-os-Rios*, Coimbra: Minerva.

SANTOS, Boaventura de Sousa (1990), *O Estado e a Sociedade em Portugal (1974--1988)*. Porto: Afrontamento.

SANTOS, Boaventura de Sousa (1994), *Pela Mão de Alice. O social e o político na pós-modernidade*. Porto: Afrontamento.

SANTOS, Boaventura de Sousa (2001, 22 de março), "Paivenses, Souselenses, Canenses...", *Visão*.

SANTOS, Boaventura de Sousa (2003), "Poderá o Direito ser emancipatório?", *Revista Crítica de Ciências Sociais*, 65, 3-76. Disponível em <http://rccs.revues.org/1180>.

SANTOS, Boaventura de Sousa (2007), *Escrita INKZ. Antimanifesto para uma arte incapaz*. Porto: Afrontamento.

SANTOS, Boaventura de Sousa (2009), "Para uma teoria pós-colonial do risco", comunicação apresentada no colóquio internacional *Risco e o Estado num Mundo Globalizado*. Coimbra: Centro de Estudos Sociais.

SANTOS, Rogério (2002), "Dez anos de história da SIC (1992-2002). O que mudou no panorama audiovisual português", *Observatório — Revista do Observatório da Comunicação*, 6, 93-105. Disponível em <http://www.obercom.pt/content/39.np3>.

SCANLON, T. Joseph (1988), "Disaster's little known pioneer: Canada's Samuel Henry Prince", *International Journal of Mass Emergencies and Disasters*, 6(3), 213-232. Disponível em <http://www.ijmed.org/articles/516/download/>.

SCHEUFELE, Dietram (1999), "Framing as a theory of media effects", *Journal of Communication*, 49(1), 103-122. doi:http://dx.doi.org/10.1111/j.1460-2466.1999.tb02784.x

SCHONEWILLE, D.G. (2010), "Disturbing incidents and tragic accidents. A constructivist study into the use of framing, masking and ritualization during international crisis management by international organizations". Disponível em <http://www.researchgate.net/researcher/43757806_DG_Dineke_Schonewille>, acedido a 06.02.2014.

SCHWARTZENBERG, Roger-Gérard (1977), *L'État Spectacle. Le star system en politique*. Paris: Flammarion.

SEKIGUCHI, Ryoko (2011), *Ce n'est pas un Hasard. Chronique japonaise*. Paris: P.O.L.

SILVA, Sílvia Patrícia Campos (2008), *Fontes de Informação nas Notícias: A queda da ponte em Entre-os-Rios nos jornais Público e Jornal de Notícias*. Dissertação de Licenciatura apresentada à Universidade Fernando Pessoa.

SIMMEL, Georg (1988), *La Tragédie de la Culture*. Paris: Éditions Rivages.

SOMERS, Margaret (2008), Genealogies of Citizenship. Markets, statelessness, and the right to have rights. Cambridge: Cambridge University Press.

SOUSA, Judite de (2001), "Informação em tempo real", *Jornalismo e Jornalistas, 5*, 18-19.

STALLINGS, Robert (2006), "On sociological theory and the sociology of disasters: Moving from periphery to center", IRCD Business Meeting, World Congress of Sociology, Durban, South Africa, 25 July 2006.

't HART, Paul (2008), "Symbols, rituals and power: the lost dimension of crisis management", *in* Arjen Boin, Allan McConnell, Paul 't Hart (eds.), *Crisis Management. Challenges of Crisis Management* (pp. 84-104). London: Sage.

TAVARES, Miguel Sousa (2001, 16 de março), "A falta que faz uma opinião pública", *Público*, p. 8. Disponível em <http://www.publico.pt/espaco-publico/jornal/a-falta-que-faz-uma-opiniao-publica-155630>.

TAVARES, Rui (2005), *O Pequeno Livro do Grande Terramoto*. Lisboa: Tinta-da-China.

TEIXEIRA, Paulo (2011), *A Ponte de Portugal*. Vila Nova de Gaia: O Gaiense Editora.

TÉTU, Jean-François (2004), "L'émotion dans les médias: dispositifs, formes et figures", *Mots. Les Langages du Politique, 75*, 9-19.

TIERNEY, Kathleen J. (2007), "From the margins to the mainstream? Disaster research at the crossroads", *Annual Review of Sociology, 33*, 503-525. doi:http://dx.doi.org/10.1146/annurev.soc.33.040406.131743

TJCCP — Tribunal Judicial da Comarca de Castelo de Paiva (2001a), "Resumo Cronológico relativo à Ponte de Entre-os-Rios sobre o Rio Douro e Nova Ponte" [ICOR], *Inquérito n.º 44/2001,* (fls. 13669-13698). Castelo de Paiva: Arquivo do Tribunal Judicial da Comarca de Castelo de Paiva.

TJCCP (2001b), "Inspecção aos pilares da Ponte de Entre-os-Rios sobre o rio Douro" [ITS], *Inquérito n.º 44/2001* (fls. 16895-16925). Castelo de Paiva: Arquivo do Tribunal Judicial da Comarca de Castelo de Paiva.

TJCCP (2001c), "Relatório — Resposta aos quesitos: Fernando Veloso Gomes, Raimundo Moreno Delgado e António Silva Cardoso" [FEUP], *Inquérito n.º 44/2001*, (fls. 8792-8841). Castelo de Paiva: Arquivo do Tribunal Judicial da Comarca de Castelo de Paiva.

TJCCP (2001d), [Parecer de Joaquim Sarmento] *Inquérito n.º 44/2001*, (fls. 1850-1858). Castelo de Paiva: Arquivo do Tribunal Judicial da Comarca de Castelo de Paiva.

TJCCP (2001e), "Análise e comentário ao relatório da comissão de análise às causas do acidente ocorrido na ponte de Entre-os-Rios" [IND], *Inquérito n.º 44/2001* (fls. 1941-1953). Castelo de Paiva: Arquivo do Tribunal Judicial da Comarca de Castelo de Paiva.

TJCCP (2001f) "Ofício da Secretaria-Geral do Ministério das Finanças" [SGMF], *Inquérito n.º 44/2001* (fls. 17429-17446). Castelo de Paiva: Arquivo do Tribunal Judicial da Comarca de Castelo de Paiva.

TJCCP (2006), *Acórdão de 20 de outubro de 2006* (Processo 35/01.6GAPV). Castelo de Paiva: Arquivo do Tribunal Judicial da Comarca de Castelo de Paiva.

TORRES, Eduardo Cintra (2001), "Lágrimas politicamente incorreta", *Jornalismo e Jornalistas*, 5, Abril/Junho, 11-12.

TORRES, Eduardo Cintra (2006), *A Tragédia Televisiva. Um género dramático da informação audiovisual*. Lisboa: Imprensa de Ciências Sociais.

TSF (2001a, 17 de julho), "Empresas de dragagens temem ser consideradas responsáveis". Disponível em <http://www.tsf.pt/PaginaInicial/Interior.aspx?content_id=757929&page=-1>, acedido: 28.03.2014.

TSF (2001b, 16 de abril), "Famílias de vítimas vão receber donativo proveniente dos EUA". Disponível em <http://www.tsf.pt/PaginaInicial/Interior.aspx?content_id=756782&page=-1>, acedido a 05.05.2014.

TURNER, B.A. (1978), *Man-Made Disasters. The Failure of Foresight*. London: Wykeham Science Press.

TURNER, Barry; PIDGEON, Nick. (1997), *Man-made Disasters* (2.ª ed.). London: Butterworth/Heinemann.

VARGAS, Fred (1999), *L'Homme à L'Envers*. Paris: Éditions J'ai Lu.

VASCONCELOS, António Carlos de Andrade Figueiredo (2008), *Pontes dos Rios Douro e Tejo*. Lisboa: Gabinete de Comunicação da Ordem dos Engenheiros.

VAUGHAN, Diane (1996), *The Challenger Launch Decision: Risky Technology, Culture, and Deviance at NASA*. Chicago: Chicago University Press.

VAUGHAN, Diane (1999), "The dark side of organizations: Mistake, misconduct, and disaster", *Annual Review of Sociology*, 25, 271-305. doi:http://dx.doi.org/10.1146/annurev.soc.25.1.271

VAUGHAN, Diane (2004), "Theorizing disaster: Analogy, historical ethnography, and the Challenger", *Ethnography*, 5(3), 315-347. Disponível em <http://www.sagepub.com/isw6/articles/ch9vaughn.pdf>.

WAGNER-PACIFICI, Robin (2010), "Theorizing the Restlessness of Events", *American Journal of Sociology*, 115(5), 1351-1386. Disponível em <www.jstor.org/stable/10.1086/651299>.

WEBER, Max (2000), *A Política com Profissão*. Lisboa: Edições Universitárias Lusófonas.

YOUNG, James (1992), "The counter-monuments: Memory against itself in Germany today", *Critical Inquiry*, 18(2), 267-296. Disponível em <http://www.jstor.org/stable/1343784>.

ZHONGSHU, Qian (1984), "Poetry as a Vehicle of Grief" (tradução de Siu-kit Wong), *Redentions*, 21/22, 21-40.

ZIMLER, Richard (2009), *Os Anagramas de Varsóvia*. Alfragide: Oceanos.

ZING, Jesus (2006, 4 de maio), "Visionamento das filmagens excluiu pilar que acabou por cair", *Jornal de Notícias*.

ZWEIG, Srefan (2013), *Les Très Riches Heures de l'Humanité*. Paris: Le Livre de Poche.

ANEXOS

ANEXO 1. A PONTE HINTZE RIBEIRO E AS NOVAS PONTES

A Ponte Hintze Ribeiro situava-se a cerca de quinhentos metros a jusante da confluência do rio Tâmega, afluente da margem direita do rio Douro, e destinava-se a unir as margens de Entre-os-Rios (a norte, margem direita) e Castelo de Paiva (a sul, margem esquerda). A ponte foi projetada pelo engenheiro António de Araújo e Silva,[161] então diretor de Obras Públicas do Porto, e a sua construção iniciou-se em fevereiro de 1884, tendo ficado a empreitada a cargo da empresa belga *Société Anonyme Internationale de Construction et Entreprise de Travaux Publics*, de Braine-le-Compte. O diretor da construção foi o Engenheiro Luciano de Carvalho.

O nome da ponte ficou a dever-se a Hintze Ribeiro, político do Partido Regenerador e, entre outros cargos, Ministro das Obras Públicas de 1881 a 1883. A Ponte Hintze Ribeiro entrou oficialmente ao serviço a 26 de setembro de 1888. No total, cento e treze anos de vida. Cento e doze anos de história. A Revolta de 31 de Janeiro. O assassinato do rei D. Carlos I e do seu filho Luís Filipe, Duque de Bragança. A implantação da República Portuguesa. A Primeira Guerra Mundial. A implantação do Estado Novo. A Segunda Guerra Mundial. A Guerra Colonial. A Revolução do 25 de Abril. Catorze

---

[161] Nascido em 1843, licenciou-se pela Escola Politécnica do Porto em 1866. Foi diretor de Obras Públicas de Aveiro (1875) e do Porto (1866).

Governos Constitucionais democraticamente eleitos. Cento e doze anos de transformações profundas no mundo e em Portugal.

Quanta História pode suportar uma ponte?

A Ponte Hintze Ribeiro tinha um comprimento de 336 metros, dividido por cinco tramos intermédios de 50 metros de vão, feitos em viga contínua, e dois tramos extremos de 25 metros de vão apoiados em dois encontros, um de 12,5 metros (na margem direita) e outro de 23,5 metros (na margem esquerda).

A plataforma superior da ponte, destinada ao tráfego rodoviário, tinha uma largura aproximada de 5,9 metros, incluindo os passeios para peões, o que impossibilitava o cruzamento de veículos pesados. A superestrutura da ponte consistia num tabuleiro metálico de ferro pudelado, sobre o qual assentava uma laje de betão que constituía o pavimento destinado à circulação de veículos. A estrutura do tabuleiro era constituída por duas vigas principais de alma rota, contraventadas entre si. As almas eram constituídas por uma treliça múltipla com diagonais e contradiagonais a 45 graus.[162]

Os tramos intermédios do tabuleiro apoiavam-se em seis pilares de alvenaria de granito revestida a cantaria de granito, com altura variável entre os 15 e os 30 metros, enquanto os dois tramos extremos se apoiavam em encontros de pedra de granito e nos pilares adjacentes.[163] O colapso envolveu o pilar P4, os dois tramos do tabuleiro que nele se apoiavam e o tramo do tabuleiro que se apoiava nos pilares P5 e P6.

---

[162] As vigas de alma rota são vigas resistentes, normalmente de aço, cuja estrutura é constituída por peças lineares, como sejam perfilados ou tubos, constituindo montantes e diagonais. A treliça pode ser simples, dupla, quádrupla ou múltipla. Todos os termos técnicos foram consultados em: <www.refer.pt/menuprincipal/transporteferroviario/lexico.aspx>.

[163] Os tramos são as partes de uma estrutura compreendida entre dois apoios consecutivos.

Inserida na EN n.º 224 (Murtosa-Castelo de Paiva), a Ponte Hintze Ribeiro integrava o domínio público rodoviário do Estado e, até 1999, encontrava-se sob a administração da JAE. No entanto, em 1999, o Decreto-Lei n.º 237/99, de 25 de junho, extingue a JAE e cria três institutos rodoviários — o IEP, o ICOR e o ICERR — ficando a Ponte Hintze Ribeiro sob a administração direta do ICERR (Anexo 2).

As novas pontes

Inaugurada num relativo silêncio a 4 de maio de 2002, a Nova Ponte Hintze Ribeiro (Imagem 7) foi construída, nuns escassos oito meses, a 7,5 metros a montante da ponte original, entretanto quase totalmente demolida. A nova ponte:

> Dispõe de um tabuleiro misto aço/betão. A laje é composta por secções de betão armado pré-fabricadas, com a largura do tabuleiro, e o comprimento de 2,75 metros. Estas secções apoiam-se em duas longarinas em vigas metálicas de alma cheia, com a extensão de 30 metros, montadas através do sistema de lançamento incremental da estrutura de aço. O tabuleiro está dividido em seis tramos, apoiados em cinco pilares de betão armado de secção elíptica. Os respectivos encontros estão encostados aos da antiga ponte, agora utilizados como miradouro, muito perto do Memorial do acidente de 2001, erguido na margem esquerda do rio. Aproveitou-se, também, para alargar as faixas de rodagem, que passaram a ter uma largura de 7,5 metros (Vasconcelos, 2008).

A ponte foi projetada pelo Engenheiro Victor Barata e construída pela Somague Engenharia, sob a responsabilidade do ICOR. A empresa pública Estradas de Portugal, S.A. é, atualmente, a entidade responsável pela obra de arte.

Imagem 7. A Nova Ponte Hintze Ribeiro
Fonte: Arquivo pessoal

A montante da nova Ponte Hintze Ribeiro, foi ainda construída a Nova Ponte sobre o Rio Douro (Imagem 8). Inaugurada em 2004, a ponte destina-se à travessia do IC 35, que ligará Penafiel a Sever do Vouga, passando por Entre-os-Rios, Castelo de Paiva e Arouca. A ponte foi projetada pelo Engenheiro J. L. Câncio Martins[164] e construída pela Construtora do Tâmega, S.A., sob a responsabilidade Estradas de Portugal/ICOR. A Empresa Pública Estradas de Portugal, S.A. é, atualmente, a entidade responsável pela obra de arte.

---

[164] Nascido em 1936. Licenciado em engenharia civil pelo Instituto Superior Técnico e professor catedrático convidado na Faculdade de Ciências e Tecnologia da Universidade de Coimbra. É sócio-gerente da empresa J.L. Câncio Martins, Projectos de Estruturas, Lda.

Imagem 8. A Nova Ponte sobre o Rio Douro
Fonte: Arquivo pessoal

Anexo 2. Da Junta Autónoma de Estradas e dos Sucedâneos Institutos Rodoviários: Organização da Gestão de Obras de Arte Pré-desastre e Pós-desastre

A Junta Autónoma de Estradas foi criada em 1927, em simultâneo com a Direção Geral de Estradas, após a extinção da Administração Geral das Estradas e Turismo. A Direção-Geral de Estradas será, por sua vez, extinta em 1929, ficando integrados num só organismo todos os serviços relacionados com estradas. Depois disso, é necessário esperar pela década de 1940 para assistir a acontecimentos relevantes para a questão em estudo. Segundo a página oficial da Estradas de Portugal, S.A., em 1946, na sequência de «uma dotação extraordinária» destinada à construção de novas pontes e estradas, assiste-se a um incremento deste tipo de obras. A Direção dos Serviços de Construção desdobra-se e é criada a Direção dos Serviços de Pontes, até essa altura uma repartição da Direção dos Serviços de Construção.[165]

Em 1978, é publicado o Decreto-Lei n.º 184/78, de 21 de junho, que reformula a lei orgânica da JAE. Já então, no preâmbulo ao Decreto-Lei, eram mencionadas «a deficiente coordenação dos serviços, a manifesta inadequação da sua orgânica, a insuficiência de quadros e a falta de mecanização», cuja resolução urgente era a

---

[165] Fonte: Estradas de Portugal <www.estradasdeportugal.pt/index.php/historia>.

única forma de vir a evitar a «deterioração assustadora do estado das estradas nacionais».

Tratando-se de uma organização complexa e sujeita a várias alterações, no final deste anexo, proponho uma síntese cronológica da organização da gestão das obras de arte pré-desastre. Para a compilação dos dados, tive o precioso auxílio da Unidade de Gestão Documental da Estradas de Portugal, na pessoa da sua diretora, Dra. Alexandra Gonçalves, a quem deixo aqui o meu agradecimento. Cabe, ainda, deixar aqui algumas notas. A primeira para dizer que, daquilo que me foi dado verificar, e posteriormente confirmado nas entrevistas, existe uma ampla rotatividade nas chefias da JAE e dos institutos que lhe sucederam pelo que os nomes, quando referidos, se reportam aos períodos para os quais a Unidade de Gestão Documental da Estradas de Portugal possuía informação ou que me foi possível confirmar através da comunicação social. A segunda nota, para dizer que não cabe aqui abordar as diversas polémicas que acompanham a história e extinção da JAE e a sua subsequente substituição pelos três institutos.

Relativamente às obras de arte, a DSP mantém-se e integra três divisões — Projetos, Construção e Conservação — e uma repartição de Expediente Técnico. À Divisão do Serviço de Pontes cabe, entre outras coisas, promover a construção e conservação de pontes e à Divisão de Conservação cabe:

a) Promover e coordenar os trabalhos de conservação, reparação e beneficiação de pontes;
b) Dar apoio aos serviços regionais nas obras de conservação, reparação e beneficiação;
c) Proceder à inspeção e observação do comportamento das pontes;
d) Organizar o cadastro das pontes e outras obras de arte; e

e) Elaborar normas de conservação e de inspeção periódica das pontes e de outras obras de arte.

Em 1991, a JAE sofre uma modificação parcial na sua orgânica e funcionamento através do Decreto-Lei n.º 395/91, de 16 de outubro, que altera o Decreto-Lei n.º 184/78. De modo a responder às novas exigências ao nível da construção e da gestão da rede de estradas, são criados quatro novos serviços: o Gabinete de Contencioso e Apoio Jurídico, a Direção de Serviços de Organização e Informática, a Direção de Serviços de Recursos Humanos e a Divisão de Ambiente da, já existente, Direção de Serviços de Construção. Sendo o Decreto-Lei omisso relativamente à DSP, depreende-se que não terá havido alterações nesse domínio.

Nova alteração em 1995, com a publicação do Decreto-Lei n.º 268/95, de 18 de outubro que altera a Lei Orgânica da JAE. O domínio do Serviço de Pontes mantém-se inalterado.

Em 1997, o Decreto-Lei n.º 142/97, de 6 de junho, cria a sociedade JAE-Construção, S.A., sociedade anónima de capitais exclusivamente públicos, para responder à prioridade do Governo (XIII Governo Constitucional, António Guterres, PS) de revisão do Plano Rodoviário Nacional e de construção, até ao ano 2000, da totalidade dos itinerários principais e 50% dos itinerários complementares. Sendo a prioridade a construção, não há referência a qualquer serviço responsável pelas obras de arte, depreendendo-se que esse domínio terá permanecido inalterado pelo Decreto-Lei. Apenas é mencionado que constitui objeto social da JAE-Construção a prestação de serviços nos domínios do estudo, consultadoria, projeto, gestão e realização de empreendimentos rodoviários, designadamente no que respeita à execução de novas estradas, pontes, grande reparação ou reformulação de traçados ou características de estradas e pontes existentes (alínea a).

Não será longa, todavia, a existência da JAE-Construção, S.A., já que, dois anos mais tarde, o Decreto-Lei n.º 237/99, de 25 de junho, extingue a JAE e cria, em sua substituição, três Institutos. São criados o Instituto das Estradas de Portugal (IEP), o Instituto para a Construção Rodoviária (ICOR) e o Instituto para a Conservação e Exploração da Rede Rodoviária (ICERR), institutos públicos dotados de personalidade jurídica, autonomia administrativa e financeira e património próprio, que ficam sujeitos à tutela e superintendência do Ministro do Equipamento, do Planeamento e da Administração do Território. Interessa olhar mais atentamente para duas das atribuições do ICERR:

- Assegurar a conservação e exploração das estradas e pontes nacionais sob sua jurisdição e
- Manter atualizado o registo e o diagnóstico do estado de conservação do património rodoviário nacional.

De acordo com a página oficial da EP, SA., na sequência da queda da ponte de Entre-os-Rios:

> Em 2002, através do Decreto-Lei n.º 227/2002 de 30 de outubro, o IEP integra, por fusão, o ICOR, e o ICERR, extinguindo-se estes dois últimos.
>
> Na base desta medida, está a constatação de que "as atribuições daqueles institutos se entrecruzam de forma muito direta, pelo que só uma ação concertada e única permitirá potenciar e dinamizar toda a sua atividade e conduzir a uma racionalização de meios e estruturas básicas", passando as competências dos organismos extintos para o novo IEP.
>
> O IEP mantém a natureza e regime de instituto público, dotado de autonomia administrativa e financeira e património próprio, e está sujeito à tutela e superintendência do Ministro das Obras Públicas, Transportes e Habitação.
>
> Através do Decreto-Lei n.º 239/2004, de 21 de dezembro, publicado no Diário da República n.º 297 – I Série A, o IEP foi

transformado em entidade pública empresarial, com a denominação de EP — Estradas de Portugal, E.P.E.

A EP — Estradas de Portugal, E.P.E. sucede ao IEP, «conservando a universalidade dos direitos e obrigações legais e contratuais, que integram a sua esfera jurídica no momento da transformação».

Com esta transformação, pretendeu-se «dar um primeiro passo que permita conferir uma nova operacionalidade à administração rodoviária em Portugal, com vista ao relançamento das suas atividades num novo quadro operacional que permita garantir melhores resultados e maior estabilidade dos seus recursos, através da conversão da administração rodoviária numa entidade de natureza empresarial».

A EP — Estradas de Portugal, E.P.E., «tem por objetivo a prestação de serviço público em moldes empresariais, de planeamento, gestão, desenvolvimento e execução da política de infraestruturas rodoviárias definida no Plano Rodoviário Nacional».

Por último, através do Decreto-Lei n.º 374/2007, de 7 de novembro, publicado no Diário da República n.º 214 - I Série, a EP — Estradas de Portugal, E.P.E. foi transformada em sociedade anónima de capitais públicos, com a denominação de EP — Estradas de Portugal, S.A.

Como previsto neste diploma, foi assinado o contrato de Concessão entre o Estado português e a EP - Estradas de Portugal, S.A., em 23 de novembro de 2007, cujas bases foram aprovadas pelo Decreto-Lei n.º 380/2007, de 13 de novembro, verificando-se, assim, uma alteração profunda na relação do Estado com a Administração Rodoviária, consubstanciada na atribuição à EP, S.A. da concessão do financiamento, conceção, projeto, construção, conservação, exploração, requalificação e alargamento da Rede Rodoviária Nacional (RRN) por 75 anos.

Organização da conservação das obras de arte pré-desastre

Ano									
1978	Junta Autónoma de Estradas (Presidente: Brigadeiro Engenheiro Ernesto Almeida Freire)	Obras de Arte — Direção dos Serviços de Pontes (Engenheiro António Franco e Abreu)	Decreto-Lei n.º 184/78, de 18 de julho. Reformula as leis regulares da JAE (Decretos-Leis n.ºs 35 434, de 31 de dezembro de 1945; 48 498, de 24 de julho de 1968; 605/72, de 30 de dezembro; e 771/76, de 25 de outubro).	Tutela — Ministério da Habitação e Obras Públicas	Presidente da República — António Ramalho Eanes	Primeiro-Ministro — Mário Soares (II GC)	Ministro da Habitação e Obras Públicas — António Sousa Gomes		
1991	Junta Autónoma de Estradas (Presidente: Engenheiro Mário Luís Fernandes)	Obras de Arte — Direção dos Serviços de Pontes (Engenheiro Luís Sousa Loureiro)	Decreto-Lei n.º 395/91, de 16 de outubro. Modifica parcialmente a orgânica e funcionamento dos serviços da JAE. Altera o Decreto-Lei n.º 184/78.	Tutela — Ministério das Obras Públicas, Transportes e Comunicações	Presidente da República — Mário Soares	Primeiro-Ministro — Aníbal Cavaco Silva (XI GC)	Ministro das Obras Públicas, Transportes e Comunicações — Joaquim Ferreira do Amaral		
1995	Junta Autónoma de Estradas (Presidente: Engenheiro José Rangel de Lima)	Obras de Arte — Direção dos Serviços de Pontes (Engenheiro Luís Sousa Loureiro)	Decreto-Lei n.º 268/95, de 18 de outubro. Altera a Lei Orgânica da Junta Autónoma de Estradas.	Tutela — Ministério das Obras Públicas, Transportes e Comunicações	Presidente da República — Mário Soares	Primeiro-Ministro — Aníbal Cavaco Silva (XII GC)	Ministro das Obras Públicas, Transportes e Comunicações — Joaquim Ferreira do Amaral		
1997	Junta Autónoma de Estradas - Construção S.A. (Presidente: António Garcia Lamas Junho de 1998 a Julho de 1999, substituiu o	Obras de Arte — Direção dos Serviços de Pontes (?)	Decreto-Lei n.º 142/97, de 6 de junho. Cria a JAE-Construção, S.A., sociedade anónima de capitais exclusivamente públicos. Dispõe sobre o objeto social da sociedade e publica os respetivos estatutos.	Tutela — representante nomeado por despacho conjunto dos Ministros das Finanças e do Equipamento, Planeamento e	Presidente da República — Jorge Sampaio	Primeiro-Ministro — António Guterres (XIII GC)	Ministro das Finanças — António Sousa Franco	Ministro do Equipamento, do Planeamento e Administração Território — João Cravi
1999	Extinção da JAE e criação de três institutos rodoviários (Presidente do Conselho de Administração, António Martins)	Obras de Arte — Instituto para a Conservação e Exploração da Rede Rodoviária (Vice-Presidente, Vítor Batista)	Decreto-Lei n.º 237/99 de 25 de junho. Extingue a Junta Autónoma das Estradas (JAE) e a JAE Construção, S.A., e cria em sua substituição o Instituto das Estradas de Portugal (IEP), o Instituto para a Construção Rodoviária (ICOR) e o Instituto para a Conservação e Exploração da Rede Rodoviária (ICERR).	Tutela — Ministro do Equipamento, do Planeamento e da Administração do Território	Presidente da República — Jorge Sampaio	Primeiro-Ministro — António Guterres (XIV GC)	Ministro do Equipamento — Jorge Coelho	Ministra do Planeamento e Administração Território — Elisa Fer

Nota: Os Institutos das Estradas de Portugal (IEP), para a Construção Rodoviária (ICOR) e para a Conservação e Exploração da Rede Rodoviária são geridos por três conselhos de administração autónomos cujos membro são nomeados pelo Conselho de Ministros.

Fontes: CIM (2001); TJCCP (2006); Página oficial da Estradas de Portugal; Arquivo Documental da Estradas de Portugal; *Público*, 2001-2011

ANEXO 3. CRONOLOGIA DAS INTERVENÇÕES NA PONTE HINTZE RIBEIRO

Data	Intervenção
1884	Início da construção da ponte.
1888	Inauguração oficial da ponte.
03/1926	Elaboração de um caderno de encargos para a reparação da ponte.
03/1928	Conclusão da obra.
04/1928	Realizada uma inspeção e provas de carga.
1959	Obra de alargamento da faixa de rodagem.
04/1986	Ofício de abril à JAE do Coordenador do Projeto de Navegabilidade do Douro, que chama a atenção para o previsível aumento de tráfego decorrente da exploração do porto fluvial de Sardoura, faz com que a JAE comece a ponderar a viabilidade da realização de obras de beneficiação, alargamento e reforço da ponte.
06/1986	EDP solicita à JAE autorização para depositar material aluvionar, proveniente de escavações no âmbito das obras da barragem de Torrão, em fundões existentes junto aos pilares da ponte. Na sequência desse pedido, a JAE adjudicou à ITS (Investigação e Técnica Submarina) a realização de uma inspeção subaquática das fundações submersas dos pilares da ponte.
29/12/1986	Realizada pela ITS a inspeção subaquática, sendo o relatório remetido à JAE, bem como os respetivos registos de filmagens.
01/1987	Elaborada na JAE uma informação interna sobre os resultados da inspeção subaquática, na qual é evidenciada a existência de fortes fenómenos de erosão do leito junto aos pilares centrais da ponte.
02/1987	Tendo em consideração os resultados da inspeção, a JAE, através da sua Direção dos Serviços de Pontes, entendeu que a EDP não devia ser autorizada a colocar material aluvionar no leito junto aos pilares, uma vez que se equacionava a próxima realização de um estudo relativo à beneficiação, alargamento e reforço da ponte.
03/1987	Em 11 de março de 1987, a Direção de Serviço de Pontes da JAE, através do ofício 486/DSP-DCs, convida a ETEC Lda. a apresentar uma proposta para elaboração dos estudos do «Projecto de Reforço e Alargamento da Ponte de Entre-os-Rios».
04/1987	Resultados da inspeção subaquática de 1986 remetidos à ETEC, Lda.
12/1987	Em 23 de Dezembro de 1987, através do ofício 1868 CG/ME, a ETEC Lda. envia à JAE, a pedido desta, um parecer sobre a estrutura metálica do tabuleiro da Ponte com vista a «melhor definir as condições do contrato a estabelecer para o projecto correspondente», sendo que o objeto desse parecer era a «Verificação sumária da capacidade de carga das estruturas resistentes da Ponte de Entre-os-Rios, realizada tendo em atenção o alargamento do tabuleiro, que se pretende obter para dar ligação às variantes dos acessos, em ambas as margens do Douro».

06/1988	Adjudicado à ETEC, Lda., por ajuste direto e sem contrato escrito, e com base na proposta de 14 de março de 1988 daquela firma, o «Projecto de Reforço e Alargamento da Ponte de Entre-os-Rios», por despacho do Vice--Presidente da JAE, Engenheiro José Luís Rangel Lima.
08/1988	ETEC Lda. entrega o «Estudo Prévio de Reforço e Alargamento da Ponte de Entre-os-Rios», da coautoria de Carlos António Santos de Morais Guerreiro e José António Fonseca da Mota Freitas, que aconselha a construção de uma nova ponte.
09/1988	Empresa Consultores para Estudos de Geologia e Engenharia, Lda. (CÊGÊ) entrega o relatório da sondagem geotécnica aos pilares e encontros da ponte, executada pela empresa TECNASOL. «Ponte de Entre-os-Rios sobre o Rio Douro — Análise do enchimento dos pilares e condições de fundação».
04/1989	JAE toma a decisão de promover a elaboração de um estudo de beneficiação da ponte existente.
05/1989	Em 9 de maio de 1989, a Direção de Serviço de Pontes; Divisão de Conservação, solicita à ETEC Lda. um estudo respeitante aos melhoramentos a introduzir na Ponte Hintze Ribeiro, para a manter em condições de servir o tráfego existente por um período nunca inferior a 6 anos.
06/1989	ETEC Lda. entrega o «Projecto de Arranjos e Beneficiação da Ponte de Entre-os-Rios», da autoria de Carlos António Santos de Morais Guerreiro. As beneficiações preconizadas consistiam na beneficiação do pavimento, na limpeza e pintura da estrutura metálica do tabuleiro e na beneficiação dos aparelhos de apoio.
05 e 06/1990	Realização das obras de beneficiação do pavimento.
06/998	Em 22 de junho de 1998, a Direção de Estradas do Distrito do Porto envia o ofício com a referência n.º 2834 à JAE, Direção de Serviço de Pontes, solicitando uma inspeção à Ponte Hintze Ribeiro e que fossem acionados os trabalhos para a circulação, em segurança, de veículos e peões.
07/1998	Realizada pela JAE uma inspeção da ponte, através da Direção dos Serviços de Pontes. Inspeção visual de rotina realizada por Manuel Lourenço Rosa Ferreira, direcionada apenas para a questão da segurança rodoviária na circulação de veículos e peões sobre o tabuleiro da ponte, refere o estado do pavimento, juntas de dilatação e órgãos de drenagem e propõe obras de reparação do pavimento.
04/2000	No âmbito do «concurso público para a execução da empreitada da conduta adutora da estação de tratamento de água de Castelo de Paiva a Entre-os--Rios e travessia do rio Douro», lançado pela empresa Águas do Douro e Paiva, foi apresentado por um Consórcio o projeto base de uma proposta variante à proposta base (na qual o atravessamento do rio pela conduta era feito com suporte no leito), que consistia no aproveitamento dos pilares da ponte para suporte de uma estrutura metálica onde a conduta se apoiaria. Na memória descritiva da proposta variante são feitas várias considerações sobre o estado de conservação e as condições de segurança estrutural da ponte, concluindo-se que o tabuleiro se encontrava em condições de conservação deficientes (sinais de corrosão evidentes) mas em razoáveis condições estruturais; os pilares se encontravam em muito bom estado de conservação, não se observando deslocamentos do tabuleiro indicadores de problemas ao nível das fundações, nem fendas ou fissuras nos elementos de cantaria; e os aparelhos de apoio estavam em deficientes condições de conservação, em particular nos tramos extremos.
10/2000	Instituto para a Construção Rodoviária (ICOR) informa a Águas do Douro e Paiva de que não tem objeções à proposta variante.

Sem data	Carta de António José da Silva ao Ministro de Equipamento Social manifestando apreensão com as consequências da extração de inertes na estabilidade da ponte.
11/2000	Na sequência da carta mencionada acima, o ICERR (Direção de Estradas do Porto) realiza uma visita ao local, tendo detetado a existência de uma situação preocupante junto ao pilar P6.
01/2001	Realizada uma inspeção da ponte pelo Instituto para a Conservação e Exploração da Rede Rodoviária (ICERR). Inspeção visual realizada por Manuel Lourenço Rosa Ferreira. Constata a inexistência de buracos no pavimento, detetando apenas a existência de algumas deformações no mesmo, resultantes das deformações das chapas metálicas que apoiam sobre as vigas e longarinas, não tendo detetado movimentos das juntas de dilatação que indiciassem qualquer problema nos pilares, encontrando-se os guarda-corpos alinhados, não denotando deformação transversal do tabuleiro.
04/03/001	Colapso da ponte.

Fontes: CIM (2001), CIP (2001), FEUP (2001, *apud* TJCCP, 2001c), TJCCP (2006)

ANEXO 4. CRONOLOGIA DO PROCESSO-CRIME

	2001
05 de março	Ministério Público de Castelo de Paiva abre um inquérito para apurar a responsabilidade criminal do desmoronamento da Ponte Hintze Ribeiro.
	[...]
09 de março	Nota n.º 3/2001 da PGR para a comunicação social, Lisboa, 9 de março de 2001: «Na sequência dos trágicos acontecimentos de Castelo de Paiva que enlutaram e enlutam o país, foi instaurado de imediato, nos serviços do MP junto do Tribunal da Comarca de Castelo de Paiva, um processo de inquérito destinado a averiguar responsabilidades penais. Em face da repercussão social do caso e de eventual complexidade processual superveniente, o Procurador-Geral da República determinou, ao abrigo do n.º 1 do artigo 68.º do Estatuto do MP, que o magistrado titular do processo passasse a ser o Procurador--Geral Adjunto Dr. António Pinto Hespanhol, que exerce funções na Procuradoria-Geral Distrital do Porto».
	[...]
01 de abril	O magistrado do MP António Pinto Hespanhol passa a trabalhar no processo em regime de dedicação exclusiva.
	[...]
Dezembro	Faculdade de Engenharia da Universidade do Porto entrega relatório pericial ao MP.
	2002
26 de fevereiro	Nota n.º 1/2002 da PGR para a Comunicação Social, Lisboa, 26 de fevereiro de 2002: «Aproximando-se a data em que se perfaz um ano sobre os trágicos acontecimentos da Ponte de Entre-os-Rios sobre o Rio Douro, importa dar conta do desenvolvimento do processo-crime então instaurado e presentemente em fase de inquérito. Tal como é do conhecimento público, o colapso parcial da ponte deu origem, para além do processo criminal a cargo do MP, a um inquérito administrativo de iniciativa ministerial e a um inquérito parlamentar, os quais prosseguiram os objectivos de indagação que lhes são próprios. Foi oportunamente veiculado para a comunicação social em nota de 9 de Março de 2001 que a titularidade do processo-crime, instaurado no dia seguinte ao sinistro, pelo MP, foi entregue, ao abrigo do artigo 68.º do Estatuto do MP, ao Procurador-Geral Adjunto Dr. Manuel Pinto Hespanhol.

	A partir de abril de 2001, este magistrado do MP passou a trabalhar no inquérito em dedicação exclusiva, coordenando uma equipa constituída por mais três procuradores da República, o representante do MP na Comarca de Castelo de Paiva e diversos oficiais de justiça. O trabalho de investigação levado a cabo tem contado desde a primeira hora com o contributo empenhado dos órgãos de polícia criminal, designadamente da Polícia Judiciária, em campos tão diversos como a identificação das vítimas, a análise e tratamento de uma documentação vasta, exames e perícias. Tem estado em causa um conjunto de diligências que recolhem o contributo de diferentes áreas especializadas do conhecimento a par da audição de algumas centenas de pessoas. Segundo o artigo 276.º do CPP, o prazo indicado para a ultimação desta fase processual é, no caso, de oito meses, contados a partir do momento em que o inquérito for dirigido contra pessoa determinada. Tal prazo não se mostra ultrapassado encontrando-se a investigação em fase adiantada».
	[...]
	MP deduz acusação contra seis arguidos: Jorge Barreiros Cardoso, JAE; Aníbal Soares Ribeiro, JAE; José Carlos Baptista Santos, JAE; Manuel Lourenço Ferreira, ICERR; e Carlos Morais Guerreiro e José da Mota Freitas, sócios-gerentes da ETEC, Lda.. Profere despacho de arquivamento quanto a três arguidos: Mário Fernandes, ex-Presidente do IND; Guilherme Câncio Martins, Administrador-delegado e vogal executivo do conselho de administração do Instituto para a Construção Rodoviária; e Luís Filipe Loureiro, da JAE.
11 de novembro	Nota n.º 10/2002 da PGR para a Comunicação Social, Lisboa, 11 de novembro de 2002: «1. Nas últimas horas, vieram a público, através de diversos órgãos de comunicação social, notícias que se referem à conclusão da investigação e encerramento do inquérito criminal relativo ao colapso da Ponte de Entre-os-Rios sobre o rio Douro, ocorrido em 4 de Março de 2001. Tais notícias contêm, no seu desenvolvimento, informação incorrecta e inexacta, resultante, em boa medida, de mera especulação. Face ao impacto do trágico evento na opinião pública e no sentido de repor a verdade sobre os factos, impõe-se um esclarecimento que, ao abrigo do disposto no n.º 9, do artigo 86.º do Código de Processo Penal, ora se presta. 2. Recorde-se que da evolução do processo criminal foi prestada, por duas vezes, informação pública, através de notas de imprensa, de 9 de Março de 2001 e de 26 de Fevereiro de 2002. Aí se deu conta de que, perante a dimensão humana dos acontecimentos, se entendeu adequado adoptar um procedimento de natureza excepcional, tendo sido designado, ao abrigo do artigo 68.º do Estatuto do MP, o Procurador-Geral Adjunto, Dr. Manuel Pinto Hespanhol, como titular do processo-crime que havia sido instaurado no dia seguinte ao sinistro.

	A partir de abril de 2001, este magistrado do MP passou a trabalhar no inquérito em dedicação exclusiva, coordenando uma equipa constituída por mais três procuradores da República, o representante do MP na Comarca de Castelo de Paiva e diversos oficiais de justiça. 3. Ao longo de 19 meses, foram efectuadas diligências exaustivas com vista ao apuramento da verdade, no quadro da averiguação de eventuais responsabilidades criminais. O esforço levado a cabo permitiu respeitar o prazo previsto no caso para a realização do inquérito, de acordo com o artigo 276.º do CPP. Assim, procedeu-se, entre outras, às seguintes diligências de investigação: Recolha e análise da documentação relativa à ponte enviada e recebida por todas as entidades que, em qualquer momento, se relacionaram com a ponte ou com actividades que com ela interagem; Inquirição de mais de três centenas de pessoas; Filmagem submarina, com recurso a mergulhadores; Recolha de amostras e efectivação de análises e ensaios de caracterização física, química e estrutural; Realização de ensaios de prospecção geofísica; Sondagens mecânicas de fins diversos; Averiguação dos dados hidrológicos e condições de funcionamento respeitantes às barragens, à data do colapso parcial da ponte; Identificação de embarcações afundadas no rio Douro; Perícia final destinada a indagar as causas do colapso [Perícia elaborada pela FEUP e entregue em dezembro de 2001]. Para a realização da investigação, o MP contou com a colaboração da Polícia Judiciária e de várias entidades públicas, como a Marinha Portuguesa, o LNEC e ainda com o apoio do Ministério da Justiça que satisfez todas as solicitações endereçadas, em especial, de natureza financeira. Apurou-se uma factualidade que permitiu constituir nove arguidos (todos eles, pessoas singulares), tendo sido deduzida acusação contra seis. A acusação respeita à prática de crimes de violação das regras técnicas, agravados pelo resultado, e o processo segue os seus termos no Tribunal Judicial da Comarca de Castelo de Paiva».
	[...]
13 de novembro	*Público* noticia que a AFVTER se irá constituir como assistente no processo e requerer a abertura da instrução. Horácio Moreira: «"Logo que tenhamos conhecimento da acusação, vamos avaliar o seu conteúdo, mas certamente iremos requerer a abertura da instrução, pois continuamos a considerar que, independentemente da violação de regras técnicas, tem de haver uma acusação de homicídio por negligência"» (Botelho, 2002).
14 de novembro	Familiares das vítimas, assistentes do processo, têm acesso às acusações no Tribunal de Castelo de Paiva.
	[...]

28 de dezembro	*Público* noticia a intenção dos familiares das vítimas constituídas assistentes no processo de requerer a abertura da instrução do processo para incluir como arguidos Mário Fernandes, ex-Presidente do Instituto de Navegabilidade do Douro, e sete empresas de extração de areias que operam no Douro.
	Público noticia a intenção dos familiares das vítimas de avançar com um pedido de indemnização cível por danos não patrimoniais contra os arguidos da ETEC, Lda. no valor de 10 milhões de euros.
2003	
15 de janeiro	Familiares das vítimas entregam no Tribunal de Castelo de Paiva o requerimento de abertura de instrução no qual requerem a pronúncia de Mário Fernandes, do Instituto de Navegabilidade de Douro, e das sete empresas de extração de areias que operam no Douro.
Janeiro	Arguidos requerem abertura de instrução
[...]	
24 de abril	É proferido o despacho de abertura de instrução pela juíza do círculo de Penafiel.
[...]	
03 de setembro	Familiares das vítimas reclamam a nomeação de um juiz em exclusivo para a condução do processo de instrução devido à morosidade e ao receio de prescrição. Conselho Superior de Magistratura esclarece que a juíza de Penafiel que conduz a instrução foi aliviada do resto do trabalho para se dedicar em exclusivo ao processo.
[...]	
08 de setembro	Familiares das vítimas reclamam a nomeação de um juiz em exclusivo para a condução do processo de instrução inconformados com o arrastamento da instrução e pelo receio de prescrição.
[...]	
12 de setembro	Conselho Superior de Magistratura nomeia um juiz para a Comarca de Castelo de Paiva que ficará em exclusivo com a instrução do processo da queda da Ponte Hintze Ribeiro. A juíza do círculo de Penafiel já havia requerido ao Conselho Superior da Magistratura que lhe fosse retirado o processo. O magistrado escolhido, Nuno Melo, estava em funções no Tribunal de Lamego e colocado na bolsa de juízes.
23 de setembro	Juiz de instrução criminal convoca 24 areeiros, todos ligados às sete empresas de extração de areias que operavam no rio Douro.
[...]	
25 de setembro	São constituídos 23 novos arguidos: 22 areeiros de sete empresas de extração de areias a operar no Douro e Mário Fernandes, ex--Presidente do Instituto de Navegabilidade do Douro.
2004	
29 de janeiro	Entrega da «Perícia para indagar as causas do colapso da Ponte Hintze Ribeiro, em Entre-os-Rios», elaborado pelo LNEC e pela FCTUC.
[...]	

18 de março	Debate instrutório no Tribunal de Castelo de Paiva. João Nabais, advogado dos familiares das vítimas, anuncia a intenção de não levar os 22 areeiros a julgamento pelo facto de, durante a instrução, não se ter conseguido fazer prova.
[...]	
25 de março	Primeira página do *Público*. Juiz de instrução Nuno Melo, do Tribunal de Castelo de Paiva, baseando-se na análise de três relatórios técnicos sobre as causas da queda do pilar da Ponte Hintze Ribeiro [Comissão de Inquérito Ministerial (CIM, 2001); FEUP (TJCCP, 2001c) e Faculdade de Ciências e Tecnologia da Universidade de Coimbra (LNEC/FCTUC, 2004)], decide que nenhum dos 29 arguidos é levado a julgamento. No despacho de não pronúncia, o juiz de instrução entende que a queda da ponte se ficou a dever a causas naturais, nomeadamente às cinco cheias sucessivas ocorridas no ano hidrológico 2000/01 e que a falta de vigilância às condições da ponte não pode ser atribuída aos indivíduos constituídos como arguidos.
	MP e familiares das vítimas anunciam a intenção de recorrer ao Tribunal da Relação do Porto.
[...]	
22 de abril	Familiares recorrem do despacho de não pronúncia relativamente aos seis arguidos inicialmente acusados pelo MP e relativamente a Mário Fernandes. Não recorrem quanto ao despacho de não pronúncia dos areeiros.
Abril	Ministério Público recorre do despacho de não pronúncia relativamente aos seis arguidos inicialmente por si acusados.
[...]	
23 de junho	Sorteado no Tribunal da Relação do Porto o recurso apresentado na sequência da decisão do juiz de instrução Nuno Melo. O juiz desembargador Borges Martins é o relator do processo que vai ser analisado por mais dois adjuntos: Élia São Pedro e Marques Salgueiros.
[...]	
27 de junho	Falece Mário Fernandes, do Instituto de Navegabilidade do Douro.
2005	
21 de janeiro	Tribunal da Relação do Porto dá provimento ao recurso interposto pelo MP, revogando a decisão do juiz de instrução Nuno Melo e ordenando que seja proferido despacho de pronúncia contra os seis arguidos inicialmente acusados (Jorge Barreiros Cardoso, JAE; Aníbal Soares Ribeiro, JAE; José Carlos Baptista Santos, JAE; Manuel Lourenço Ferreira, ICERR; e Carlos Morais Guerreiro e José da Mota Freitas, ETEC, Lda.).
	Tribunal da Relação do Porto rejeita o recurso interposto pelos familiares das vítimas, por extemporaneidade no envio do recurso. O recurso, que, para além dos arguidos inicialmente acusados (Jorge Barreiros Cardoso, JAE; Aníbal Soares Ribeiro, JAE; José Carlos Baptista Santos, JAE; Manuel Lourenço Ferreira, ICERR; e Carlos Morais Guerreiro e José da Mota Freitas, ETEC, Lda.), propunha levar a julgamento Mário Fernandes, ex-Presidente do Instituto de Navegabilidade do Douro, chegou ao Tribunal, via fax, com seis folhas, menos dez do que o original, que chegou ao Tribunal quatro dias depois (Oliveira, 2005).

	[...]
04 de março	*Público* noticia que os advogados de alguns dos seis arguidos pediram a nulidade de partes do acórdão do Tribunal da Relação do Porto e que um dos arguidos interpôs recurso para o Tribunal Constitucional.
	[...]
06 de abril	Tribunal da Relação do Porto profere decisão que considera improcedentes as pretensões dos arguidos que invocavam nulidades do acórdão.
	[...]
18 de abril	Advogados de alguns dos seis arguidos recorrem para o Tribunal Constitucional e entregam mais pedidos de aclaração, conseguindo que o despacho do juiz de envio do caso para o Tribunal de Castelo de Paiva só tivesse sido proferido no final de setembro.
	[...]
12 de outubro	Desapensação do recurso, tendo depois o Tribunal da Relação do Porto aguardado durante mais de um mês para que a Secretaria-Geral providenciasse um transporte para levar os documentos para Castelo de Paiva.
	[...]
16 de novembro	Tribunal da Relação do Porto envia o processo para o Tribunal de Castelo de Paiva para que seja proferido despacho de pronúncia.
	[...]
28 de novembro	Leitura da decisão instrutória no Tribunal de Castelo de Paiva. À leitura do despacho de pronúncia segue-se a distribuição do processo para julgamento.
29 de novembro	Primeira página do *Público*. Leitura do despacho. «A decisão instrutória foi lida aos arguidos e aos advogados no gabinete do juiz de instrução. No fundo, era a leitura da acusação, um documento que já todos conheciam e sobre o qual o juiz Nuno Melo há mais de um ano havia prestado esclarecimentos públicos. Desta vez, porém, tudo era segredo: a decisão, a justificação e até o nome do magistrado que presidia à diligência» (Laranjo, 2005). Juiz entendeu que, como a decisão instrutória ainda não tinha transitado em julgado, o processo ainda não era público.
	2006
19 de abril	Primeira página do *Público*. Início do julgamento no Tribunal da Comarca de Castelo de Paiva deslocado, para a ocasião, para o salão nobre do quartel dos Bombeiros de Castelo de Paiva.
	[...]
25 de agosto	Última audiência para produção de prova.
	[...]
13 de setembro	Início das alegações finais.
	[...]
20 de outubro	Acórdão do Tribunal Coletivo de Castelo de Paiva (Juiz-Presidente Teresa Silva) absolve todos os arguidos e nega provimento ao pedido de indemnização conjunto (Estado, Segurança Social e familiares das vítimas).
	Ministério Público não concorda com o acórdão e anuncia a intenção de recorrer para o Tribunal da Relação do Porto. O recurso do MP é limitado à absolvição de dois arguidos, Jorge Barreiros Cardoso e Aníbal Soares Ribeiro, defendendo que os ex-quadros da extinta JAE devem ser condenados por violação das regras técnicas.

	[...]
7 de dezembro	Ministério Público recorre para o Tribunal da Relação do Porto. O recurso do MP é limitado à absolvição de dois arguidos, Jorge Barreiros Cardoso e Aníbal Soares Ribeiro, defendendo que os ex--quadros da extinta JAE devem ser condenados por violação das regras técnicas.
	Advogado dos familiares das vítimas, João Nabais, não recorre.
	[...]
	2007
	[...]
	2008
Março	Três juízes-desembargadores do Tribunal da Relação do Porto negam provimento ao recurso apresentado pelo MP relativo ao acórdão sobre a queda da ponte de Entre-os-Rios. Proferido o acórdão, o processo baixa à primeira instância para o cálculo das custas judiciais.
	[...]
	2009
16 de abril	Familiares são notificados para pagamento das custas judiciais. AFVTER solicita a intervenção do Presidente da República, Aníbal Cavaco Silva, do Primeiro-Ministro, José Sócrates, e do Ministro da Justiça, Alberto Costa, para não pagarem as custas judiciais.
	[...]
23 de abril	Decisão do Conselho de Ministros pela inclusão do valor das despesas das custas judiciais nas indemnizações a pagar aos herdeiros das vítimas da queda da ponte de Entre-os-Rios (RCM, 2009).

Anexo 5. Cronologia da operação de busca e resgate e de deteção dos veículos desaparecidos

	2001
04 de março	Desabamento do quarto pilar da Ponte Hintze Ribeiro provoca a queda parcial da estrutura do tabuleiro. Um autocarro e três viaturas ligeiras são precipitados para o Douro.
	Comandante Centeno da Costa, da Capitania do Porto do Douro, dirige-se ao local para assumir a coordenação das operações de busca e resgate.
05 de março	Marinha dirige-se para Entre-os-Rios para colaborar com o Sistema de Autoridade Marítima (SAM) e o Serviço Nacional de Proteção Civil (SNPC).
	Chega ao local a equipa chefiada pelo Primeiro-Tenente Vicente, comandante de um dos Destacamentos de Mergulhadores Sapadores da Marinha. Missão de interesse público classificada como uma calamidade.
	Encontrada a primeira vítima.
06 de março	Sonar lateral do Instituto Hidrográfico da Marinha é lançado pela primeira vez ao rio Douro. Diretor Técnico do Instituto Hidrográfico e supervisor das operações de deteção dos ecos: Comandante Augusto Ezequiel.
	Marinha opta por pedir auxílio, via NATO, aos países aliados através de um memorando com descrição do acidente, as condições existentes no local e os meios utilizados.
07 de março	Primeira tentativa de mergulho para validação dos ecos não foi bem-sucedida.
	Encontrada na Galiza, a mais de 250 Km de Castelo de Paiva, a segunda vítima.
08 de março	Segundo mergulho sem sucesso no local onde foram detetados sinais pelo sonar. Suspensas as operações devido à forte corrente e ao elevado caudal do rio.
	Agência EFE (comunicação social – Espanha) anuncia que oficiais da Armada Espanhola vão colaborar nas operações.
	Encontradas na Galiza duas vítimas. No total, entre 8 e 12 de março, serão encontradas sete vítimas nessa zona.
	Marinha destaca em permanência dois oficiais para comentarem as operações nos estúdios da *RTP*, *SIC* e *TVI*.

09 de março	Mergulhos de validação dos ecos ainda impossíveis.
	Comandante Augusto Ezequiel, anuncia a utilização para o dia seguinte de um sondador multifeixe para uma melhor definição dos ecos detetados.
	Com autorização da Marinha, familiares das vítimas acompanham as equipas nos botes que fazem buscas ao longo das margens do Douro.
	Corvetas NRP *João Coutinho* e NRP *Geba* saem com a missão de localizar corpos junto à costa norte de Portugal.
	Puma da Força Aérea é requisitado para buscas no litoral norte.
	Adido de Defesa da Embaixada de França e Coronel coordenador da equipa francesa afirmam não poder fazer mais do que já está a ser feito e decidem abandonar o local, deixando dois mergulhadores como observadores, «uma vez que acidentes desta dimensão, com tantas condicionantes e tão grande exposição mediática, são raros no mundo» (Ezequiel e Vieira, 2001: 55).
	Improvisada uma morgue num armazém junto ao rio. Esta será, posteriormente, deslocada para o Pavilhão Gimnodesportivo de Castelo de Paiva e, depois, para o Centro de Saúde de Castelo de Paiva.
10 de março	Mergulhos de validação dos ecos ainda impossíveis.
11 de março	Mergulho de validação de um dos ecos: encontrado um batelão afundado.
12 de março	Sondador multifeixe deteta dois ecos de grandes dimensões.
	Presidente da Câmara de Castelo de Paiva confirma que foram três as viaturas ligeiras que caíram ao Douro.
	Uma equipa italiana da Proteção Civil chega discretamente ao local e, depois de informados do que estava a ser feito e dos meios utilizados, regressa a Itália.
13 de março	*Especial Informação* do canal *SIC* exibe filme de inspeção aos pilares da ponte datado de 1986.
14 de março	Marinha delineia uma diretiva com atribuições mais claras das responsabilidades das diversas equipas e entidades da Marinha envolvidas nas operações.
15 de março	Desloca-se ao local uma equipa de mergulhadores suecos que veio, a pedido do seu Governo, analisar a condução das operações de busca e resgate. Ficam surpreendidos com as condições de trabalho e, principalmente, com a proximidade entre jornalistas e equipas de busca e resgate.
16 de março	Marinha prepara os mergulhos de validação de dois ecos.
17 de março	Marinha prepara os mergulhos de validação de dois ecos.
18 de março	Validação do primeiro eco pelos mergulhadores: um contentor afundado.
19 de março	Validação do segundo eco pelos mergulhadores: encontrado o autocarro.
	Uma equipa holandesa com cães treinados participa nas buscas.
	Operações suspensas por razões de segurança.
20 de março	Resgate parcial do autocarro até à margem.
	Operações suspensas por razões de segurança.
	Até à data haviam sido resgatados 14 corpos.
21 de março	Estado do tempo piora e cheias ameaçam levar o autocarro de volta para o rio.
	Encontrado o corpo de uma vítima.

22 de março	Operações continuam suspensas devido às condições do tempo e ao nível das águas do rio.
	Encontrado o corpo de uma vítima.
23 de março	Autocarro totalmente resgatado das águas do Douro.
24 de março	Marinha suspende as buscas.
	Equipa holandesa abandona o local.
25 de março	Avistados dois corpos, dos quais um foi resgatado.
26 de março	Condições ambientais não permitem a realização de mergulhos.
27 de março	Condições ambientais não permitem a realização de mergulhos.
	Remoção do autocarro do teatro das operações.
28 de março	Realização infrutífera de mergulhos.
29 de março	Realização infrutífera de mergulhos.
30 de março	Eco detetado confirmado: grua afundada.
	Três viaturas ligeiras por encontrar.
31 de março	Condições ambientais permitem o primeiro mergulho no meio do rio.
01 de abril	Mergulho identifica um dos ecos: uma das viaturas ligeiras.
	Resgatada uma viatura ligeira com dois corpos no interior.
[...]	
03 de abril	Marinha prepara-se para abandonar o local. Final das operações coincide com a validação infrutífera dos últimos ecos.
04 de abril	Realização infrutífera de mergulhos.
05 de abril	Sondador multifeixe e sonar lateral voltam ao rio para novas pesquisas.
06 de abril	Validação inconclusiva de um eco assinalado num local correspondente a um testemunho ocular.
07 de abril	Validação do eco: encontrada a segunda viatura ligeira.
	Resgatada a segunda viatura ligeira sem vítimas no interior.
	Permanece uma viatura ligeira por encontrar.
08 de abril	Últimos mergulhos de validação de ecos.
	Suspensão das operações de localização da viatura restante.
[...]	
18 de junho	Regresso da equipa do Instituto Hidrográfico a Castelo de Paiva, acompanhada por uma equipa de mergulhadores, para localizar a terceira viatura ligeira.
19 de junho	Localizada e resgatada a terceira viatura ligeira com três vítimas no interior, a integralidade dos seus ocupantes.

Nas operações de busca e resgate das 59 vítimas, 22 serão resgatadas. No intervalo correspondente à interrupção das operações de busca e resgate (abril a junho), o corpo da última vítima será encontrado por populares a 22 de maio de 2001.

Fontes: Ezequiel e Vieira (2001), Galhardo (2002), Melo e Mendes (2006), Santiago (2006), Teixeira (2011), *Público* (2001-2011), Marinha Portuguesa (<www.marinha.pt/pt-pt/meios-operacoes/armada/mergulhadores/Paginas/Mergulhadores.aspx> e <www.marinha.pt/pt-pt/historia-estrategia/historia/nove-seculos-servico-portugal/Paginas/Acidente_de_Entre_os_rios.aspx>, acedido a 16.09.2013).

ANEXO 6. QUADRO COM MAPA RESUMO COM OS CRITÉRIOS APRESENTADOS PELO PROVEDOR DE JUSTIÇA PARA INDEMNIZAÇÃO DOS DANOS CAUSADOS PELA DERROCADA DA PONTE DE ENTRE-OS-RIOS

Tipo de dano	Beneficiário	Quantitativo	Modo de pagamento	Observações
Perda da vida e sofrimento da vítima	Herdeiros	10 000 000$00	Capital único em prestação imediata, sendo as respetivas quotas-partes pagas separadamente a cada herdeiro	Quantia única a repartir por todos os herdeiros, de acordo com as regras normais da sucessão por morte. Ver nota 1.
Danos morais próprios de:	Cônjuge	4 000 000$00	Capital único em prestação imediata	
	Filho	4 000 000$00	Capital único em prestação imediata	Montante devido a cada um. Ver nota 1.
	Pai/Mãe	4 000 000$00	Capital único em prestação imediata	Montante devido a cada progenitor. Ver nota 2.
	Avô/Avó	1 000 000$00	Capital único em prestação imediata	Montante devido a cada um. Se a vítima tiver vivido a cargo de algum destes familiares por ausência do pai ou da mãe, será devido o montante de 3 000 000$00. Ver nota 2.
	Neto	2 000 000$00	Capital único em prestação imediata	Montante devido a um. Se o neto da vítima tiver vivido a cargo da mesma por ausência do pai ou da mãe, será devido o montante de 3 000 000$00. Ver nota 1 e 2.
	Irmão	1 000 000$00	Capital único em prestação imediata	Montante devido a cada um. Ver nota 1 e 2.

Danos patrimoniais de:	Cônjuge	Variável	Capital único em prestação imediata	Ver nota 3.
	Filho	Variável	Renda	Montante devido, em regra, até à maioridade. Pago em capital, de prestação única e imediata, se estiver interditado ou for deficiente com incapacidade total para angariar meios de subsistência. Ver nota 4.
	Neto	Variável	Renda	Montante devido apenas se estivesse a cargo da vítima. Ver nota 4.
	Pai/Mãe	Variável	Capital único em prestação imediata	Montante devido apenas se estivesse a cargo da vítima. Ver nota 3.

Fonte: Provedor de Justiça (<www.provedor-jus.pt/?idc=35&idi=108>, acedido a 23.04.2014)

Notas:
1. No caso de menores, os pagamentos feitos a título de quota-parte na herança dos danos próprios da vítima e de danos morais (ou não patrimoniais) próprios do beneficiário é feito em certificados de aforro, imobilizados até à maioridade, salvo autorização judicial.
2. Nos danos não patrimoniais próprios, estes só são pagos a cônjuge e filhos, se existirem, e, na sua falta, aos netos. Os pais apenas recebem esse montante na ausência de descendentes, e os avós apenas se também já não forem vivos os pais. Por último, os irmãos apenas recebem na ausência do cônjuge e de todos os familiares já enunciados, podendo, se for já falecido algum irmão da vítima, receber o montante devido em seu lugar os filhos que tiver.
3. O capital pago a título de danos patrimoniais é calculado com base numa fórmula que permite alcançar um montante para, considerada a taxa de inflação, a taxa de juro de depósitos a prazo e a possibilidade de aumento dos rendimentos da vítima, se não fosse a sua morte, possibilitar ao beneficiário usufruir das mesmas quantias que a vítima lhe poderia presumivelmente dar e em relação às quais comprove ter direito.
4. Para o termo da renda mensal, que será anualmente atualizada, preveem-se cláusulas de salvaguarda para os filhos ou netos a cargo da vítima que sejam deficientes, bem como para quem estude atualmente ou esteja a estudar no momento em que atingir a maioridade.

www.ingramcontent.com/pod-product-compliance
Lightning Source LLC
Chambersburg PA
CBHW050612300426
44112CB00012B/1468